乡村振兴战略背景下的
乡村文化治理研究

李秀金◎著

中国社会出版社

国家一级出版社·全国百佳图书出版单位

图书在版编目 (CIP) 数据

乡村振兴战略背景下的乡村文化治理研究 ／ 李秀金
著 . -- 北京：中国社会出版社，2022.11
ISBN 978-7-5087-6668-3

Ⅰ . ①乡…　Ⅱ . ①李…　Ⅲ . ①农村文化 - 文化
管理 - 研究 - 中国　Ⅳ . ① G122

中国版本图书馆 CIP 数据核字 (2021) 第 265320 号

出 版 人：浦善新		终 审 人：魏光洁	
责任编辑：陈　琛		策划编辑：马　岩	
责任校对：曲丽嫒		封面设计：李　尘	

出版发行　中国社会出版社　　　地　　址：北京市西城区二龙路甲 33 号
邮政编码：100032　　　　　　　　编 辑 部：(010)58124836
网　　址：shcbs.mca.gov.cn　　　发 行 部：(010)58124864；58124848
经　　销：新华书店

印刷装订：河北鑫兆源印刷有限公司　开　　本：170 mm×240 mm　1/16
印　　张：15.25　　　　　　　　　　字　　数：220 千字
版　　次：2022 年 11 月第 1 版　　　印　　次：2022 年 11 月第 1 次印刷
定　　价：68.00 元

中国社会出版社微信公众号

中国社会出版社天猫旗舰店

前　言

乡村是中华文明的发源地，是中华优秀传统文化的传承地。

乡村振兴战略是关系我国当代乡村发展的重大政策举措。乡村振兴是全面的振兴，不仅需要产业兴旺、生态宜居、生活富裕，还需要乡风文明、治理有效。落实乡村振兴战略，推动乡风文明，需要把乡村文化建设与乡村治理相结合，实施文化治理。乡村文化治理，能够弘扬优秀传统文化，推动乡村发展，有效地满足广大村民精神文化需求，提升乡村文明建设质量，助力乡村治理现代化建设，为深入实施乡村振兴战略提供坚实保障。

本书以乡村振兴战略背景下的乡村文化治理为研究对象，旨在解决当代乡村文化治理中涉及的一些重要理论问题，同时可以为乡村文化治理实践提供策略启发。全书围绕研究中心，重点研究乡村文化治理环境基础、乡村文化资源开发、乡村文化传播、乡村文化治理政策的调适等问题，材料充实，论证有力，观点明确，结论实践性强。本书的内容重视研究的系统化和创新性，内容框架体系完整严谨，论述语言准确流畅，是具有创新性的研究著作。

目　录

CONTENTS

第一章 导 论

一、国内外相关研究的学术史梳理及研究动态；本书论题相对于已有研究的独到学术价值和应用价值等

（一）国内外相关研究的学术史梳理及研究动态

中国传统上是个乡村社会，有关乡村的农业、农村、农民的问题被称为"三农"问题，一直是中国社会发展的重要问题，也是学术界关注的热点。笔者确立了有关乡村文化治理的研究论题，爬梳有关文献，发现研究乡村文化建设的较多，但对乡村文化治理的直接研究并不多。根据研究内容，笔者对一些和论题相关的研究文献进行梳理，可以分为如下情况。

1. 社会治理理论与实践研究。有关文献具体如下。（1）对治理的理论研究。这类研究出现较早。20 世纪 90 年代，在政治学、社会学研究领域，一些学者开始关注、引入西方社会治理理论，并结合中国社会转型治理问题作出理论阐释。这方面，毛寿龙、俞可平等学者的研究较早地系统地介绍了治理理论渊源及其在西方社会的发展，并根据我国社会变革中的政治权力关系，指出治理与传统管理制度的不同，分析提出推动我国社会管理制度的改革措施。如俞可平认为："治理一词的基本含义是指在一个既定的范围内运用权威维持秩序，满足公众的需要。治理的目的是在各种不同的制度关系中运用权力去引导、控制和规范公民的各种活动，以最大限度

地增进公共利益。"① 有关研究都意识到政府社会管理角色的变化，都普遍意识到治理与管理在制度上的主要变化是多主体性，"治理是政治国家与公民社会的合作、政府与非政府的合作、公共机构与私人机构的合作、强制与自愿的合作"。② 不少研究者都围绕此点展开研究，在治理主体的治理形式、治理主体的发展、治理主体规范等方面都取得了一些研究成果。张康之（2014）的《合作的社会及其治理》③ 较有代表性。有关研究从不同学科和背景下展开，明晰了社会治理的内涵、特点、意义，推动了社会治理研究，产生了广泛影响。

2. 社会治理实践问题的研究。针对社会治理的实践问题，研究具体应对策略，一直是学界研究的热点。这其中有社会治理宏观方案的研究，也有社会治理具体策略的研究，如有些研究根据治理特点，关注我国公众参与社会治理所具备的政治经济社会基础及其面临的障碍问题。由于社会治理呈现出明显的历史阶段性，不少研究者都意识到改革开放带来的社会治理方式差异，梳理了新时期以来社会治理的发展脉络，对改革开放以来的社会治理创新进行了系统研究。一些研究注意从更广阔的社会、政治变革背景中梳理社会治理经验。如马良灿（2014）从纵向历史角度研究了中国乡村治理的"官政自治""专政劣治""集权统一""乡政村治"四次转型。还有一些学者把社会治理经验研究作为推进社会治理的理论与实践的起点。④ 如王春光（2017）对中国各地社会治理实践的理论归纳提出对应政社合作逻辑、社会自治逻辑、社会服务逻辑的策略。⑤ 这些研究体现了理论与实践的双向互动关系，把社会治理实践经验的研究提升到新层次。

3. 文化治理的研究。由于治理理论包含的治理多主体性，改变了传统上行政主导的社会管理模式，突出了社会秩序管理中协调、合作的作用，因而有研究把社会治理等同于文化治理，把文化治理置于社会行政、法律

---

① 俞可平. 治理和善治引论 [J]. 马克思主义与现实，1999（5）：37–41.

② 同①.

③ 张康之. 合作的社会及其治理 [M]. 上海：上海人民出版社，2014.

④ 马良灿. 中国社会治理的四次转型 [J]. 学习与探索，2014（9）：45–50.

⑤ 王春光. 中国地方治理实践的理论透视 [J]. 中共中央党校学报，2017（5）：104–112.

治理之上。这明显泛化了文化概念，因而不无争议。但立足文化发展研究文化治理确实相当普遍。20 世纪 90 年代以来，随着市场经济的发展和文化体制改革的推进，文化发展不断出现新现象、新问题。相关文化研究的学界开始关注文化治理问题。不少学者立足文化发展，根据文化环境变化，对文化治理的内涵、性质、功能等内容进行了阐释性研究，从理论上明确了文化治理的价值所在。这方面，景小勇（2016）的《社会视角下的国家文化治理研究》①、祁述裕等（2019）的《国家文化治理现代化研究》② 较有代表性。

　　一些学者重视对于文化治理的策略研究，对文化发展中涉及的环境问题、体制问题、政策问题、文化传播等问题，都从文化治理的角度予以分析，提出针对性应对措施。这方面成果较多。代表性的成果如吴理财（2016）的《文化治理视域中的公共文化服务体系建设》③ 以文化治理为视角，对我国当前公共文化服务的运行机制、社会参与，基本文化权益保障，基层公共文化服务标准化、均等化和可及性，公共文化服务效能提升，乡村个体化转型中的公共文化服务体系建设等内容进行了理论探讨。刘彦武（2019）针对我国文艺发展问题，提出在我国"一核多元、多方共治"的文化治理框架下，推动我们党对新文艺组织的领导意志转变为国家文化治理方略，转变观念，加大政府对新文艺组织的扶持、引导力度，依法治文，推动文化治理制度化、规范化、法治化，苦练内功，提升新文艺组织自治水平，协同推动文化治理现代化。④

　　在当代市场经济环境里，文化产业是重要的文化产品生产方式，也是新的经济形态。它和文化产业治理相关的问题逐步引起学界关注。文化产业的发展带来不同于传统文化发展的路径、形态，文化产业发展问题涉及

---

① 景小勇. 社会视角下的国家文化治理研究 [M]. 北京：文化艺术出版社，2016.

② 祁述裕，等. 国家文化治理现代化研究 [M]. 北京：社会科学文献出版社，2019.

③ 吴理财. 文化治理视域中的公共文化服务体系建设 [M]. 北京：高等教育出版社，2016.

④ 刘彦武. 文化治理中的新文艺组织：现实发展与政策完善 [J]. 重庆社会科学，2019（8）：106-116.

社会多个领域。学界对文化产业治理的跨学科研究发展较快。有些研究着眼于通过文化治理，推动文化产业发展；有些研究关注文化产业发展中的文化治理体制政策，对文化产业治理的政府角色、国家文化产业治理体系建构等内容进行了研究探讨。胡惠林（2012）的《国家文化治理：中国文化产业发展战略论》①较早地从文化治理角度，对文化产业的战略价值、构建中国文化产业发展的低碳模式、文化"走出去"战略的转型、文化民权、文化产业正义、中华文明的现代化与两岸文化产业合作发展、科学技术发展与文化产业管理制度建构等多个方面对我国的文化产业发展战略问题进行了研究。解学芳（2015）的《网络文化产业、协同创新与治理现代化》②在网络文化产业全面崛起、管理问题层出不穷的大背景下，立足推动网络文化产业健康、快速发展，创造良好的网络文化生态环境，通过系统研究提出网络文化产业治理现代化机制和治理路径。上述有关文化产业治理的研究着眼于推进文化产业文化价值、经济价值的实现问题，体现出鲜明的社会实践关切。

4. 乡村文化治理的研究。这种研究呈现出明显的历史延续性。20世纪，梁漱溟、晏阳初、费孝通等人的研究就从不同角度涉及乡村文化治理，有较大学术影响。当代明确展开乡村文化治理的研究出现较晚，但发展较快。一些学者重视乡村文化治理的宏观性研究，特别是重视传统社会思想的现代性价值。一些研究重视乡村文化治理组织制度的研究。顾海燕（2020）从功能文化论入手，提出通过乡村日常生活方式的文化治理，激活乡村文化内生动力不足的问题。③萧子扬（2020）基于"优势视角"和"优势治理"的理论逻辑，初步探讨了"制度优势何以服务乡村文化振兴"这一议题，对乡村文化治理具有一定的理论参考意义。④还有些学者研究

---

① 胡惠林. 国家文化治理：中国文化产业发展战略论［M］. 上海：上海人民出版社，2012.
② 解学芳. 网络文化产业、协同创新与治理现代化［M］. 上海：复旦大学出版社，2015.
③ 顾海燕. 乡村文化振兴的内生动力与外在激活力——日常生活方式的文化治理视角［J］. 云南民族大学学报（哲学社会科学版），2020（01）：52-57.
④ 萧子扬. 优势治理：制度优势何以服务乡村文化振兴［J］. 图书馆，2020（4）：1-7.

乡村文化设施，如对乡镇文化站、乡村文化礼堂功能研究的文化治理功能，都从不同研究视角深化了对乡村文化治理的微观研究。值得指出的是，有不少乡村文化的研究都没使用文化治理概念，在乡村文化建设、乡村文化传承名义下，研究内容不少都涉及乡村文化治理问题。这是研究乡村文化治理不可忽视的文献资源。

国外研究主要在如下方面给本书研究以启发。

一是社会治理的研究。当代有关社会治理研究的理论渊源直接源自西方。西方社会的治理实践为有关学术研究提供了议题和背景，这在公共事务的研究中最为集中。如美国学者曼瑟·奥尔森（Mancur Olson，1965）针对个人实施集体行动目标时缺少主动性而提出的搭便车理论①，英国学者哈丁（1968）针对个体行为导致公共利益受损提出的公地悲剧理论②，都尝试在公共部门重塑政府作用，引入市场竞争和社会力量，提高公共管理水平及公共服务质量。20 世纪 80 年代以后，西方学界开始把"治理"这个概念更广泛地运用于政治、社会发展研究中，表达一种新的社会管理运作方式。如英国学者吉登斯提出的第三条道路理论，强调由政府和社会力量共同推动社会发展。简·库依曼（Jan Kooiman，2003）认为治理是国家、市场或公民社会之间不断互动协调达成的状态，据此提出了自我、合作、等级三种治理模式。③ 詹姆斯·N. 罗西瑙（James N. Rosenau，2001）研究指出，相对于统治而言，治理是一种机制，既包括政府机制，也包括非正式、非政府的机制。④ 弗朗西斯·福山提出，治理是政府制定并实施规则的能力以及提供公共服务的能力。西方学者对社会治理内涵、策略的理解有所不同，但基本共识是探究发挥政府、市场、民间组织、民众等因素合力作用，强调通过对话、协作等方式参与社会治理，提升社会发展水

① Olson，M. The Logic of Collective Action：Public Goods and the Theory of Groups ［M］. Cambridge：Harvard University Press，1965.

② Garrett Hardin. The Tragedy of the Commons ［J］. Science，1968，162（3859）：1243-1248.

③ Kooiman，Jan. Footprint Books ［M］. London：SAGE Publications，2003.

④ 詹姆斯·N. 罗西瑙. 没有的治理 ［M］. 张胜军，译. 南昌：江西人民出版社，2001：4-5.

平、解决社会问题。①

二是涉及中国乡村治理的研究。国外学者涉及中国乡村社会治理历史较早，议题广泛，出现了不少研究成果。如葛学溥、费正清、黄宗智、杜赞奇、裴宜理、戴慕珍、傅高义等人，都对中国乡村问题多有研究。国外学者研究中国乡村治理，特点是比较多地用西方社会理论阐释中国乡村社会的变迁与现实，如用西方社会学理论中有关国家和社会关系，分析中国乡村社会组织和治理主体。总体而言，国外学者对中国乡村社会治理的研究，关注中国乡村社会现实，不断拓展深化，其成果对中国国内学者的相关研究具有理论和方法的启发意义。问题是由于较多运用西方社会科学理论，国外学者对中国乡村社会治理的研究涉及政治体制、社会组织的研究多，对中国乡村的文化研究不足。

三是文化治理的研究。西方学界一直有研究文化发展与意识形态关系、与社会发展关系的学术传统。相关的研究影响广泛，如阿多诺（Theodor W. Adorno）的文化工业理论、葛兰西（Antonio Gramsci）的文化霸权理论、福柯（Michel Foucault）的治理术理论、布尔迪厄（Pierre Bourdieu）的文化资本理论等。而托尼·本尼特（Tony Bennett）将"文化与社会交往"引入治理，并以此探讨"政府与文化的治理性"，明确提出了文化治理问题。这些研究主要以文化学、社会学视野，从不同角度观照了文化治理研究。20世纪90年代以后，文化治理的多元化主体特征得到认可，更多学者把文化治理多主体性，特别是公众参与作为研究出发点。如阿斯丁（Sherry R. Arnstein, 1971）②、约翰·克莱顿·托马斯（John Clayton Thomas）③ 等学者，都从不同文化政策角度研究推动个人、企业、非营利组织等参与公共文化事务治理。这类研究拓展了传统文化理论的研

---

① 弗朗西斯·福山. 何谓"治理"？如何研究？［J］. 王匡夫，译. 国外理论动态，2018（6）：94-104.

② Sherry R. Arnstein. A Ladder of Citizen Participation［J］. Journal of the Royal Town Planning Institute, 1971（4）：6-21.

③ 约翰·克莱顿·托马斯. 公共决策中的公民参与公共管理者的新技能与新策略［M］. 孙柏瑛，译. 北京：中国人民大学出版社，2005.

究视野，更多体现出政治学、管理学、经济学的应用研究，对本书研究具有理论启发意义。

我国社会发展环境已经发生了巨变，特别是乡村社会的变化前所未有，创新社会治理方式势所必然。上述学术梳理，从整体上看，相关研究有了一定成果积累，但还存在一些问题，如有些研究囿于文化领域研究而忽视文化治理的社会功能，有些研究重视文化治理的社会治理价值却忽视文化自身发展特质，有些研究存在把社会治理泛文化研究问题，有些研究过分强调文化治理功能而轻视甚至排斥国家行政、法律等治理作用；对社会文化治理普遍性研究多，对乡村文化治理的特殊性研究不足。在全面贯彻落实乡村振兴战略背景下，乡村文化治理是乡村振兴的应有之义，也是推进乡村社会治理能力现代化的重要途径。全面地研究乡村文化治理，吸收既有研究成果，增强研究的针对性、创新性，成为本书研究的出发点。

（二）本书论题相对于已有研究的独到学术价值和应用价值

1. 学术价值：乡村振兴战略作为一项新的国家战略，意义重大，内容丰富，为相关学术研究打开了新的研究领域。本书研究乡村振兴战略背景下的乡村文化治理问题，是乡村振兴战略的重要内容，其中涉及的乡村文化治理理论依据、乡村文化治理与乡村文化资源的开发、乡村文化传播及乡村文化治理政策等问题都需要作出理论阐释。本书通过研究，搭建起乡村振兴战略背景下乡村文化治理的基本理论研究框架，有助于拓展相关乡村文化治理研究的理论视野。

2. 应用价值：乡村振兴是全面的振兴，乡村文化治理是贯彻落实乡村振兴战略的重要支撑和保障因素。本书对乡村振兴战略背景下乡村文化治理问题的系统性研究，具有重要应用价值。

一是本书研究乡村振兴与文化治理的关系，探究乡村治理的文化策略，有助于打造共建共治共享的乡村治理格局，推进乡村治理体系和治理能力现代化建设，可以为党政部门实施乡村振兴战略，推进乡村治理现代化提供思路。

二是为乡村文化振兴提供助力。本书研究乡村振兴战略背景下的文化治理，分析乡村社会转型中乡村文化作为治理对象也作为治理工具的特点，有助于确立乡村文化发展依据，传承优秀乡村文化，破解乡村文化建设难题，为推动乡村文化振兴提供助力。

二、研究对象、内容总体框架、重点难点、主要目标等

（一）研究对象

实施乡村振兴战略，为我国乡村现代化发展提供了新的机遇，为解决城乡差距、实现城乡一体化发展提供了新的动力。当前，乡村发展仍然面临不少问题，发展的不平衡、不充分问题突出。更加值得关注的是，随着城镇化迅速发展，历史积淀深厚的乡村文化受到强烈冲击，中国传统的乡村文化形态受到强烈挑战，深植中国人内心的乡愁、乡村记忆正在失去承载，中国人传统的乡村文化认同已经难以维系。这一切背后都涉及乡村文化发展，涉及乡村治理体系和治理能力现代化建设问题。单纯依靠传统行政化的乡村管理体制越来越显示出很大局限性，文化治理的必要性、优越性在增强。

本书联系乡村振兴战略的实施背景，以乡村文化治理问题为研究对象。主要涉及当代乡村文化治理的环境、乡村文化治理中的组织管理、乡村文化资源开发、乡村文化传播以及乡村文化治理政策调适等内容。

（二）内容总体框架

本书研究内容总体框架如下。

第一章，导论。主要是本书研究论题的背景及其研究概况介绍。包

括：国内外相关研究的学术史梳理及研究动态，本书论题相对于已有研究的独到学术价值和应用价值，本书论题的研究对象、主要目标、基本思路、主要内容、重点难点、具体研究方法等内容。

第二章，乡村、乡村治理到乡村文化治理。本章主要研究本书研究论题的理论基础。包括对乡村、乡村治理、文化治理等概念内涵进行厘定，阐释乡村治理理论、文化治理理论及其他相关理论。

第三章，乡村文化治理的环境基础。本章主要研究实施乡村振兴战略背景下，城市化、市场经济发展与乡村文化治理的关系，阐释分析乡村文化振兴内生重构困境及成因，对其中的乡村文化发展基础资源流向中的吸附效应、乡村文化空间发展的城市化困境、乡村文化建设效益目标的不协调性、乡村文化景观的文化认同困境等问题进行了深入研究。在此基础上，探讨分析应对乡村文化振兴内生重构困境的治理策略。

第四章，乡村文化治理的组织。本章基于乡村文化治理角度，阐释乡村文化治理组织，分析当代乡村文化治理组织的演变过程，研究政府、村民、企业和社会组织等乡村文化治理组织及运作机制，总结评估当代乡村文化治理组织的绩效。

第五章，乡村文化治理中的文化资源开发。乡村文化资源是乡村文化治理的基础要素，也是推进乡村治理体系和治理能力现代化的优势所在。本章主要基于乡村文化治理和乡村文化资源关系，研究乡村文化资源开发中的文化治理价值、开发机制及路径特征，阐释乡村文化资源开发中的文化治理认同和社会治理效应，并对存在的问题进行深入研究。

第六章，乡村文化治理中的文化传播。乡村文化治理的目标最终要通过文化产品的传播、消费过程实现。本章研究当代乡村文化和旅游产业发展新环境为乡村文化传播带来的机遇，分析当代乡村文化传播的新态势，对当代乡村文化传播媒介的产业化与文化治理媒介转化进行了研究。

第七章，乡村文化治理的实践样本。本章选择不同类型的乡村文化治理案例，通过现场调查、文献研究等方法，研究分析乡村文化治理实践中的现状、问题及应对策略等内容。

第八章，乡村振兴战略背景下乡村文化治理的政策调适。本章结合乡村振兴战略，根据我国乡村文化治理制度特点，联系推进乡村治理体系和治理能力现代化以及乡村具体发展环境和文化态势。

第九章，结论与展望。对本书研究内容和研究中涉及的重要问题、观点进行梳理总结，并对进一步研究提出初步意见。

（三）重点难点

1. 研究重点

一是研究乡村振兴战略背景下乡村文化治理的理论框架。本书吸收相关理论研究成果，阐释乡村振兴战略背景下乡村文化治理的理论基础，聚焦当代乡村文化治理的关键环节、关键问题，运用多种方法和工具对当代乡村文化治理的环境、组织结构、文化资源开发、文化传播等内容展开系统性、多面性研究，探究提出乡村文化治理政策调适策略建议，在理论性、实践性统一的基础上搭建起乡村振兴战略背景下乡村文化治理的理论框架，推动乡村文化治理体系和治理能力现代化建设。

二是研究乡村振兴战略背景下乡村文化治理的实施策略。乡村文化治理作为新的治理策略，有利于推动乡村文化发展，也是推动乡村全面振兴的重要支撑。本书突出研究问题的指向性、研究成果的实践性。通过收集整理大量鲜活材料，分析国内外相关经验，紧紧围绕当代乡村文化治理现实问题，归纳比较，充分论证，推导出具有科学性、操作性的当代乡村文化治理政策建议。

2. 研究难点

一是乡村文化发展与乡村社会治理的关系。理论上，乡村文化治理的基本功能就是通过推动乡村文化发展，实现乡村文化的社会治理功能。但在现实中，文化治理和社会治理毕竟是不同的治理概念，乡村文化在价值指向、路径选择以及形态等方面有自身特点，并不当然地契合社会治理诉求。由于当代文化复杂的生产、传播、消费机制，乡村文化发展有时还可能与现行的社会治理秩序相矛盾。因此，如何分析把握乡村文化发展与乡村社会治理的关系，是本书的一个研究难点。

二是乡村文化社会治理功能与乡村文化发展的关系。文化功能历来是一个容易引起争议的话题。重视文化的社会治理功能具有悠久的历史传统，但并不能因此用文化的社会功能替代、掩盖文化的娱乐、知识传播等功能。研究乡村文化治理，如何把握乡村文化治理的社会功能和乡村文化自身发展的关系，是本书研究的一个难点。

三是在中国社会发展的现代化、市场化、城镇化叠加的语境下，依法治理势在必行。社会治理的法治规则具有相对的稳定性、普遍性，而乡村文化治理其实是一种文化策略，存在功能多样性、区域差异性以及内容传统性。如何协调文化治理与法治治理的关系，避免理论与实践的时代错位是本书研究的又一难点。

（四）主要目标

1. 搭建起乡村振兴战略背景下的乡村文化治理理论研究框架，在乡村文化治理路径、乡村文化资源开发、乡村文化治理体制机制等问题上实现理论突破，为乡村文化治理研究寻找新的学术增长点。

2. 研究提出乡村振兴战略背景下的乡村文化治理优化策略，为乡村振兴战略背景下推进乡村治理体系和治理能力现代化建设提供支持，也为传统乡村文化的生产性、活态性传承发展提供新的思路。

三、研究的基本思路、具体研究方法

（一）基本思路

本书着眼于乡村振兴战略背景下推进乡村文明建设和有效治理，以乡村文化治理为研究中心，借鉴吸收国内外相关研究成果，紧密联系乡村文化治理现实，分析问题解决问题。整个研究从立论到分析，始终围绕研究中心，重点分析乡村振兴战略背景下乡村文化治理的主要环节和关键问题，落脚点是创新乡村文化治理，推动乡村文化生态健康发展和乡村文化治理体系与治理能力现代化，充分体现理论与实践结合的研究思路。

（二）具体研究方法

1. 系统法。系统分析方法，将乡村治理体系和治理能力现代化建设与文化治理的相关内容机制贯穿起来，重视研究对象的整体与部分、内部与外部、表层与深层之间各部分、各元素的相互关系、相互影响，增强研究的整体性、普遍性。

2. 实地调查法。采用多种形式展开实地调查，研究乡村振兴战略背景下乡村文化治理的现状、经验、问题，获取一手资料，为本书研究提供扎实的材料。

3. 跨学科法。综合文化学、社会学、政治学、经济学、管理学等多学科知识和方法，研究分析乡村文化产品的形态特征、社会寓意，阐释乡村文化治理背后的文化关系、社会关系、组织关系，增强研究的针对性、专业性、科学性。

第二章 乡村、乡村治理到乡村文化治理

内容提要： 在当代中国的文化空间，乡村文化的重要性不言而喻。由于时代语境的变化，当代乡村文化也发生了引人注目的变化。对乡村文化重建一种基本认知是必要的。本章从基本概念入手，系统梳理了乡村、乡村文化的概念内涵，并根据研究的思路设计，对乡村治理、乡村文化治理作了较为细致的阐释。本章研究着眼于乡村文化治理，对当代乡村文化治理的历史进行了溯源，把中华人民共和国成立以来的乡村文化治理分为集体化、文化分离、文化融合三个阶段。在此基础上，进一步总结分析了当代乡村文化治理呈现的历史演变特点，包括乡村文化发展目标从服从于城市发展战略到与乡村社会发展融合、乡村文化建设资源从自我积累为主到内部发展外部输入协调、乡村传统文化传承从内卷发展到改造重构。同时，对照现实，对当代乡村文化治理历史中需要探讨的一些问题，如乡村文化建设定位问题、乡村文化治理方式单一问题、乡村文化治理村民参与度低的问题进行了深入分析，进一步明确研究重心所在。

一、基本概念

（一）乡村与乡村文化

在当代中国语境里，乡村主要包含三种含义。

一是相对于城市而言，乡村是和城市相对的生产生活空间。其生产方式主要是以农耕为主，兼有牧业、渔业等方式。乡村的粮食、牲畜、果蔬

等物产构成了中国人生存的物质基础。中国历朝历代重视乡村发展不是偶然的。早在战国时代，秦商鞅变法的核心内容之一就是奖励耕织，由此开启了秦国逐步走向强大的历史。在此基础上，中国重农抑商政策也有了绵绵不断的历史。现代不少观点对这种政策给予了否定，但在古代社会生产力低下的情况下，农业产出很低，全社会的稳定和发展以及国家税赋系于农业，因此奖励耕织政策有着极强的固本意义。所以，《管子·权修》里说："故上不好本事，则末产不禁；末产不禁，则民缓于时事而轻地利；轻地利而求田野之辟，仓廪之实，不可得也。"① 在重农抑商政策导向下，以家庭为单位的男耕女织是中国传统乡村基本的生产方式，社会上只存在零散的商业活动来满足个人家庭生活的需要。因此，乡村习惯上被称为农村，村民被称为农民，原因就在于此。传统的乡村社会以农耕生产方式为主，乡村经济活动较为简单，缺少城市发达的工商业等多样化产业形态，也缺少城市那样丰富的商品，但因为农业产出之于社会稳定和国家治理的重要性，所以历朝历代都把农业视为优先保护、发展对象，实是农业的固本重要性使然。

二是乡村是一种基层组织。在中国古代的行政管理秩序里，乡很早就作为一个行政层级。《说文解字》里解释："乡，国离邑民所封乡也。啬夫别治封圻之内六乡六卿治之。"《广雅》解释："十邑为乡，是三千六百家为一乡。"作为基层组织，乡在周朝即出现，乡村成为府县下边的一种社会组织。府县作为国家政权机构，不仅对地域内各种事务进行管理，也增强了人民的地域认同，由此催生了中国人绵绵不绝的所谓老乡观念。

尽管按照法律规定，现实行政序列中乡村并不是基层政权，但一般认知和行政管理中，都把乡村视为我国最基层的单位组织。目前，全国2万多个村庄，构成了我国乡村基石，由此建立起的乡镇村社构成了我国基层社会网络。

三是乡村意味着乡村文化。从广阔的文化视角看，乡村对于中国人有着复杂的文化意味。中国很早进入农耕社会，乡村发展已经与中国文化融

---

① 黎翔凤. 管子校注［M］. 北京：中华书局，2004：52- 53.

为一体，与中国人的生活融为一体。因此，费孝通把中国文化概括为"乡土文化"。在中国人的意识里，乡村不但是衣食之地，根本上是一种文化的故乡。因而在语义上，乡村所以不同于农村，其重要含义就在于乡村之于中国人，远非一种经济产业方式，也不仅仅是一种生活空间，而是一种心灵栖居地，承载着中国人普遍的文化记忆和文化认同。

乡村的文化语义经过了长期的历史孕育过程，但乡村文化不是孤立的存在，其形成发展与整个文化系统的形成发展有关。因此，要理解乡村文化的准确含义，有必要置于文化的系统，从文化的语义展开溯源分析。

从词源上，"文"，《说文解字》释义为"文，错画也，象交文"。而《周易》释义为："物相杂，故曰文。"从这些意义在语义演变中，"文"被引申出多种含义。

（1）"修饰""文采"。在此基础上进一步引申为文字、诗词歌赋、文物典籍等。

（2）品德修养——人文，文德教化。如成语"文质彬彬"。

（3）引申为礼乐制度，进一步引申为法令条文。如"文德教化"。

"化"本义变化、生成、造化。如《庄子·逍遥游》："鲲之大，不知其几千里也；化而为鸟，其名为鹏。"《周易》中，"男女构精，万物化生"。上述语义后被引申为：风气风俗的教化、教行、感染、化育的意义。《说文解字》中解释："教行于上，则化成于下。"《礼记·中庸》中有："可以赞天地之化育，则可以与天地参矣。"《老子·道德经》中有："我无为而民自化。"这些语义中都包含教化之意。

"文"与"化"连用，见于《易·贲卦》："观乎天文，以察时变；观乎人文，以化成天下。"意指观察天道的变化，从中看出要发生的事情；注重把握现实社会中的人伦秩序，来治理好天下。将"文"与"化"二者合并而成一词，则始见于西汉末年刘向所著《说苑·指武》："圣人之治天下也，先文德而后武力。凡武之兴，为不服也，文化不改，然后加诛。"这里将"文"和"武"相对应而加以区别。这也成为中国古代关于文化语义中重要的一种解释。此后，"文治教化"，即礼乐和典章制度等，不仅是一种文化意义解读，也是一种广为人知的治国策略。

到了近代，中国社会进入传统到现代的转型时期，文化的变革深刻而全面。大量外来文化在中国传播，影响着中国社会，也影响着中国文化的固有意义。就文化而言，文化的语词含义也发生了深刻变化。现代意义的"文化"一词，来自日语。19世纪日本推行明治维新，大量翻译西方著述，其中使用"文化"一词来对应英、法文的 Culture 翻译。

根据词义溯源，英、法文中 Culture 一词源于拉丁语 Cultura，本义具有耕种、培植、居住、练习、留心、注意、敬神等诸多意蕴。16—17世纪，法语、英语在使用 Culture 过程中由耕种等义引申出对人类心灵、知识、情操、风尚的化育，从重在物质生产转向重在精神生产，Culture 语义越来越抽象化。当然，在西方语境中，随着社会发展和人们认知的变化，文化研究成为学界主流，文化释义也是不断发展的，西方学界有统计说，自1871年英国人类学家爱德华·泰勒在其《原始文化》一书中试图给"文化"定义以来，西方有关"文化"的定义有300多种。

今天，中国人广为接受的"文化"含义源于马克思辩证唯物主义和历史唯物主义科学的实践观的解释。即广义上，文化是指人类创造的一切物质财富、精神财富的总和；狭义上，文化是指人类创造的精神财富，主要指社会意识形态以及与之相适应的制度和组织机构。前者主要指宗教信仰、道德伦理、观念意识、风俗习惯、科学技术、文学艺术、政治法律等，后者如政府、社团、科学教育机构、寺院、庙宇等。因此，狭义的文化，本身也是一个综合体，包括知识、信仰、艺术、法律、道德、习俗等一切的综合。"无论作为广义还是狭义的文化，其内在本质都是人的创造性的实践劳动。"[①]

显然，和中国古代的"文化"释义突出伦理教化不同，现代意义的"文化"语义首先是一种生产方式，然后引申到精神文化领域，体现出中西文化伦理精神和实践精神的差异。由于近代以来西方国家显而易见的经济、科技、军事等的优势，在现代化名义下，中国近现代以来使用"文

---

① 左亚文. 马克思文化观的多维解读 [J]. 学术研究，2010 (3)：31-35.

化"一词，主要使用了西方语境中的文化意义。现代中国人使用的"文化"一词和古代传统的文化语义已经是不同的概念。

在西方文化语境中，文化分析普遍重视文化的内隐功能。文化的内隐功能就是"不明显不易觉察而深含于内的功能。即文化对人心理潜移默化却根深蒂固的影响"。① 文化功能论揭示了文化的二重性：一方面改变现实环境，另一方面也改变人自身以不断适应包括社会在内的现实环境。按照马克思经济基础决定上层建筑、生产方式决定生产关系的理论，任何文化都建立在特定经济基础之上，任何文化都是特定生产方式的产物。中国有着悠久的农耕历史，发展了光辉灿烂的农耕文明。根据考古发现，早在四五千年前，黄河流域、长江流域就开始了农耕生产，仰韶文化、河姆渡文化就是这种农耕生产方式的代表。而从上古流传的中国古代神话传说中，也不难发现和农耕活动密切关联的信息。如大禹治水、神农氏遍尝百草发明五谷农业、女娲抟黄土造人等传说，都透露出中华民族先民们的农耕生活信息。再从中国古代文化典籍看，在早期的历史上，就有大量文献和农业生产生活有关。如我国现存最早的诗歌总集《诗经》中就有《七月》《信南山》《甫田》《大田》《丰年》《载芟》等 10 多篇专门描述农业生产的诗篇。其中，《七月》直接反映了周人的农业生产，是古代农事诗中优秀的作品。在此后漫长的历史中，有关乡村农事、风土人情、道德伦理、曲艺工艺等的内容描述，构成了中国古典文献中的基本内容，由此塑造了中国传统文化的乡土特征。因此，乡村文化一定意义上就是中国传统文化。

乡村文化内涵、特征随着时代变化而变化。在当代，由于社会发展迅速，传统乡村文化的语境与过去有着质的不同。人们对乡村文化的认知也体现出当代特征。在实施乡村振兴战略的当代，推动乡村文化振兴，抛弃传统乡村文化不足为训，但把传统乡村文化等同于乡村文化也是不严谨的。目前，有关乡村文化振兴的理解还有分歧，从乡村文化建设角度大致可以归结为三类不同观点。一是主张"回归说"。从乡村内生发展的视角

---

① 赵东海. 论文化的本质 [J]. 科学研究, 2004 (6)：94-96.

来解读,认为传统乡村文化建设的重点是寻回最初的文化传统与基因。二是主张"替代说"。从城市化发展趋势的角度来论证,认为传统乡村文化最终将被城市文化吸收与取代。三是主张"同化说"。从城乡文化相互融合与共同发展的视角出发,提出现阶段传统乡村文化建设的重点,是在复兴本地文化传统的同时,适当吸纳城市先进文化。①

就国家政策而言,一般认为,"乡村文化的基本内涵应包括:一是对传统乡土文化中仍具有时代价值和生命力的文化因子进行挖掘、传承与弘扬;二是对中国传统伦理与中国特色社会主义核心价值观有机融合,并对人的全面发展的塑造;三是对以中国特色社会主义核心价值观在乡村文化建设中的引领与深化,并对现代乡土文化的构建产生巨大的影响"。② 弘扬传统乡村文化,又要融入新时代内容,推动乡村文明发展,这是实施乡村振兴战略中对乡村文化功能的基本定位。乡村文化振兴也因此具有了特殊意义,成为落实乡村振兴战略的重要支撑要素。

(二) 乡村治理

在语义上,中国人熟悉的概念是管理。管理就其含义而言,明显体现着自上而下的权力等级关系。在漫长的中国古代历史中,政权长期都是主导社会等级秩序的核心因素。这一点和欧洲中世纪国家明显不同。回看中西历史,给人印象深刻的差异是,欧洲中世纪存在跨越国家边界的宗教力量,神权不仅是社会的中心,还是超越国家的力量,导致神权对于政权的强大影响,即使君主登基继位也要由教会主教进行加冕,以表示上帝的准许和赐福。而在古代中国,政权是社会权力中心,皇权地位被认为至高无上。如韩非子强调君主权势的独占性和排他性,提出君主应"独制海内",全社会应该"以吏为师"。比较世界各国文明的古代史,大多数国家传统上都长期处于宗教势力的强大影响下,而在中国古代社会中,虽然不缺少

---

① 沈费伟. 传统乡村文化重构:实现乡村文化的路径选择 [J]. 人文杂志, 2020 (4):121-128.

② 范建华, 秦会朵. 关于乡村文化振兴的若干思考 [J]. 思想战线, 2019 (4):86-96.

多种形态的宗教，但宗教很少成为社会生活的支配性力量。其重要原因就是，自秦以后，中国确立了中央集权制度，政权在社会管理中处于权威地位，宗教活动是政权管理和利用的对象，一旦被认为与政权管理秩序不符，宗教活动就受到管束。历史上北魏太武帝、北周周武帝、唐武宗所谓"三武灭佛"，都曾动用权力打击佛教，原因各有差异，但主要还是出于佛教兴盛已经不利于社会经济和政治稳定。

在中国古代，虽然国家政权主导社会秩序，但国家对乡村管理的策略并不是直接建立政权组织，而主要是通过间接形式把国家权力延伸到乡村社会。在一般人的认知里，中国传统的乡村社会中，是个权力充斥的封闭空间。事实上，在中国传统乡村，政府管理是松散的，有所谓"皇权止于郡县"一说。这并非意味政府不管理乡村，政府主要通过宗族乡绅实现对乡村的管理。北京大学的王曙光认为，中国传统乡土社会中树立了乡村治理的五大理念：以宗法制度作为乡村社会治理与救济的基本制度；以文化伦理教化作为乡村治理的基础；以乡土社会内部激励与约束作为治理工具；以儒家乡土精英和底层人民的结合作为维系手段；以乡规民约作为乡村治理的法治基础①。中国乡村历史延续数千年，是和有效的治理组织分不开的，以今天的价值立场评价中国古代社会对乡村的管理策略，一味肯定或者否定都是简单化了。

谈及乡村治理，有必要首先区分管理和治理两个概念的差异。治理是一个现代概念，是随着现代社会生产方式、社会组织方式变化才出现的社会组织管理方式。研究治理理论的重要学者詹姆斯·N. 罗西瑙（James N. Rosenau）在《没有政府统治的治理：世界政治中的秩序与变革》一书中，区分了治理与政府统治语义差异。他将治理定义为一系列活动领域里的管理机制，它们虽未得到正式授权，却能有效发挥作用。与政府统治相比，治理的内涵更加丰富。它既包括政府机制，同时也包括非正式的、非

---

① 王曙光. 中国农村［M］. 北京：北京大学出版社，2017：44-53.

政府的机制①。全球治理委员会在《我们的全球之家》的研究报告中提出：治理是各种公共的或私人的个人和机构管理其共同事务的诸多方式的总和。它是使相互冲突的或不同的利益得以调和并且采取联合行动的持续的过程。它有四个特征：治理不是一整套规则，也不是一种活动，而是一个过程；治理过程的基础不是控制，而是协调；治理既涉及公共部门，也包括私人部门；治理不是一种正式的制度，而是持续的互动。②

显然，对治理一词的理解并不完全相同，但一般认为，不同于传统自上而下的管理方式，政府的治理是为了公共利益，不仅管理公众生活，还吸引、推动公众、社会组织等利益相关者参与管理。治理是一种突出合作、开放的管理体制。在社会治理过程中，政府的作用不是被弱化更不是被取消，而是依法划分权力边界，通过责、权、能，履行社会管理职责。政府职责由管理走向治理，体现了现代社会组织复杂性、利益多元性。

就中国当代乡村治理而言，20 世纪 50 年代以后，共产党基层组织在全国乡村普遍建立，取代传统乡村宗族乡绅管理乡村社会。在社会主义建设时期，通过集体化体制，实现了对乡村社会的全面管理。乡村按照生产单位，被划分为社队，村民成为社员被纳入基层政权管理。这种管理不仅是为了维护乡村秩序，更重要的是推动乡村的现代发展。建设社会主义新农村成为集体化时代广为人知的口号。这是中国历史上第一次真正意义上的乡村政权组织，也是第一次把乡村建设纳入国家全面发展战略。

改革开放以后，乡村发展环境变化很快。先是通过家庭联产承包责任制瓦解了集体经济组织。接着市场经济发展，村民大量外流务工、经商办厂。不同于传统农业社会的生产和生活方式在乡村迅速扩张蔓延。集体化时代严密的基层管理方式已经落后于时代。如何建立乡村社会中的国家权力关系成为新的现实问题。20 世纪 80 年代，国家在乡村开始推行乡村自

①　詹姆斯·N. 罗西瑙. 没有政府统治的治理：世界政治中的秩序与变革［M］. 张胜军，刘小林，等译. 南昌：江西人民出版社，2001：4-5.

②　王培刚，庞荣. 国际乡村治理模式视野下的中国乡村治理问题研究［J］. 中国软科学，2005（6）：19-24.

治。1982 年颁布的《中华人民共和国宪法》第一百一十一条规定："村民委员会是基层群众自治性组织。" 1998 年颁布实施的《中华人民共和国村民委员会组织法》规定："村民委员会是村民自我管理、自我教育、自我服务的基层群众性自治组织，实行民主选举、民主决策、民主管理、民主监督。"将村民自治概括为"四个民主"，即民主选举、民主决策、民主管理、民主监督。村民自治成为当代乡村社会的管理形式。

学术界对乡村管理的研究很多。1990 年以后，学术界意识到乡村社会组织管理环境的变化，传统的研究理论模式已经难以适应新的形势。于是，一些学者从西方学术界有关社会治理理论的研究中得到启发，开始探究中国乡村社会治理问题。通过检索有关文献得知，1999 年，华中师范大学中国农村问题研究中心的学者较早提出乡村治理的概念。此后，相关研究迅速发展，成果增加很快。学术界研究观点不一，但一般认为，乡村治理就是为了乡村公共利益，乡村治理的各主体利用一定的权力和方式，对乡村社会进行自主管理。其具体内容应该包括以下方面。一是党委领导下多主体参与共管，主要是政府主导、社会协同、公民参与。二是治理方式民主协商。信息公开，保障村民选举权、监督权、知情权。三是以维护村民公共利益为治理目标，协调村民自治和上级关系。四是治理法治化，避免人治滥政。2018 年 9 月，中共中央、国务院印发《乡村振兴战略规划（2018—2022 年）》，提出的乡村治理内容是：把夯实基层基础作为固本之策，建立健全党委领导、政府负责、社会协同、公众参与、法治保障的现代乡村社会治理体制，推动乡村组织振兴，打造充满活力、和谐有序的善治乡村。

（三）乡村文化治理

乡村文化之于中国人如此重要，直接源于乡村文化的社会治理功能。在我国，乡村文化治理有着悠久历史，传统上所谓"皇权止于郡县"，乡村秩序的维持主要依靠宗法伦理。尽管当代主流的文化立场对宗法伦理都持否定态度，但历史事实还是要承认的。改革开放以后，国家一直把乡村文化治理作为乡村社会治理策略的重点。2018年1月发布的《中共中央 国务院关于实施乡村振兴战略的意见》明确提出，繁荣兴盛农村文化，焕发乡风文明新气象，需要乡村振兴，必须坚持物质文明和精神文明一起抓，提升农民精神风貌，培育文明乡风、良好家风、淳朴民风，不断提高乡村社会文明程度。乡村振兴需要乡村文明的保障。实现乡村文化振兴，发挥乡风文明的保障作用，推动乡村文化治理是必要途径。

乡村文化治理的基础和文化的规范功能有关。文化功能本质上是"体现在人类创造的物质、精神财富中以价值体系为核心的一整套规范的结构和功能的统一。它中介着人和外部世界的关系，人永远靠文化活动来改造和评价外部世界"。① 而通过治理维持、建构社会秩序，是一种当代社会管理运作方式，"治理的实质在于建立在市场原则、公共利益和认同之上的合作。它所拥有的管理机制主要不依靠政府的权威，而是合作网络的权威。其权力向度是多元的、相互的，而不是单一的和自上而下的"。② 文化的规范功能和治理规则的社会认同结构同构。这决定了治理的重要基础是文化认同——对特定文化形态的认同。而文化认同包含着对特定文化内涵、理念以及形式等内容规范的认可与约束，必然影响到文化认同主体的言行举止，从而推动文化成为一种有效的治理资源和治理工具，由此形成了乡村文化治理内涵的基本逻辑。根据文化属性和乡村文化环境，乡村文化治理应该包含两层含义。一是通过治理推动乡村文化健康发展。有关乡村文化政策应该以乡村文化发展为目标。不能推动乡村文化健康发展，抑制乡村文化发展活力，乡村文化政策就失去了合理性。这是一般意义上的文化治理含义。二是通过乡村文化推动乡村社会治理。从广义上看，任何文化的生成、发展，都源于社会发展又反作用于社会发展，体现着人类知识、经验的总结、升华，其中包含的价值观、生活规范、制度规范，直接具有规范个体行为、推动社会认同的作用。因而，文化内在地具有社会治理功能。

---

① 赵东海. 论文化的功能［J］. 科学研究，2004（6）：94-96.
② 俞可平. 治理和善治：一种新的政治分析框架［J］. 南京社会科学，2001（9）：40-44.

在现实的国家政策中，政策功能主义优先考虑或者最基本目标是建构、稳定社会秩序。而推行文化治理的直接动因是传统的社会管理手段出现短板或者失效，诉诸文化治理可以为国家的社会治理提供新的工具并提高社会治理效益。因而，政策层面的文化治理不等同于文化建设，但文化建设的一个目标是实现文化治理的社会功能，这应该是国家文化政策设计的一个内在逻辑。在实践中，文化建设与文化治理并不能简单分开，尽管在不同环境条件下可能也有矛盾，但文化发展和文化社会治理功能的实现从长期看应该是一致的，二者间存在耦合效应。没有文化的健康发展，文化的社会治理规范功能就无法实现；不考虑文化发展特点，一味强调文化治理的社会功能，会违背文化自身发展规律，抑制甚至窒息文化发展活力。

文化治理的社会功能和文化健康发展之间的耦合效应少有争议，但政策实践中把握这一效应并非没有问题。从国家文化政策层面，立足点主要还是社会治理功能。例如，中国古代各朝代重视文化的教化，宣扬"文以载道"，就是意识到文化的社会治理功能。事实上，世界各国无论发展公益性文化还是产业性文化，无不包含重视、利用文化的社会治理功能。因此，很少有国家把国际文化贸易视为一般贸易，"文化例外"论在国际贸易中具有普遍共识不是偶然的。"文化例外"是指在国际自由贸易体制下，基于文化商品和服务的双重属性，而将其排除在贸易自由化的谈判之外，不适用有关的自由贸易法律规则。[1] 国家文化政策根本上是要解决现实问题的，为文化而文化的国家文化政策是抽象的，也是难以具有现实操作意义的。

二、当代乡村文化治理的历史溯源

中国传统上是个农业国。在一定意义上，乡村就代表着中国历史、中国文化，费孝通因此把中国称为"乡土中国"。到了现代社会，乡村依然

---

① 何其生，张喆. 国际自由贸易中的"文化例外"原则［J］. 公民与法（法学版），2012（5）：2-6.

是中国社会发展和变革的中心。从革命战争年代的农村根据地到社会主义时代新农村建设，再到改革开放的农村土地承包，中国现代社会的历次大变革可以说都是从农村开始的。值得关注的是，自土地革命开始，现代农村变革主要是共产党领导下推动发生的。中华人民共和国成立前夕，1949年6月，毛泽东在《新民主主义论》中提出了"农民的力量，是中国革命的主要力量"①。中华人民共和国成立后，革命根据地的很多乡村政策如土地改革、妇女解放等在全国全面推行。党和政府不仅重视解决农民生活问题和农村发展的经济问题，还非常重视乡村文化治理，大力推动乡村文化建设，推动了乡村以及乡村文化的发展变化。当然，由于乡村发展的历史性，有关乡村文化治理的阶段性也很明显。大致而言，中国当代乡村文化治理可以分为三个时期。

（一）乡村集体文化建设时期（1949—1978 年）

中华人民共和国成立后，国家面临的中心任务是推动工业化发展。1954年9月15日，毛泽东在第一届全国人民代表大会第一次会议上致开幕词时宣布：准备在几个五年计划之内，将我国"建设成为一个工业化的具有高度现代文化程度的伟大的国家"。1964年底召开的第三届全国人民代表大会第一次会议上，周恩来在《政府工作报告》中正式提出"四个现代化"的战略目标，"为了在不太长的历史时期内，把我国建设成为一个具有现代农业、现代工业、现代国防和现代科学技术的社会主义强国"。"四个现代化"的目标，即农业现代化、工业现代化、国防现代化、科学技术现代化，核心或者优先目标无疑是工业现代化。四个现代化正式确定为国家发展的总体战略目标，党制定的乡村政策纲领实际都是服从于这一目标。

党领导革命始于农村，进入社会主义建设时期后，对农村的治理也全面展开。通过土地改革、集体化运动，乡村被纳入国家整体建设格局，成为国家现代化发展的重要组成部分。而随着乡村党组织在乡村全面建立，

---

① 毛泽东选集：第2卷［M］．北京：人民出版社，1999.

并深入乡村社会各领域，传统的宗族势力被瓦解，传统的乡村价值理念、民风民俗、民间艺术等都被重新梳理、筛选、改造，影响深远。这一阶段文化建设和乡村集体化发展相一致，依托集体建立起乡村文化组织，如社队的业余演出团队、公社文化站、电影放映队、艺术剧团等。文化建设内容上紧密联系时事和政策，政治性突出。一些民间曲艺被有组织地发掘整理，这在 20 世纪 50 年代中后期表现最为明显，出现了如昆曲《十五贯》、黄梅戏《天仙配》等有影响的地方曲目。这一时期的乡村文化建设通过集体化组织，应该说史无前例地实现了有组织的发展。但也正因为如此，这一时期乡村文化建设途径主要是依托集体组织的集体文化发展，文化产品内容突出政治性，时代感强，也因而缺少丰富性、娱乐性，缺少对乡村日常生活气息的全面深入的表达。

（二）乡村文化分化时期（1978—2002 年）

改革开放发端于农村，从否定集体化发展路径开始。20 世纪 70 年代以后，国家的农村政策发生了巨大调整。土地承包责任制取代了集体经济，乡村附着于集体经济的各类文化组织都失去了存在基础，乡村的演出团队、乡村放映队、文化站所都处于解散、停止活动状态。集体化时代被压制的民俗表演、民间艺人开始活动。随着电视、录像机、光碟机的普及，改变了乡村文化形态，推动城市文化开始在乡村传播。而大量农民工的流动也直接模糊了城乡文化界限，使得城市文化在乡村的传播有了更直接的推动力。由此导致的结果是，从整个文化格局看，这一时期最大的变化是城市文化迅速发展并成为文化主流，乡村文化题材的文化作品逐步走向弱势，乡村文化在全社会的文化空间逐渐被边缘化、符号化，在乡村传播的主要文化无论形式还是内容都趋于和城市文化一致，固有的乡村文化缺少文化生产、创新能力，也失去了传播能力，仅有的一些乡村文化活动也往往只是贴着乡村标签，成为城市文化视野的观赏对象。乡村文化经常以落后、不合时宜的形象被呈现。20 世纪 80 年代高晓声的"陈奂生系列"小说不过是这种现象的表征。这一时期乡

村文化发展总体上呈现出城乡文化分化大、乡村民间文化自发发展比较
明显的特征。

（三）乡村文化融合发展时期（2002 年至今）

这一时期城市中的国企改革基本度过了动荡期而趋于稳步发展时期，
但农村发展遭遇了许多困难，出现了很多问题。20 世纪 90 年代，农民负
担重，农村凋敝，引发了严重的"三农"问题——这被舆论形象地概括为
"农民真苦，农村真穷，农业真危险"。农业、农村、农民引发的所谓"三
农"问题引起举国重视。为此，党的十六大报告提出要"统筹城乡经济社
会发展"。党的十七大报告强调科学发展观的根本方法在于统筹兼顾，必
须正确认识和处理统筹城乡发展这个问题。国家开始调整农村政策，逐步
加大对农村的投入。经过 20 多年近乎停滞的发展后，乡村开始获得输入性
资源支持，逐步恢复活力。乡村文化建设也被提上议程。如自 2006 年 1 月
1 日起，我国全面取消农业税，使得历史悠久的农业税成为历史，同时加
大农业粮食种植补贴，建设乡村路网电网等基础设施。2005 年 10 月，党
的十六届五中全会提出建设社会主义新农村的重大历史任务，提出了"生
产发展、生活宽裕、乡风文明、村容整洁、管理民主"的具体要求。"美
丽乡村建设工程"开始实施。2005 年，中共中央办公厅、国务院办公厅发
布的《关于进一步加强农村文化建设的意见》提出：农村文化建设的目标
任务是，按照建设社会主义新农村的要求，经过 5 年的努力，基本形成适
应社会主义市场经济体制、符合社会主义精神文明建设规律的农村文化建
设新格局。县、乡、村文化基础设施相对完备，公共文化服务切实加强。
农村文化工作体制机制逐步理顺，现有文化资源得到有效利用。文化队伍
不断壮大，农民自办文化更加活跃。文化产业较快发展，看书难、看戏
难、看电影难、收听收看广播电视难的问题基本解决。农村文明程度和农
民整体素质有所提高，文化在促进农村生产发展、生活宽裕、乡风文明、
村容整洁、管理民主等方面发挥重要作用。

2011 年，党的十七届六中全会通过《中共中央关于深化文化体制改

革、推动社会主义文化大发展大繁荣若干重大问题的决定》，明确提出加快城乡文化一体化发展，增加农村文化服务总量，缩小城乡文化发展差距。

2017 年 10 月，党的十九大报告中提出实施乡村振兴战略。2018 年 1 月 2 日，发布《中共中央 国务院关于实施乡村振兴战略的意见》，提出"产业兴旺、生态宜居、乡风文明、治理有效、生活富裕"的总要求。党的十九大以后实施乡村振兴战略，突出了乡村文化治理的整体性、统一性，乡村文化建设不再限于满足群众精神需要的目标或者文化传承，而是融入整个乡村振兴大局，成为一种新的乡村文化发展战略。

三、当代乡村文化治理的历史演变特点

近现代以来，工业化、城市化一直是世界经济发展的主题。社会发展以城市为中心，其主要经济形态是工商业主导。乡村自身发展资源有限，外部资源流入少，始终处于后进地位。中华人民共和国成立以来，党和政府始终把乡村发展作为工作重点，对乡村文化治理给予高度重视。整体上看，有关乡村文化治理历史中呈现的一些演变特点值得关注。

（一）乡村文化发展目标从服从于国家发展战略到与乡村社会发展融合

任何文化都是时代的产物，都不可能脱离时代大叙事的背景。中国革命、中国建设的艰苦环境决定了任何文化发展建设不可能限于文化领域，必然地和社会发展战略息息相关。延伸一下眼光，从中国近现代历史看，内忧外患的惨痛现实推动仁人志士把建立独立富强的现代化国家作为奋斗目标。为此，中国人历经艰苦探索。梁启超在 1923 年写的《五十年中国进化概论》中对此历程指出："近五十年来，中国人渐渐知道自己的不足了……第一期，先从器物上感觉不足。这种感觉，从鸦片战争后渐渐发动……第二期，是从制度上感觉不足……堂堂中国为什么衰败到这田地，都为的是政制不良。第三期，便是从文化根本上感觉不足……要拿旧心理

运用新制度，决计不可能……"① 从器物到制度到精神文化（心理），构成了中国人近代史上的心路历程。1919年五四新文化运动爆发就体现着这一心路历程背后的历史发展逻辑。

在中国现代乡村文化发展历史上，中国共产党的文化政策无疑至关重要。共产党的政治基础是工农联盟，在组织上强调的是共产党是工人阶级的先锋队，但党的成立以及早期领导人都出身于知识分子也是事实，如陈独秀、李大钊都是知名学者。这一特点对于党成立后重视文化工作不能不说没有影响。毛泽东同志作为中国人民的领袖，不仅重视枪杆子对于革命的重要性，还强调笔杆子的重要性。毛泽东曾赞美作家丁玲，说她"纤笔一枝谁与似？三千毛瑟精兵"。1942年5月，毛泽东发表的《在延安文艺座谈会上的讲话》一文中开宗明义：

> 研究文艺工作和一般革命工作的关系，求得革命文艺的正确发展，求得革命文艺对其他革命工作的更好的协助，借以打倒我们民族的敌人，完成民族解放的任务。
>
> 在我们为中国人民解放的斗争中，有各种的战线，其中也可以说有文武两个战线，这就是文化战线和军事战线。我们要战胜敌人，首先要依靠手里拿枪的军队。但是仅仅有这种军队是不够的，我们还要有文化的军队，这是团结自己、战胜敌人必不可少的一支军队。

这一论述重视文化的功能，把文化工作视为完成革命目标的重要工具，构成了党对文化治理的基本价值观。这种文化价值观延续到中华人民共和国成立后，成为党和国家重视文化治理政策的出发点。也因此，分析评判中华人民共和国成立后文化治理政策，不能仅仅从为社会提供公共文化品的角度，还应联系不同阶段国家发展战略和任务分析评判，才能理解有关文化治理政策的内在逻辑。事实上，中华人民共和国成立后乡村文化

---

① 梁启超．五十年中国进化概论：饮冰室合集（第5册）［M］．北京：中华书局，1989：43-45.

治理典型体现了文化服务于国家发展战略的价值取向。20 世纪五六十年代，文艺政策的功能论主导了文艺发展，"文艺为政治服务"成为文艺作品的政策要求。其影响就是直接造成了文艺作品强烈的时代气息，和现实政治政策密切关联，土改、抗美援朝、集体化乃至边疆冲突等都在文艺作品中得到及时表现。由于有关创作并非都是从文艺作品的审美性出发，文艺创作中图解政策的公式化、概念化创作问题也就比较突出。

到了改革开放时代，国家文化政策环境有了很大调整。邓小平同志在 1979 年第四次文代会上宣布不要求文艺服从于具体政策。1980 年 7 月 26 日，《人民日报》发表社论，提出用"二为"，即"文艺为人民服务、文艺为社会主义服务"，代替沿用了多年的"文艺为政治服务"的口号。这就是通常所称的"二为"方向。其具体内容是：为人民服务，就是为除一小撮敌对分子以外的全体人民群众，包括广大的工人、农民、知识分子、士兵、干部和一切拥护社会主义、热爱祖国的人民服务；为社会主义服务，就是为社会主义的经济、政治、军事、文化等各项事业的根本需要服务，在今天，就是为社会主义现代化建设的伟大事业服务。"二为"方针提出后，成为党在新时期文化工作的基本指导方针，影响深远。

如果单从文化品生产组织看，改革开放以来，乡村文化建设和具体的政治活动联系变得比以前松散。原因在于改革开放以后，党和国家的工作重心放在城市，城市作为科技文化经济中心，成为社会发展驱动力所在。以种植业为主的乡村生产效率低，发展影响力有限。由此，乡村文化也难以在城市化时代有所作为。国家主要基于乡村稳定通过政策倡导引领乡村文化发展。进入 21 世纪，国家开始加大乡村公共文化投入，推行了网络电视"户户通""村村通"等基础设施建设，乡村文化建设逐步转向同步乡村发展。

党的十九大宣布实施乡村振兴战略，标志着乡村文化发展进入新阶段。2018 年 1 月发布的《中共中央　国务院关于实施乡村振兴战略的意见》中，明确提出："乡村振兴，乡风文明是保障。"乡村文化治理被视为乡村振兴的必要条件。这是乡村文化治理服务于国家发展战略的最新论述，势必作为一项长期政策产生影响。更加值得关注的是，实施乡村振兴战略以来的乡村文化治理，目标指向乡村发展本身，成为乡村发展环境的基本要素。正如《中共中央 国务院关于实施乡村振兴战略的意见》所指出的，"乡村振兴，治理有效是基础。必须把夯实基层基础作为固本之策，建立健全党委领导、政府负责、社会协同、公众参与、法治保障的现代乡村社会治理体制，坚持自治、法治、德治相结合，确保乡村社会充满活力、和谐有序"。无论自治、法治还是德治，在乡村文化领域就是发掘乡村文化资源，推动乡村文化发展，把乡村文化治理融入乡村社会整体发展战略。

（二）乡村文化建设资源从自我积累为主到内部发展外部输入协调

长期以来，乡村经济发展落后，人才匮乏，乡村文化自身缺少内生发展条件。没有外部资源支持，乡村文化难以得到发展。众所周知，乡村文化发展的薄弱状态，和外部资源投入不足关系很大。在集体化时代，乡村文化建设主要依托社队，开展群众文艺活动，有关演出团队、曲艺组织基本是以群众业余演出为主，难以体现专业性、艺术性。改革开放以后很长时间，乡村人财物以流向城市为主，国家政策资源重心在于城市，对乡村投入以政策号召为主，真正的人财物资源投入是有限的。

梳理中央有关文件，可以看到，党的十六大以后，国家对乡村投入包括文化的投入才逐步增加。中共中央办公厅、国务院 2005 年 1 月 7 日印发的《关于进一步加强农村文化建设的意见》中，重点对乡村公共文化建设作了具体规定：大力推进广播电视进村入户。以提高中央电视台和省电视台广播电视节目入户率为重点，采取多种技术手段，加大实施广播电视"村村通"工程的力度。积极发展农村电影放映。开展农村数字化文化信息服务。推动服务"三农"的出版物出版发行。加强乡村文化设施建设。

有关的政策内容并非限于号召，都有具体资源投入内容。如加强乡村文化设施建设部分，《关于进一步加强农村文化建设的意见》明确提出：坚持以政府为主导，以乡镇为依托，以村为重点，以农户为对象，发展县、乡镇、村文化设施和文化活动场所，构建农村公共文化服务网络。到 2010 年，实现县有文化馆、图书馆，乡镇有综合文化站，行政村有文化活动室。县文化馆要具备综合性功能，图书馆要加强数字化建设。乡镇可结合乡镇机构改革和站（所）整合，组建集图书阅读、广播影视、宣传教育、文艺演出、科技推广、科普培训、体育和青少年校外活动等于一体的综合性文化站，配备专职人员管理。村文化活动室可"一室多用"，明确由一名村干部具体负责。在学校布点整顿中腾出的闲置校舍，可改造为村文化活动基地。充分发挥农村中小学在开展农村文化活动方面的作用，提倡中小学图书室、电子阅览室定时就近向农民群众开放，把中小学校建成宣传、文化、信息中心。对西部及其他老少边穷等地广人稀适宜开展流动服务的地区，由政府给乡文化站配备多功能流动文化车，开展灵活、多样、方便的文化服务。

《关于进一步加强农村文化建设的意见》细致规定了乡村文化建设的组织、文化建设内容、建设时间、资源的开发利用等内容。如此细致的规定出现在国家政策中，反映出政策顶层设计中的重视程度和执行决心，可以想象实践中资源的投入力度。"从绝对规模看，国家财政支农支出不断增加，其从 1990 年的 221.76 亿元增长到 2017 年的 19089 亿元。从增长率看，财政支农支出增长波动显著，体现出明显的阶段性特征。在 2003 年以前，财政支农支出增长率相对较低，在 2003 年以后，随着公共财政的提出，财政支农支出增长率显著提高，最高达 57.53%。但在 2010 年以后，经济新常态下财政收支矛盾凸显，财政支农支出增长率有所下降。总体来看，财政支农支出年均增长率较高，体现出国家对'三农'问题的重视。"① 大量投入的结果集中表现在路网电网方面的"村村通"工程，送戏下乡送电影下乡，广电和宽带网的"户户通"，农家书屋工程等。乡村的基础设施大为改观，乡村基本的生活服务已经逐步和城镇对接。

当然，乡村投入的增加也是社会发展的结果。具体而言，当代中国城

---

① 闫坤，鲍曙光. 财政支持乡村振兴战略的思考及实施路径［J］. 财经问题研究，2019（3）：90-97.

市化已经进入后半程。2020 年 2 月 28 日，国家统计局发布的 2019 年国民经济和社会发展统计公报显示：据统计，2019 年末全国大陆总人口 140005 万人，比上年末增加 467 万人，其中城镇常住人口 84843 万人，占总人口的比重（常住人口城镇化率）为 60.60%，比上年末提高 1.02 个百分点。户籍人口城镇化率为 44.38%，比上年末提高 1.01 个百分点。① 而从国家经济发展看，我国已经是世界第二大经济体，国家有能力推动城市反哺乡村，加大对乡村多种形式的投入。

得益于外部资源的输入，近年来乡村文化快速发展。除了一般公共设施的建设健全，乡村文化有了新的助力，也有了新的发展路径。例如，由于乡村网络发展，乡村文化表演、乡村旅游、乡村网店等已成为网络重要的文化生产内容。当代乡村文化治理环境发生了巨大变化，乡村文化显示出新的活力，其间乡村文化发展尽管不无问题，但在乡村振兴战略实施背景下，乡村文化的现代化发展应该是可以预期的。

（三）乡村传统文化传承从内卷发展到改造重构

乡村文化治理涉及一个基本前提，就是用什么文化治理或者治理什么文化的问题。显然，中国传统乡村文化历史积淀深厚，但由于生成发展于农耕生产方式基础，传统乡村文化和当代市场化主导的城市文化发展基础有着根本差别。不加分析辨别地倡导乡村文化治理是盲目的。事实上，历史已经提供了相关经验。19 世纪中叶以来，中国社会发展面临从古代社会转向现代社会的巨大转型——从农业社会转向工业社会，从乡村社会转向城市社会。这一过程极其曲折，直到 20 世纪二三十年代，乡村之于中国社会的重要功能以及转型路径才被部分中国人意识到。这方面，毛泽东领导的共产党人从乡村找到了革命的力量；梁漱溟、晏阳初等学者看到乡村衰败的文化、经济后果；文艺界的沈从文等人看到了城市文化兴起带来的乡村伦理价值，不一而足。但从生产力、从对国家

---

① 国家统计局. 中华人民共和国 2019 年国民经济和社会发展统计公报［R/OL］.（2020-02-28）［2021-3-28］. http://www.stats.gov.cn/tjsj/zxfb/202002/t20200228_ 1728913. html.

发展的意义而言，很少有人否认乡村衰落的必然性以及城市化、工业化的重要意义。因而，更普遍的观点认为乡村文化是需要进行现代化改造提升的对象。

由于中国传统乡村千百年来形成的生产方式、组织方式相当稳定，乡村文化长期处于内卷状态，没有外部力量介入，乡村文化的改造并不容易。20世纪二三十年代，梁漱溟、晏阳初推动的乡村改革实验之所以不成功，不在于他们看不到乡村问题，而是因为他们缺少外部组织体系支撑他们的实验。中华人民共和国成立后，党和政府的基层组织在乡村全面建立。党和政府的基层组织不仅维护社会秩序，还组织生产，建设乡村文化，乡村的变革迅速而显著。20世纪60年代有部电影《李双双》风行一时，女主角李双双性格泼辣，敢作敢为，反对丈夫的大男子主义，敢于同不良现象做斗争，给人留下深刻印象。但仔细深究，就会看到，有以老支书身份出现的党组织的支持，李双双才可以参与集体劳动，才有机会展示出自己的才干，当上了妇女队长，获得了和男性平等的地位。电影隐蔽的线索体现了基层党组织改造乡村生产、生活和观念的干预作用。理想的社会改造应该是"移风易俗"式的。"制度固然重要，但究其根本，制度的作用需落实于人的塑造、人的改变——不仅是人的思想的变化、行为方式的变化，甚至是心性、脾气、性格的变化。"① 立足人的改造，60年代乡村中多次发起的移风易俗、反封建活动深刻改变了乡村。尽管当时乡村没有现代生产方式，但男女平等观念、反对迷信行为深入人心，应该说体现出相当强的现代社会理念。在生产方式发展缓慢的情况下，如果没有强有力的组织领导，乡村以及乡村文化是很难自然发生改变的。这与鲁迅笔下祥林嫂、闰土们时代的乡村形成了鲜明对比。

改革开放以后，随着家庭联产承包责任制的推行和村民自治制度建立，县乡基层政府不再对乡村文化进行事无巨细的管理，乡村文化自我发展空间出现了，但随之而来的商品经济和城市化的迅速发展，提供了另一

---

① 程凯．"再使风俗淳"——从李双双们出发的"集体化"再认识 [J]．文艺理论与批评，2020（5）：85-117．

种改造乡村文化的力量，乡村生产生活方式和观念以及文化形式并没有因为脱离了集体化就回归传统，而是趋于城市化、现代化了。其中虽不无某些消极问题，比如迷信沉渣泛起，黄色文化屡禁不止，但也并非放任自流，国家政策引导始终存在，例如财政资金投入控制、行政管理规范、连续不断地送文化下乡、舆论的批评引导等。这对于乡村文化改造、引导发展发挥了重要作用。在推行乡村振兴战略的当代，国家政策对乡村文化的引领和改造政策已经很具体了。2021 年发布的中央一号文件《中共中央国务院关于全面推进乡村振兴 加快农业农村现代化的意见》中提出：

> 加强新时代农村精神文明建设。弘扬和践行社会主义核心价值观，以农民群众喜闻乐见的方式，深入开展习近平新时代中国特色社会主义思想学习教育。拓展新时代文明实践中心建设，深化群众性精神文明创建活动。建强用好县级融媒体中心。在乡村深入开展"听党话、感党恩、跟党走"宣讲活动。深入挖掘、继承创新优秀传统乡土文化，把保护传承和开发利用结合起来，赋予中华农耕文明新的时代内涵。持续推进农村移风易俗，推广积分制、道德评议会、红白理事会等做法，加大高价彩礼、人情攀比、厚葬薄养、铺张浪费、封建迷信等不良风气治理，推动形成文明乡风、良好家风、淳朴民风。加大对农村非法宗教活动和境外渗透活动的打击力度，依法制止利用宗教干预农村公共事务。办好中国农民丰收节。

政策对乡村文化的引导改造指向很清晰，从农村精神文明建设到日常生活的婚丧嫁娶等内容，十分具体，针对性也强。在具体的乡村政策规定背后，也反映出乡村文化内卷化的严重程度。没有外部政策的干预改造，乡村文化自身难以赶上时代步伐，走向现代化。实践证明，中国当代乡村社会乡村文化的历史巨变，国家政策是最大的动因变量。

四、当代乡村文化治理历史中需要探讨的问题

（一）乡村文化的建设定位问题

"乡村文化的价值是乡村得以存在和延续的核心与精髓，支撑着村民的心灵归属。"[1] 具体而言，乡村文化在稳定社会秩序、凝聚人心、承袭淳朴的乡风民风以及乡村经济、社会发展中发挥着重要的作用。过去很长一段时间，乡村发展以自足发展为主。乡村文化治理以维护乡村社会秩序为目标，突出文化治理的教化和宣传功能。应该说乡村文化建设目标比较容易把握，也比较容易明确。但近年来，社会发展环境发生了巨大变化，乡村并非简单地随着社会发展而逐步融入城市化，乡村的经济、文化、社会都有了新的意义。例如，乡村传统民俗、工艺品因为旅游发展而有了新的生命，乡村宅居因为休闲养生业的发展而具有了改造提升的价值。除了经济原因，在中华民族复兴的背景下，乡村文化因为深厚的历史渊源而成为增强民族文化自信的重要资源和基石。乡村文化的发展定位变得不再是单纯的现代化发展问题，往往混合着政治的、社会的、经济的、文化的多重价值和目标。但在实践中，乡村文化建设的多重价值和多重目标很难平衡。例如，由于外部政治经济形势变化，乡村自身发展条件变化，时常造成乡村文化建设的定位混乱，特别是在发展诉求驱动经济目标占优势的情况下，乡村文化建设的文化目标、社会目标经常被忽视、被扭曲。尽管有关部门在治理政策层面作出巨大努力，但在迅速变化的乡村环境中，文化治理效果经常很难符合预期。

（二）乡村文化建设投入方式单一问题

"文化投入作为乡村文化振兴的重要支撑，是通过深入实施文化惠民

---

[1]　孙喜红，贾乐耀，陆卫明．乡村振兴的文化发展困境及路径选择［J］．山东大学学报（哲学社会科学版），2019（5）：135-144.

工程，优先支持关涉农民切身利益的文化项目，旨在建设结构合理、发展平衡、运行高效、服务优良的乡村文化服务体系。"① 我国的体制和指导思想，决定了政府是乡村治理的领导者、组织者、发起者，政府主导着乡村文化建设。长期以来，乡村文化建设投入主要依靠政府通过投入人财物，建设如乡村书屋、文化站、农村广场等基础设施，实施"送文化下乡""户户通"工程等公共文化项目。政府主导的特点是管办结合，投入大，建设效率高。但也正因为政府主导、政策驱动，往往导致形象工程泛滥，忽视运营效益，如一些乡村建立起大而无用的广场；图书室常年无人，利用率低下；送电影下乡找不到看电影的观众等，问题不一而足，根源在于政府主导投入的体制容易沦为政绩工程，导致重投入而忽视使用、运营成本的弊端。当代市场化环境、群众需求个性化发展等因素，要求政府改革乡村治理方式和投入模式，力求调动各种资源，推动乡村文化建设投入的多样化、多层化。这意味着政府需要放弃包办思维，积极进行体制机制改革，抑或是说，乡村文化建设的管办分开势在必行。

（三）对乡村文化建设村民参与度低的问题

"农民不仅是乡村文化生成、发展的主体，也是当前乡村文化振兴的真正动力。"② 乡村群众是乡村文化建设的主体，也是乡村文化发展成果的受益者。乡村文化建设的服务对象是村民。五四新文化运动以后，中国传统文化被视为阻碍中国社会现代化发展的因素被否定，而乡村文化作为中国传统文化根基也被认为是需要改造批判的对象。中华人民共和国成立前夕，毛泽东提出了"严重的问题是教育农民"这一论断。在计划经济时代形成的当代乡村文化体制以管理为主，有关乡村的文化产品内容重视乡村的意识形态宣传教育和村民的行为规范教育，对农民个人

---

① 门献敏. 关于推进乡村文化振兴的若干关系研究 [J]. 理论探讨，2020（2）：46-51.
② 孙喜红，贾乐耀，陆卫明. 乡村振兴的文化发展困境及路径选择 [J]. 山东大学学报（哲学社会科学版），2019（5）：135-144.

精神的需求重视不够，对村民参与乡村文化建设的主体性缺少认知，少有吸引村民参与乡村文化建设的举措，由此造成村民在乡村文化建设中被动的、从属的地位。村民在乡村文化建设中主体性不强，村民自身也没有参与的主动性、积极性，乡村文化建设和需求之间出现脱节失衡难以避免。

现代信息技术迅速发展，沟通了乡村与外部世界的联系，加之村民外出求学、打工，使得大批的农民工常年在城市务工，学生在城市上学，乡村主要劳动力大量流失，"空心村""留守儿童""留守老人"等现象突出。城市文化在乡村广泛传播，村民的生活方式、价值理念已经不同于以往，自上而下的文化灌输已经不能适应新的乡村环境。乡村文化治理必须改变乡村文化建设思维，突出村民主体地位，重点做好两方面工作。一是在乡村内部促进发展，要围绕村民生活需要，通过经济、技术、宣传等方式调动村民参与乡村文化建设的积极性，开发乡村文化资源，提高村民生活质量，培养村民的文化传承意识。二是在外部加大投入，应结合实施乡村文化振兴的战略目标，加大乡村文化发展的投入力度，建构适合乡村村民特点的乡村文化生产供给体系，夯实乡村文化发展基础，切实推进乡村文化环境建设。

本章小结

本章研究了有关乡村文化治理的基本概念，确立了研究的理论起点。梳理了中华人民共和国成立以来乡村文化治理的历史脉络，并对其成就作了总结，对其中存在的问题也作了分析。

文化治理的基本含义包含两层意思。一是对内的文化治理。其意着眼于文化发展，通过政策推动乡村文化的健康有序发展。二是对外的文化治理。其意着眼于文化的工具性，发挥文化的教化、引导、凝聚功能，实现对个体行为的规范、引导，推动乡村社会有序运行。有的学者把二者分开研究，理论上可行，但实践中是难以分割的。这是由文化基本属性决定的。而当乡村文化治理由政府政策驱动时，政策本身的社会治理功能也决定了难以割裂文化治理的内外关系。当然，整体上，政府政策优先考虑的目标首先是社会秩序的稳定性。没有稳定的社会秩序，政府政策的其他功能难以实现。政府的治理政策目标有轻重缓急之分，这符合行政管理规律。

乡村在中国革命和建设中的重要性毋庸置疑。党和政府对乡村文化治理高度重视。中华人民共和国成立以来，乡村文化治理的阶段性特征明显，根据乡村政策投入情况和发展方式，大致分为集体化时期、分化时期、融合发展时期。在不同阶段，国家对乡村的领导组织是一贯的，对乡村文化建设投入与定位是有差异的，但整体而言都对应了不同阶段国家发展战略，大致经过了乡村文化发展目标从服从国家发展战略到融合乡村发展，乡村文化建设资源从自我发展为主到内部发展外部输入协调，乡村传统文化传承从内卷发展到改造重构等不同阶段。历经70年治理，我国的乡村文化已经发生了巨变，今天正日益融合在时代发展大潮中，成为实现中华民族文化复兴的重要组成部分。

时代在发展，乡村也在发展。乡村文化治理并不存在一劳永逸的固定模式和政策路线。例如，目前乡村治理中乡村文化定位、治理方式单一问题，村民参与度低的问题都日益显露。这需要我们正视客观现实，不断推动乡村文化治理与时俱进。

第三章　乡村文化治理的环境基础

内容提要： 实施乡村振兴战略是我国乡村现代化发展的重要举措。乡村振兴是全面振兴，涉及乡村发展的多方面内容，其中乡村文化振兴是乡村振兴战略的重要组成部分和应有之义。乡村文化赋予了村民生活以意义、乡村社会以秩序，乡村文化是乡村振兴的文化支撑与精神动力。城市化和市场经济构成了当代乡村文化振兴的双重背景。在此背景下，乡村文化振兴的基础资源流向、乡村文化空间的城市化、乡村文化振兴的效益目标等方面存在内生重构困境。乡村文化振兴政策的成效很大程度上取决于对乡村文化内生重构困境的治理。在乡村振兴战略背景下推行文化治理，需要根据市场经济环境和乡村振兴实际调整文化治理策略，构建鼓励各参与方参与乡村文化振兴的"竞合机制"，在推动城乡资源双向流动、发展乡村特色文化产业、推进乡村文化治理主体能力建设、建立完善乡村文化振兴规则保障体系等方面，推动乡村文化振兴中各参与方的博弈合作，达到促进乡村文化振兴的目的。

一、乡村文化振兴的环境变化与文化治理的必要性

实施"乡村振兴战略"是党的十九大作出的重要战略部署。这一战略制定了"产业兴旺、生态宜居、乡风文明、治理有效、生活富裕"的目标，旨在解决困扰中国乡村的现代化发展问题。"乡村振兴战略"对于乡村建设的影响是全面的、长期的，涉及复杂的体系运作，系统性因素的考虑必不可少。乡村文化振兴无疑是乡村振兴战略的重要内容，也是实施乡

村振兴战略的重要资源和动力。没有乡村文化的振兴，乡村振兴是不完整的，也是缺少根基的。"中国文化是以乡村为本，以乡村为重，所以中国文化的根就是乡村。"① 乡村文化之于中国人和中国社会的重要性不言而喻，乡村文化问题始终是中国社会最为关切的话题之一。

党的十九大报告提出乡村振兴战略以来，《中共中央 国务院关于实施乡村振兴战略的意见》《国家乡村振兴战略规划（2018—2022 年）》《关于加强和改进乡村治理的指导意见》三个具有针对性的纲领文件都以不同表述方式把乡村文化振兴作为重要内容。而学术界对乡村文化振兴的直接研究也逐步展开。笔者通过中国知网检索，截至 2021 年 3 月，篇名中含有"乡村文化振兴"这一关键词的期刊研究论文近 300 篇。这些研究论文除了阐释乡村文化振兴的重要性，主要结合贯彻乡村振兴战略研究乡村文化振兴的实践举措，在加大乡村投入、推动乡村文化发展和城乡融合发展等方面都提出了不少建设性意见。由于城市化和市场经济构成了当代乡村文化振兴的双重背景，乡村文化如何在当代城市化和市场经济背景下展现出应有的活力，是迫切的现实问题。城乡社会发展的阶段性差异是客观的，但由此产生的先进与落后的二分法思维明显影响到学术界对城乡文化价值的认知差异。这突出表现为多数学者都比较重视外部因素对乡村文化资源开发、乡村文化现代化发展的影响等问题研究，而对乡村文化内在传承发展逻辑的研究较为薄弱。正是在这方面，当代乡村文化振兴政策显示出特别的重要性。

作为乡村振兴战略的重要内容，当代乡村文化振兴显然不能用城市文化去简单化地改造、割裂、移植，更不是代替、消灭乡村文化，其合理的逻辑应该是在传承乡村文化的基础上，发挥城市文化等的外部驱动力作用，激发乡村文化内在发展动力，走一种内生性发展的道路。内生性发展理论（The Theory of Endogenous Growth）是 20 世纪 80 年代产生的一种经济发展理论。1988 年，联合国教科文组织发布《内源发展战略》②，具体

---

① 梁漱溟全集：第 1 卷 [M]．济南：山东人民出版社，2005：612.
② 联合国教科文组织．内源发展战略 [M]．北京：社会科学文献出版社，1988.

阐述了这一理论。其主要观点是认为经济能够不依赖外力推动实现持续增长，内生的技术进步是保证经济持续增长的决定因素。内生性发展理论后来被应用到研究不同国家、不同社会发展模式。在当代中国城乡关系中，一直有观点把城市文化视为乡村文化现代化发展的目标，因此对乡村的城镇化少有异议，对乡村内生性发展缺少认知。乡村振兴战略至少表明，从国家政策的顶层设计中，城镇化不可能取代农村，内生性发展是乡村振兴的应有之义。与城市化相伴随的外来资本、人力以及行政力量等因素都是乡村振兴的外部驱动力量，外部驱动力对于推动乡村振兴，避免乡村发展的内卷化有着积极作用，但乡村振兴最终只有通过乡村内部因素发挥作用，激起乡村内部因素的活力才能实现真正的乡村振兴和乡村现代化。

就乡村文化发展而言，也不可能简单化地用城市文化取代乡村文化，而应该通过乡村文化的"内生性重构"推动乡村文化现代化。所谓文化的内生性重构，"是以文化主体自身成长愿望为基础、以文化要素更新或重组为手段、以推动文化发展为目标的行为或行为方式，通常表现为特定主体在特定地理文化空间中以自身力量推动文化传承与创新过程"。① 由于城市化和市场经济在当代社会的广泛渗透性和影响力，乡村文化振兴受到内外部各种环境变量因素的复杂影响，导致其内生重构面临诸多困境。这主要表现为乡村文化基础资源流向中的被吸附效应、乡村文化空间城市化、乡村文化建设的效益目标、乡村文化景观的文化认同等方面。如果没有对乡村文化发展内生重构困境有着正确的认知以及适当的治理策略，会极大妨碍乡村文化振兴政策的实施成效。

二、乡村文化基础资源流向中的被吸附效应

乡村文化振兴离不开必要的物质、人力、资本等基础资源，但在当代城市化迅速发展的背景下，乡村文化振兴所需要的基础资源却面临大量流

---

① 李晶. 乡村传统文化治理体系的现代性构建［J］. 图书馆论坛，2020（3）：15-22.

失的困境。所谓城市化①主要指近现代以来，社会发展中心由乡村转向城市，经济、人口、信息、文化等基础资源日趋向城市集中，大众生产、生活等活动主要在城市展开的现象。城市化是现代工商业发展推动出现的必然现象，也是现代社会和传统社会重要的区别性特征。

自从 19 世纪欧美国家开始工业革命，城市化就成为人类社会的一种发展趋势。尽管在不同国家、地区其发展节奏、方式有所起伏、变异，但城市化始终在不断推进。"城市化是经济发展的必要条件，但绝不是充分条件。矛盾的是，这对发展复杂的经济至关重要，但它却是使发展中国家趋向于区域不平等趋势的更为严重的问题之一。"②

在中国，较之乡村，城市在经济、文化、政治等方面具有代差优势。这种优势赋予城市对乡村土地、人口等资源的吸附能力，使农村成为满足城市发展需要的资源供应地。而乡村整体发展的弱势没有也不可能发展出抵制城市吸纳乡村资源的产业和能力，城乡发展失衡势所必然。事实也是如此。贯穿于中国现当代历史，乡村发展始终都面临城市发展带来的资源吸附压力。由此产生的直接结果是城市的资源吸附效应越来越突出，城市综合实力和地理空间都迅速膨胀，而乡村却呈现出日益萎缩的发展趋势。

早在 20 世纪二三十年代，梁漱溟等人开展乡村建设运动时就认为，中国近代城市的特点是只是吸引了许多农村流民，发展出弱小的服务业、消费业（显然，这种服务业和现代服务业标准相去甚远），并没有发展出足够强有力的工业产业作为支撑，因而无力像欧美城市那样及时回馈乡村发展。所以中国城市的发展除了吸附乡村资源，带给乡村发展和乡村文化的只有破坏作用③。梁漱溟把乡村建设的目标指向社会发展以农为本，显然有

---

① 城镇化、城市化在概念上并无区别，但城镇化导致政策上严格控制大中城市发展规模，限制了大城市经济发展火车头的作用，违背城市化发展规律。参见樊纲，胡彩梅《调整"城镇化"偏差，明确"城市化"战略》载《深圳大学学报（人文社会科学版）》，2017 年第 3 期。2019 年 4 月 8 日，国家发改委《2019 年新型城镇化建设重点任务》的通知中要求：除个别超大城市外所有城市放开放宽落户限制，从人口控制方面改变了以往的城镇化政策。

② McKeeDavid L, Leahy, William H. Urbanizatim, Dualism and Disparities in Reqional Economic Development［J］. Land Economics，1970（46），82-85.

③ 梁漱溟全集：第 1 卷［M］. 济南：山东人民出版社，1989.

违时代潮流，但他确实比较早关注到城市发展对乡村资源的吸附效应问题。

中华人民共和国成立以后，从20世纪50年代的集体化到80年代的土地联产承包责任制，虽然对农村定位不同，但农村发展始终是国家政策关切的中心，乡村长期都被视为城市发展和工业化发展的支撑。这既有发展农业生产的现实需要，也有土地革命以来的意识形态逻辑，但更重要的因素是出于推进工业化的国家理想。这是由于近代以来，中国工业化发展水平低下，不仅导致中国社会发展积贫积弱，也无力对抗外来入侵。推动中国工业化发展，成为中国人的百年梦想。所以，不难理解，50年代以后，国家为什么把推动工业化作为发展政策优先关注的目标。而在当时的国际形势下，中国工业化发展所需资本积累无法像早期资本主义国家那样依赖殖民地这样的外部资源支持，只能依靠内部积累，主要是依赖农业积累。

如果对有关农业、农村的政策体制作历史的考察，就会发现，50年代以后的农业农村政策主导方向是服务于城市工业化资本积累的需要。选择"以乡援城、以农支工"工业化主导的现代化发展道路，"实施统购统销、人民公社、二元化户籍等制度，这从本质上讲是依靠农业、农村和农民为工业化积累原始资本，以放慢城镇化步伐保障工业化的要素积累"。① 随着工业化发展，城市已经成为经济和社会发展中心，乡村经济、社会、文化各领域都处于城市发展的支配下，从农产品到人力资源，大量乡村资源流向城市。今天，我国工业有了自我发展能力，已经不需要依赖农业获得资本积累，城市化已经取得了重大进展，但城市对农村资源的吸附效应依然明显。这种吸附效应主要表现为如下形式。

一是行政政策驱动下的乡村资源流向城市。

从20世纪50年代起，国家主要通过计划经济方式的统购统销，以农补工的"剪刀差"等形式，把农村经济资源输入城市。"据统计，在1950—1978年的29年中，政府通过'剪刀差'大约取得了5100亿元，在1979—1994年的16年间，政府通过工农产品（剪刀差）从农民那里占有

---

① 杨佩卿. 现代化目标：新中国城乡关系演进脉络和价值取向［J］. 西安财经大学学报，2020（5）：97−105.

了大约 15000 亿元的收入，同期农业税收总额 1755 亿元，各项支农支出 3769 亿元，政府通过农村税费制度提取农业剩余约 12986 亿元，农民平均每年的总负担高达 811 亿元。"① 同时，严格的城乡户口管理，限制了城乡人员流动，堵塞了农村人进入城市生活的路径，也强化了乡村经济资源的单向输出效应。加之国家对农村投入有限，农村发展缓慢，一些地方甚至趋于停滞。这种情况在 20 世纪 80 年代以后也依然存在，例如，即使被视为改革开放标志符号的小岗村，也陷入"一夜跨过温饱线，二十年没进富裕门"的困境。所谓的农业、农村、农民"三农"问题由此成为 21 世纪最引人注目的问题。

在文化领域，大量文化发展资源集中在城市，自然是和城市的基础条件和社会需求有关，但不能否认，城乡投入的失衡，导致农村基础设施薄弱，可支配的财力比较有限，进一步导致农村地区公共文化服务财政投入减少。即使进入 21 世纪，国家日益加大乡村投入，但根据财政部公布的数据，2019 年，中央财政安排公共文化服务体系建设相关资金不过 225 亿元，其中对贫困地区文化事业建设专门安排资金 16.9 亿元。有研究者通过计算提出，乡村公共文化服务占全国公共事业财政支出比一直处于 30% 水平上下。② 这对于历史欠账多，人口占全国总人口比例到 2019 年依然为 40%③的乡村并不是理想的数字。虽然乡村政策较以前有了很大调整，但各种原因导致的政策侧重点差异仍然是驱动乡村资源外流的重要因素。

二是市场资源配置效率驱动乡村资源流向城市。

作为经济、社会发展中心，建立在工商业生产方式基础上的现代城市有着乡村无法比拟的生产能力和规模经济，有着传统乡村所不具有的资源整合能力和配置效率，提供了乡村所不可能提供的工作机会和个人发展空间。20 世纪 80 年代以后，随着改革开放的推行，城市经济的快速发展，

---

① 徐冰. 城乡差距：世纪难题求解 [N]. 中国经济时报，2005-03-09 (1).

② 欧阳建勇. 乡村振兴战略下我国农村公共文化服务建设的财政政策研究 [D]. 南昌：江西财经大学，2018.

③ 国家统计局网站年度数据库 [DB]. https：//data. stats. gov. cn/easyquery. htm? cn = C01&zb = A0301&sj = 2020.

特别是加工工业的发展，对劳动力产生了旺盛需求，数以亿万计的农村劳动力资源流向城市，支撑起中国"世界工厂"的地位。国家统计局 2018 年农民工监测调查报告显示：2018 年农民工总量为 28836 万人，比上年增加 184 万人，增长 0.6%。在农民工总量中，在乡内就地就近就业的本地农民工 11570 万人，比上年增加 103 万人，增长 0.9%；到乡外就业的外出农民工 17266 万人，比上年增加 81 万人，增长 0.5%。在外出农民工中，进城农民工 13506 万人。[①] 城市经济的发展，为农民工提供了工作机会和优越于乡村的生活环境。城市越发展，越能吸引更多农村人口就业、生活。同时，在市场经济机制下，城市有着高效的生产效率和规模化的消费市场，乡村资源开发、消费都难以离开城市资本的导向。

在城市资本逐利动机的推动下，乡村人财物等基础资源不断流向城市。而文化遗址、建筑群落这类无法脱离乡村空间的物质文化资源，因为主要通过各种名义的乡村文化旅游开发其价值，最终也难以离开城市资本导向，使得乡村资源开发不过是城市发展需要的延伸。从资源的价值实现角度评价，这又何尝不是一种乡村资源的流出？而更大的问题是，由于乡村资源依赖城市资本开发，服务于城市发展，乡村资源的开发就难以推动乡村社会发展为直接目标，对乡村发展的影响主要体现为一种间接的溢出效应，效果如何带有很大的不确定性。例如，一些乡村独特的景观文化等资源开发被外来资本控制，资本逐利本性决定了对当地的投入情况显然优先考虑市场利润空间，至于怎样推动当地乡村发展以及提高本地村民收益，自然是次要的或间接的目标。

三是城市完善的基础设施吸附乡村资源。

就文化领域而言，源于城市经济、文化、社会发展的需要，政府、企业等各方都以不同方式不断加大对城市文化建设的投入，建立起较为完善的文化馆舍等基础设施，培育了强大的文化产品生产能力和丰富多彩的文化消费市场，城市也由此更强化了优越于乡村的文化发展环境，反过来会

---

① 国家统计局.2018 年农民工监测调查报告［R/OL］.（2019-04-29）［2021-03-28］.http：//www.stats.gov.cn/tjsj/zxfb/201904/t20190429_ 1662268.html.

进一步强化对乡村文化建设所需基础资源的吸引力，推动乡村文化发展资源集中于城市，城乡文化发展的"马太效应"因此产生。城市利用其优越基础设施，吸附大量乡村的人财物流向城市，弱化、抽空了乡村发展的基础资源，也削弱了乡村文化基础设施建设与运营能力。而由于经济普遍落后，村民居住分散，人口流失，老龄化严重等，乡村文化也失去了文化生产、消费市场，导致乡村文化基础设施建设难度大、运营成本高、达不到预期的社会效益、文化效益等问题。2019 年中央一号文件《中共中央国务院关于坚持农业农村优先发展做好"三农"工作的若干意见》提出"支持建设文化礼堂、文化广场等设施"。实践中，一些村庄建了文化礼堂、图书室、文化广场等设施，投资不少，但在老龄化普遍严重的乡村，日常使用率低，没有发挥出应有文化价值，不少成了摆设或者挪作他用。这就形成了一种悖论，一方面，乡村文化基础设施普遍不足、落后；另一方面，对有限的文化设施又普遍缺少运营、维护和应用能力。乡村文化基础设施落后、薄弱使得乡村更难以吸引城市人财物资源的大量流入，乡村文化衰落势所必然。

乡村文化发展的基础资源流向城市，根本上是由于城市生产方式的发展优势而对乡村文化产生的一种"代差优势"。这种"代差优势"成为冲击、塑造传统乡村文化的力量，也对今天的乡村文化振兴内生性重构带来现实困扰。近年来，国家为改变乡村资源的流出逆差推出了许多举措，实施乡村振兴战略无疑也包含着这一考量。为此，引导城市资本、技术、人才等外部资源流向乡村势在必行。这方面，国外也有一些实践经验值得借鉴，如日本在 20 世纪 70 年代推行新农村运动，通过政府引导，发展乡村特色产业，有效地推动了乡村现代化发展。在我国乡村发展的现阶段，很少有人否认乡村文化振兴的重要性，但在城市化迅速推进的背景下，改变城乡基础资源流向失衡是乡村文化振兴的必要条件。而实现这一必要条件并不容易，需要社会、企业、政府等各方面付出很大努力。

三、乡村文化空间发展的城市化困境

乡村文化就其语义而言，显然不仅是个文化概念，还是个地理空间概念。乡村文化振兴只能根植于乡村文化空间。离开乡村文化空间，乡村文化就失去了传统根基，乡村文化生态以及功能就难以保持。但问题是，当代乡村文化振兴是在城市化的背景下展开，城市空间所具有的文化发展基础和文化生产能力是乡村难以比拟的。这就赋予了城市文化之于乡村文化的强势地位。"所有的社会和心理结构都具有空间相关性和可能性条件；社会距离和权力关系都是通过空间距离来表达和强化的。"① 建立在发展优势基础上的城市文化并不会固守在城市空间，对乡村文化空间的扩张势所必然。事实上，在当代城市化的过程中，城市文化始终在不断扩展其边界，渗透、收编、改造乡村文化，推动乡村文化空间的城市化发展。乡村文化空间的城市化表现为以下三个方面。

（一）乡村文化资源开发方式的城市文化市场导向

中国传统上是个乡村社会，但近代以来，现代工商业推动中国城市发展并确立了对乡村发展的优势，也开始了对全社会资源的整合和再分配。"城市化进程是一个城市对乡村空间的并购、改造与再建构过程。"②

在文化领域，来自城市的文化组织利用技术、管理、人才、资金、市场运营等优势，开发、挖掘乡村文化资源，主导着乡村文化生产。这表现在乡村文化资源价值挖掘方面，以城市文化消费市场为导向，把乡村文化资源开发直接嫁接城市文化市场，按照城市市场经验和需要设计文化产品，如"乡村一日游""农家乐""乡村民俗展"等。以城市文化市场为导向的乡村文化资源开发，比较容易取得市场效益，但也容易忽视乡村文

---

① Wacquant, Loic. Bourdieu Comes to Town：Pertinence, Principles, Applications［J］. International Journal of Urban and Regional Research, 2018, 42（1）：90-105.

② 胡惠林. 城市文化空间建构：城市化进程中的文化问题［J］. 思想战线, 2018（4）：126-138.

化资源的本真性和历史传承，如把旅游价值大的那些乡村民俗礼仪表演作
为吸引城市游客猎奇性心理的手段，对缺少市场价值的乡村文化资源则任
其自生自灭。在文化生产技术方面，用城市工商业生产方式生产乡村文化
产品，如以机械化代替手工生产传统手工艺品，以现代化工制剂代替传统
植物性制剂生产乡村布艺。应该说，乡村文化资源开发的城市化导向对于
盘活乡村文化资源、实现乡村文化价值无疑有其市场必然性，但在城市化
导向下，乡村文化资源的开发依据城市文化市场发展的逻辑和标准，因而
难以避免地出现功利化，这突出表现为追求市场上的消费刺激效应往往成
为乡村文化资源开发的优先策略，导致碎片式、猎奇式开发乡村文化资源
的现象屡屡出现，由此割裂了乡村文化内生的传承机制，破坏了乡村文化
资源的自我组织性，乡村文化资源内涵的丰富性、系统性也因此常被忽
视、遮蔽、破坏。

（二）乡村价值观的城市化

现代城市和传统乡村社会不无文化基因上的承继关系，但二者的社会
价值观标准有着质的不同。在中国当代文化语境里，城乡"二元论"一直
占据文化主流。在城乡"二元论"中，因为社会发展水平差异，城乡文化
差异被赋予先进与落后、文明与野蛮的对立关系。城市文化被想当然地视
为文明和先进，而乡村文化则有意无意被赋予落后、保守的意味。这成为
当代文化界长期不言自明的共识。由此导致在今天的乡村文化语境里，城
市价值观的标准成了衡量乡村价值观的尺度，传统乡村社会价值观经常受
到质疑、批判。曾经作为中国传统乡村社会支撑的文化价值观也因此被视
为落后而失去了基本自信。如在乡村治理方面，片面强调法治而忽视传统
乡村伦理的社会治理价值。在生活习俗方面，借助移风易俗、文明乡村的
名义，大量乡村社会的民风民俗被简单化地用城市流行文化替代。在人际
关系方面，城市里凸显个人价值的人际利益关系规则也在乡村社会蔓延渗
透，传统的乡村家庭伦理发生动摇，富有伦理精神意义的乡村婚丧嫁娶日益
物质化、商品化。乡村社会价值观的城市化瓦解了乡村社会基于血缘地缘形

成的传统伦理秩序，驱动着乡村文化远离自身传统而与城市文化日益趋同。

（三）乡村文化消费形式的城市化

当代乡村不是静态的，城市化、市场化、科技化等因素推动着乡村加快发展，也突破了城乡文化传播的时空限制，推动着乡村文化消费形式的城市化。乡村文化消费的兴起、发展是当代乡村文化发展的重要环节和表征。而作为消费形式，乡村文化消费形式应该体现出自身的个性，但在城市文化强势的发展面前，乡村文化消费形式只存在部分文化消费场景中，如春节期间部分村庄中舞龙舞狮类的民俗表演，而更多表现出的是对城市文化的服从、追随。这集中表现为乡村文化消费形式和城市文化消费形式越来越同质化，如城市里流行的音乐、歌舞、影视等文化产品在乡村一样有着相似的市场需求，城市文化中的消费主义、享乐主义、物质主义随着乡村文化消费在乡村社会蔓延。乡村文化消费趣味和城市趋于同质化，影响着乡村传统文化传承，冲击瓦解着乡村传统文化生态秩序和价值观念，乡村文化的内生性形态因为外生性城市文化消费形式的流行而陷入被遗忘、替代、碎片化的危机。由此不难理解一些乡村传统文化形态如地方曲艺市场萎缩、手工艺失传等现象的出现。

造成乡村文化消费形式城市化的原因，除了与城市文化发展的强势有关，还与乡村消费群体的生活环境变化有关。在城市化推动下，大量村民去城市求学、务工、游玩，有多种途径接触城市的文化消费形式。城市文化的强势冲击着村民文化自信，推动、刺激他们放弃、改变传统的乡村文化生活习性。同时，电视网络、互联网、手机等通信技术在乡村完善、普及，也扩大了村民对城市文化消费形式的了解以及接受途径。在多种因素推动下，村民接受城市文化消费形式方面并没有多大心理障碍，城市文化消费形式迅速在乡村流行，"在传统与现代的时空碰撞中，现代性文化活动和消费成为其重要的甚至是唯一的选择"。① 由此，城乡文化消费市场日

---

① 吕宾. 乡村振兴视域下乡村文化重塑的必要性、困境与路径 [J]. 求实, 2019（2）: 97-108+112.

益融合，城市文化消费品涌入乡村，乡村空间的文化消费形式越来越呈现出和城市空间的文化消费形式相似的特征。

乡村文化和城市文化各有其生产、发展的特定空间。在当代，城市文化空间发展强势，但这并不是给乡村文化贴上落后标签的理由，更不是否定乡村文化空间价值的依据。文化史反复证明，多样性发展才是文化发展的健康生态。如果不考虑此点就推动"营造城乡交流的文化氛围，促进城乡文化一体化"① 这样的策略，其结果很容易导向城乡文化空间雷同，用城市文化替代乡村文化就会成为现实。这对保持乡村文化独特性、历史继承性显然不利，对维护乡村文化发展的健康生态也不利。乡村文化振兴显然不是简单在乡村移植或替代城市文化，而是需要树立乡村文化独立意识，重塑乡村文化的内涵与形式。

四、乡村文化建设效益目标的不协调性

中共中央、国务院印发的《乡村振兴战略规划（2018—2022 年）》中，对乡村文化发展的总体目标规划是："坚持以社会主义核心价值观为引领，以传承发展中华优秀传统文化为核心，以乡村公共文化服务体系建设为载体，培育文明乡风、良好家风、淳朴民风，推动乡村文化振兴，建设邻里守望、诚信重礼、勤俭节约的文明乡村。"研读这一规划不难发现，乡村文化振兴实际包含两大效益目标：一是传承发展以优秀传统文化为核心的乡村文化建设，二是实现以建设文明乡村为导向的文化治理。在实践中，因为经常与乡村经济发展诉求不协调，乡村文化振兴传承优秀传统文化和文化治理的效益目标面临受制于乡村经济发展目标的不稳定状态。

（一）乡村传统文化传承发展与乡村经济发展的不协调

发展传承乡村优秀传统文化无法脱离乡村现实环境。正如《乡村振兴

---

① 张合林，都永慧. 我国城乡一体化发展水平测度及影响因素分析［J］. 郑州大学学报（哲学社会科学版），2019（1）：45-49+127.

战略规划（2018—2022 年）》所言，"当前我国农业农村基础差、底子薄、发展滞后的状况尚未根本改变，经济社会发展中最明显的短板仍然在'三农'，现代化建设中最薄弱的环节仍然是农业农村"。这意味着乡村面临最迫切的问题依然是经济发展。事实上，乡村长期都面临经济发展压力。这种压力驱动乡村发展，也塑造着乡村社会文化生态。

　　整体上，乡村自身薄弱的经济发展水平难以对乡村文化建设提供有力支撑，外部投入不可或缺。而政府部门也很早意识到乡村薄弱的经济基础，通过公共财政投入、对口扶持等方式推进乡村文化建设，例如，广播电视设施的"户户通"，水电交通设施的"村村通"，文化部门的"送戏下乡"等，对乡村文化建设起到很好的推动作用。但公共财政支付数额总是有限的，相关文化项目建设种类、数量也难以满足乡村社会多样化生活需求。"资本下乡"农村拉力源自"市场经济时期城乡差别政策的精英群体流失、村组力量式微、村庄原子化状态的硬结构约束，特别是'村账镇管'下，村集体由于集体性收入缺乏而陷入村组无法运作的困境，为吸引外来资本注入，增强村组造血功能，村集体形成了调整农村资本有机构成、优化农业要素结构、增加农民可支配收入的强大拉力"。① 从乡村文化振兴的长期性、生态性着眼，需要依托市场机制，调动社会力量参与乡村文化建设。"资本下乡"正是在此背景下受到重视。

　　经历了相当长时间资源净流出后，"资本下乡"本来可以成为城市反哺乡村发展的一种方式，也可以成为乡村文化建设的一种推动力，但现实是，资本逻辑不等于乡村文化发展逻辑。在当代市场经济环境下，外部资本对乡村的投入虽然可以为乡村文化振兴提供支持，但如果没有必要的约束机制，作为资本天性的逐利动机很容易把乡村文化建设异化为单纯获取资本短期收益的路径。这突出表现为企业在投资乡村文化建设过程中，片面追求乡村文化资源开发的短期效应，热衷于开发具有市场价值的乡村文化资源。

　　这显然是对乡村文化资源的一种急功近利式的套现开发。但悖谬的

---

① 冯娟. 基于资本下乡的乡村振兴战略发展研究 [J]. 农业经济，2021（2）：114-115.

是，对此现象盲目禁止、限制又失之简单化。目前，乡村文化基础设施建设普遍落后，需要较长的投资周期，直接间接投入大。没有利润空间，是不能吸引外来资本投入的。同时，受制于市场规模、竞争力等因素，一些乡村文化产品，如手工艺品，虽然文化传承意义大，但生产成本高企，直接的市场消费需求少，经济效益产出有限。这也需要借助外来资本力量，优化整合市场资源，提高乡村文化产品的市场经济效益。在乡村社会发展的压力下，如何吸引城市资本投入乡村文化建设，平衡其短期经济利益诉求与乡村文化传承发展的长期性、生态性，是乡村文化振兴所要面对的现实问题。

（二）乡村文化治理与乡村经济发展的不协调

实施乡村振兴战略，乡村文化治理是重要保障，也是乡村文化振兴的重要目标。根据《乡村振兴战略规划（2018—2022 年）》中提出的乡村社会建设要达到"乡风文明、治理有效"的目标，必须发挥文化治理的作用。所谓文化治理，"是治理主体通过心态文化、行为文化、制度文化和物质文化等形态和层面采取一系列的理论宣示、政策措施和制度安排，发挥文化的治理功能，实现善治的目标"。[①]

我国乡村文化历史积淀深厚，乡村文化治理经验丰富。"文以教化"是中国传统文化重要的功能性价值。按照费孝通的分析，中国传统的乡村社会是以宗法群体为本位，以亲属关系为轴形成的差序格局。在这种差序格局中，家族是主要的乡村组织，家族伦理文化承担了大量社会管理职能，家族伦理文化成为乡村社会治理有效实现的重要方式。推动当代乡村社会治理应该考虑乡村传统文化背景，乡村传统文化可以成为推动乡村社会治理体系和治理能力现代化建设的重要资源和支撑。

在中国当代乡村社会，"资本下乡"推动乡村文化生产、消费与市场化组织密切联系在一起，不仅会重构乡村文化生态，也会重构乡村社会治

---

① 潘信林，孙奥军. 文化治理：理论渊源、概念定位、参照视野与发展展望 [J]. 邵阳学院学报，2017（5）：71-78.

理秩序。这主要表现为，一方面，"资本下乡"推动建立现代社会组织方式。城市资本推动工商企业组织体系在乡村社会延伸、渗透，基于生产组织的严格制度规则设计比传统的道德伦理更具有现实操作性。资本推动企业组织把村民变成企业人，培养、刺激村民的"经济人"意识，进而要按照市场经济的体制机制组织文化生产。另一方面，"资本下乡"解构了乡村传统伦理。支撑传统乡村社会伦理秩序的主要是基于血缘和地域形成的熟人关系、家族伦理，而在市场经济的体制机制中，企业把个人组织起来从事生产经营活动，企业组织规范会淡化、瓦解传统乡村社会中个人对家族、对熟人的依赖关系，进而引发对乡村传统文化价值和社会治理秩序的重构。同样在市场经济体制机制推动下，乡村文化生产组织会针对个性化精神消费特点，生产多样化形态、多元价值取向的文化产品。一方面，这种文化产品满足了大众的精神文化消费欲望；另一方面，也不断刺激大众个性化的精神消费欲望，慢慢侵蚀、瓦解、重塑着乡村群体性价值指向的伦理文化秩序。

如此背景下，在乡村文化振兴中，协调经济发展、传承传统文化、乡村文化治理关系就变得十分重要。矛盾的是，"乡村治理权力是公共性权力，是国家政权的外生性结果，具有国家公共权力和公共意识的特性。因此乡村治理权力在与村民打交道过程中遵循的是公共性逻辑，在为村民提供公共品或者完成自上而下的任务时会顾及村民的公共性利益。它通过重塑乡村公共性提升乡村治理能力，增强基层政权的合法性。但外生资本作为私人性的第三方，其进村治理的目的在于利用项目资源攫取巨额增值收益，所以资本进入村庄采用的并不是公共性的治理方式，而是通过利益收买、暴力威胁等手段来实现其目标"。①

这就意味着，当代实施乡村振兴战略，振兴乡村文化，推动乡村文化治理，必须和乡村文化传承、社会经济发展状况结合起来，和整个乡村治理体系和治理能力现代化联系起来。接受或者吸引外来资本，推动、鼓励

---

① 卢青青．资本下乡与乡村治理重构［J］．华南农业大学学报（社会科学版），2019（5）：120–129.

城市资本"下乡",建立现代文化生产组织,对于乡村现代化发展至关重要。需要注意的问题是,由于乡村文化振兴的文化效益目标与乡村发展的经济诉求并不一致,从而导致乡村文化振兴容易陷入效益性困境。那些推动乡村文化建设名义下的"资本下乡"需要回答:乡村文化资源开发中如何传承乡村传统文化?如何平衡资本效益和乡村文化治理效益?推动乡村文化振兴,要满足资本逐利动机发展经济,也要实现文化传承效益和文化治理效益这样长期性的目标,对此作出正确性选择非常重要但并不容易。

五、乡村文化景观的文化认同困境

弗朗茨·博厄斯(Franz Boas)在研究不同民族文化的时候提出:"同一种族的个体和不同民族的成员都有近似的行为方式。"[①] "近似的行为方式"成为民族文化的表征,在民族生活的地方空间就形成了具有地方特色的文化景观。"地方文化景观不仅折射了特定历史时期的独特人地关系,也表征了当时人们的价值理念,承载着地方情感和意义;而其变迁则反映了地方人地关系和价值理念的变化。"[②] 中国传统乡村文化景观不仅承载着中国人有关乡村历史集体记忆的文化形态,也成为增强中国人乡村文化认同的媒介。但在当下的中国乡村,乡村文化景观却陷入一种存在性文化认同困境——受困于乡村文化景观存在价值是什么以及如何存在的文化认同问题。根据乡村文化景观外在形态差异,乡村文化景观的文化认同困境主要表现为如下类型。

第一,民俗礼仪类。乡村民俗礼仪是乡村社会长期约定俗成的形式和规范,在村民衣食住行以及乡村组织等领域都普遍存在,呈现出类型化、仪式化特征。乡村民俗礼仪为维系传统乡村社会秩序提供了重要的支撑,构成了乡村文化的重要景观。在传统的乡村社会里,乡村民俗礼仪是法律

---

① 弗朗茨·博厄斯. 人类学与现代生活 [M]. 刘莎, 等译. 北京:华夏出版社, 1999:56.

② 孔翔, 卓方勇. 文化景观对建构地方集体记忆的影响——以徽州呈坎古村为例 [J]. 地理科学, 2017 (1):110-117.

规范之外的隐形社会规范。通过公认的民俗礼仪，约束村民的行为，维持乡村秩序，实现乡村治理，一直是中国传统上政府管理乡村的重要策略。

中国传统的乡村民俗礼仪根植于农耕社会。随着当代城市化的发展，乡村民俗礼仪受到的冲击显而易见。这种冲击表现为以下方面。一是被废弃或淡化。由于时代环境变化，一些民俗礼仪除了被法律禁止，还因为不合时宜而被逐渐废弃、淡化，如祈求平安的民间河神祭祀风俗、寒食节等。二是被置换成城市里的礼仪形式。例如，传统的乡村婚礼中，新娘着红色衣冠为喜庆，但现在穿白色婚纱的西式婚礼在乡村也已经习以为常。再如，上坟祭祖一直是乡村春节重要的传统仪式，但现在村民生活趋于城市化，加之外出务工村民很多，家族式的祭祀活动少了，个人化的祭祀行为增多，传统上磕头烧香放鞭炮的方式逐渐被献花鞠躬代替。随着城市化水平的提升，乡村民俗礼仪的城市化越来越普遍。三是乡村民俗礼仪的符号化。随着城市化对乡村生活的渗透，一些乡村民俗"被作为经济符号加以利用"①，成为依托城市化发展文化产业的资源，例如，传统婚庆中的喇叭唢呐演奏、抛绣球招亲等民俗礼仪，在一些主题游乐园中被作为表演节目。一方面，这反映了城市化背景下乡村民俗文化"活的民俗"的特点；另一方面，由于文化生产组织市场化运营的逐利动机，追求乡村民俗礼仪元素的市场刺激效应难以避免。当民俗礼仪成为刺激市场消费的表演，已经脱离了生成其内涵的乡村文化土壤，无疑对于保留乡村民俗独特的文化价值带来难度。

第二，乡村历史文化遗产类。我国大量村落历史悠久，留存着很多具有历史文化底蕴的物质的、非物质的文化遗产。"根据中国城市规划设计研究院历史文化名城研究所对 2012 年至 2016 年住房和城乡建设部公布的4153 个传统村落的统计分析，约 82.0% 的传统村落有文物保护单位和历史建筑，约 76.13% 的传统村落至少有一项非物质文化遗产。"②

---

① 林继富，谭萌. 新型城镇化与民俗文化的传续与创造 [J]，华南师范大学学报 (社会科学版)，2019 (1)：12-16+189.

② 陈太红. 合理利用农耕文化遗产 探索传统村落发展新思路 [N]. 中国社会科学报，2019-04-02 (6).

这些历史文化遗产是乡村发展历史的组成部分，也是乡村文化个性景观的表征。随着城市化推进和新农村建设的展开，乡村历史文化遗产面临两种破坏性境遇。一种是对乡村历史文化遗产按照经济发展需要开发。那些具有经济发展价值、直接能转换成经济效益的乡村历史文化遗产被功利性开发，如对古村落随意开发成旅游项目，对名人故居肆意改建扩建。另一种是没有直接经济价值或经济价值较小的乡村文化遗产被抛弃、毁坏，如一些地方曲艺、手工艺等，大多处于自生自灭状态，一些点状分布的具有文物价值的遗址、房舍等也常因为缺少市场潜力或开发成本高而被遗弃。从实践中看，各地主管部门不是没有意识到乡村历史文化遗产的价值，但往往是出于发展乡村经济的动机，推动了对乡村历史文化遗产的功利性开发，如为开发旅游业对乡村历史文化遗产缺少规划保护，把乡村建设等同于拆除旧房旧村。在当代城市化的背景下，推进乡村文化振兴，如何规避乡村历史文化的破坏性开发，找到有效的保护性途径是个难题。

第三，乡村日常生活方式类。蒙德·威廉斯提出：文化是包括物质、智性精神等各个层面的整体生活方式。① 我国城乡长期以来存在着经济发展和日常生活方式的差别，今天，城市空间的日常生活方式对于一般的乡村而言不再是遥远的梦想，某些经济条件较好的乡村日常生活方式甚至已经市民化了。在乡村基础设施方面，近年来，随着乡村经济发展，加上国家政策扶持，城乡一体化建设逐步展开，水、电、网"村村通"，家电在乡村迅速普及，环境卫生改善明显，村民的生活质量大幅提升。在日常社会关系上，村民的对外交往因为经商、打工、求学等而突破了血缘地缘局限，变得多样复杂，传统的家族关系除了在婚丧嫁娶这样具有重要人生意义的事情上还发挥亲情以及礼尚往来的作用，对村民日常生活事务的意义已经大为降低。在日常休闲娱乐方面，村民休闲娱乐生活也日趋城市化，如跳广场舞，看流行的影视剧。娱乐化、个性化的城市文化生活价值在乡村中也得到普遍认同，至少在形式上，曾被认为民风保守的乡村已经有了

---

① 雷蒙·威廉斯.文化与社会 1780–1950［M］.高晓玲，译.长春：吉林出版集团有限责任公司，2011：4.

前所未有的开放性。城市化的发展，市场经济的推进，打破了乡村生活的节奏，改变了乡村日常生活方式。传统上那种鸡犬之声相闻、炊烟袅袅的乡村风光已经难觅。这就使得推进乡村文化振兴，留得住乡愁成为一个并不简单的问题。重建中国人记忆中的田园牧歌式的传统乡村日常生活文化景观，面临着深刻的时代冲突。

"伦理、景观管理可以衡量文化的进步，如通过重建既存但已消失的平衡的自然的生活方式。"① 由于当代乡村文化背景发生了深刻变革，传统乡村文化景观陷入了存在性文化认同困境。这一困境和先进与落后二元思维驱动下的文化认同错位有关——城市文化景观被视为"先进文明"而得到普遍认同，乡村文化景观被视为"保守落后"而被疏离、抛弃。当代城市文化的扩张和乡村文化转型都处于进行时态，乡村文化振兴显然不能等同于用城市文化景观取代乡村文化景观，但城乡文化的差异以及城市文化的强势地位，决定了重建乡村文化景观认同需要时日。因此，解决乡村文化景观的存在性文化认同困境，也非短期即能产生效果。

六、应对乡村文化振兴内生重构困境的治理策略

乡村文化振兴的前提是乡村文化自觉。文化自觉在根本上要求"生活在一定文化中的人对其文化有'自知之明'，明白它的来历、形成过程、所具有的特色和它的发展趋向，不带任何文化回归的意思，不是要复旧，同时也不主张全盘西化或全盘他化，自知之明是为了加强对文化转型的自主能力，取得决定适应新环境、新时代文化选择的自主地位"。②

这就意味着，在城市化背景下，推行乡村文化振兴应该避免盲目以城乡一体化为导向，应该通过内生重构的途径，传承优秀传统文化基因，增

---

① Pavlis Evangelos, Terkenli Theano. Landscape values and the question of cultural sustainability: Exploring an uncomfortable relationship in the case of Greece [J]. Norwegian Journal of Geography, 2017, 71 (3): 168–188.

② 费孝通. 反思对话文化自觉 [J]. 北京大学学报（哲学社会科学版），1997（3）: 15–22.

强乡村文化的内在活力。

在当代市场化、城市化背景下，乡村文化空间是利益集合体。乡村文化振兴是以政府、企业、学界、村民及民间组织等为主要参与方共同参与的行动，各方利益侧重点不同，各自价值取向也有差异，如企业界重视乡村文化资源的经济价值，学术界对乡村文化的乡土文化记忆普遍关注，政府有着满足村民文化生活需要、维护文化平等权益的职责，村民对自身生活质量的提升比较敏感。随着乡村振兴战略的全面实施，各方投入会逐步加大，利益交集会更复杂。为此，明确各方对乡村文化价值的利益定位是重要的。这关系到各方投入的成效，关系到乡村文化振兴的组织布局，关系到乡村文化振兴的目标实现。

当代乡村文化内生重构困境主因，正源于各参与主体的利益差异。治理乡村文化内生重构困境需要系统的策略设计，有必要根据市场经济环境和乡村文化建设实际，基于利益相关者关系，构建一种鼓励多主体参与乡村文化振兴的"竞合机制"。这一机制的核心要义是："'适度竞争，强化合作'，适度竞争旨在激发活力，强化合作旨在凝聚人心。"① 通过竞合机制，推动政企学民各方在乡村文化振兴中作为利益相关者优势互补，以减少单一主体的投入风险，克服乡村文化振兴的困境，达到推动乡村文化振兴的目的。具体策略包括以下几点。

一是推动城乡文化资源双向流动。

党的十九大报告中提出："要坚持农业农村优先发展，按照产业兴旺、生态宜居、乡风文明、治理有效、生活富裕的总要求，建立健全城乡融合发展体制机制和政策体系，加快推进农业农村现代化。"实施国家乡村振兴战略，推动城乡融合发展是乡村发展的重要策略。一方面，经过多年投入，乡村文化建设已经初见成效，如国家广播电视总局的"村村通"工程、文化部门的农家书屋建设和"送戏下乡"等项目，初步改变了乡村缺少基础文化设施和文化生活的局面。但也要看到，由于经济、文化、技术

---

① 任耘. 我国乡村文化遗产开发的竞合博弈与策略［J］. 统计与决策，2018（15）：68-70.

等发展不平衡带来的城乡二元格局并没有根本改变，乡村文化资源流向城市的逆差没有根本扭转。

而另一方面，城市资源反哺乡村的渠道并不通畅，例如，城市资本、人力资源等因为目前土地、户籍政策限制而难以顺畅地流向乡村。因此，城市对乡村的资源吸附效应依然突出，城市中心论依然是客观现实。有必要打破户籍、土地、金融等城乡政策壁垒，鼓励资本、人才、技术等资源的城乡双向流动。政府要发挥政策引导作用，加强乡村生活基础设施和公共文化服务设施建设；以资金引导、财税政策扶持等形式鼓励乡村外出人才回乡创业，推动企业驻村发展。结合科教文卫"三下乡"活动，采取对口帮扶、定点支援、精准扶贫等多种方式推动村企合作、城乡合作，推动政、企、学、民各方共同构建城乡资源要素双向流动与平等合作的体制机制。

二是发展根植乡村文化资源的特色文化产业。

乡村文化振兴，需要增强乡村文化的活态性，有必要从供给侧改革角度把文化产业振兴放在优先地位。这一方面可以为乡村经济发展提供推动力；另一方面也可以提高乡村文化产品生产能力，增强乡村文化发展的自我造血机制。乡村文化产品供给不足、供给不能适应乡村多样化消费需要，是长期存在的问题。除了政府加大投入发展乡村公共文化事业，更主要的还是增强乡村自身文化发展能力。乡村资源禀赋有限，但我国众多村庄历史悠久，文化资源丰富。在今天市场经济发展背景下，文化产业发展迅速。乡村可以依托乡村文化资源开发的比较优势，引入城市资本，发展特色文化产业，例如，发展特色旅游业、特色工艺品业、特色美食业、特色节庆业等，把文化资源优势转化为产业优势，可以推动乡村文化发展，也可以为乡村经济发展找到一条现实的路径。

发展乡村特色文化产业应该避免脱域化。所谓脱域化是指"社会关系从彼此互动的地域性关联中，从通过对不确定的时间的无限穿越而被重构的关联中'脱离出来'"①。乡村文化有其赖以生存的文化地理空间，脱离

---

① 安东尼·吉登斯. 现代性的后果［M］. 田禾，译. 南京：译林出版社，2000：18.

了乡村文化环境，乡村文化就失去了根基，也就谈不上乡村文化振兴。发展乡村特色文化产业不应该任由资本力量简单地把乡村作为城市文化市场的延伸，甚至把乡村文化形式移植到城市文化市场。对文化企业应该"请进来，走出去"，立足乡村文化空间，鼓励乡村内外部企业联合发展，开发、利用文化科技，创新市场运营机制，开发乡村传统手艺、名优特产等乡村文化资源，降低生产运营成本，增强乡村文化的活态性发展能力。还应该围绕乡村民俗、民居、民食等文化资源打造文化品牌，加强乡村景观规划设计，培育延伸文化产业链，实现乡村文化资源价值最大化。要加强对村民的教育培训，为乡村文化产业发展提供人才支撑。这包括挖掘培养乡村文化能人，提高村民参与乡村文化振兴的积极性，提高其文化产品生产能力和市场眼光等内容。有了乡村特色文化产业的支撑，乡村文化经济才可能得到发展，才能构建起新的乡村文化生态，乡村文化振兴才具有自我发展的内生动力和持续性。

三是推进乡村文化治理主体能力建设。

乡村文化振兴，文化治理是关键环节。"文化治理就是多元主体以合作共治的方式治理文化，并利用文化的功能来达成政治、社会和经济等多重治理目标的过程。"①

推动乡村文化治理，需要推进治理主体能力建设，发挥多元主体合力的作用。乡村文化振兴是个系统工程，离不开政府、企业、社会组织等主体合力发挥作用。我国乡村治理体制的社会主义特点决定了政府在乡村文化治理中不可或缺的领导作用，但政府除了领导意识形态和公共文化服务投入，需要考虑如何发挥市场机制调动各相关主体参与乡村文化治理的积极性。这有市场经济的环境原因，也有政府权力能力有限的原因。政府应该明确自身职责，做好乡村文化政策的顶层设计，制定和完善有关政策法规，利用经济、行政、教育等手段充分发挥宏观调控作用，推动乡村公共文化服务和乡村文化产业基础设施建设。企业主体应该利用"资本下乡"

---

① 吴理财，解胜利. 文化治理视角下的乡村文化振兴：价值耦合与体系建构［J］. 华中农业大学学报（社会科学版），2019（1）：16-23+162-163.

的机遇，结合企业运营，发挥企业管理组织的治理功能，推动企业文化与乡村文化融合发展，真正使得"资本下乡"不仅成为经济增长动力，还能成为乡村社会、生活的组织动力。另外，一些志愿组织、慈善机构、知名人士等社会力量各有其资源优势，他们参与乡村文化振兴，能够推动乡村文化治理策略更细致、更有特色。

村民（包括村民自治组织）是乡村文化的主要传承者，也是乡村文化治理主体。"说到底，乡村文化复兴旨在提升农民的文化主体意识和文化产品的供给能力，在回归乡村文化本位中凸显乡土文明价值。"① 应该重点通过增强村民作为乡村文化治理主体的能力，提高村民参与乡村文化治理的自觉性和主动性。

首先，提高村集体经济财力。乡村文化治理建立在乡村经济基础之上，但长期以来，乡村经济普遍落后，村集体经济薄弱，缺少吸引村民参与乡村治理的凝聚力。薄弱的集体经济，导致乡村无力投入文化建设，甚至一些惠民政策都难以落实。如 2013 年，财政部印发的《中央补助地方农村文化建设专项资金管理暂行办法》规定：中央财政对东部地区、中部地区、西部地区分别按照基本补助标准的 20%、50%、80% 安排补助资金，其余部分由地方统筹安排。对于缺少财力积累路径的乡村而言，地方统筹能力有限，这样的补助政策显然难以充分享受，也难以建设乡村基础文化设施。缺少必要的文化基础设施，文化治理很难展开。应该把鼓励、完善发展村集体经济作为乡村文化治理主体能力建设的基础。村集体有了强有力的经济财力，才有能力建设乡村文化基础设施，推动乡村文化事业、文化产业的内生性发展，才有能力推动、吸引村民参与乡村文化治理的积极性。

其次，建立完善村民社区自治组织网络。依据《中华人民共和国村民委员会组织法》，建立健全村民自治组织，加强乡村党政组织建设，但同时需尊重村民自治性，建立乡村社区生活网络，提升村民的社区共同体意

---

① 范玉刚. 乡村文化复兴与乡土文明价值重构［J］. 深圳大学学报（人文社会科学版），2019（11）：5-13.

识和集体认同感。随着城市化的推进和乡村老龄化趋势的发展，乡村人口减少明显，传统的乡村聚居方式中造成村庄分散、规模小、环境乱的现象，建设公共服务设施建设成本高，社会治理难度大，传统的乡村治理方式越来越不适应乡村发展实际，推行乡村社区化势在必行。这一过程牵扯面广，需要相当长时间，但可以确定的是，社区化应该是乡村发展趋势。通过社区化，可以兴建各种基础设施，提高公共服务水平，实现城乡一体化发展。从社会治理而言，通过社区化建立起乡村社区自治网络，有利于推动乡村在新时代重建乡村文化社会环境基础，推动乡村文化振兴。

还要尊重乡村传统民俗文化。乡村传统民俗文化经过历史沉淀，体现着村民的文化共识，具有村规民约的作用。对乡村传统民俗文化，不能简单地以落后为名加以排斥，应支持村民传承创新那些具有乡村文化标志性意义的民俗礼仪，如追怀先贤的祭祀活动、尊老爱幼的家庭仪式、渴望平安富足的节庆礼仪等。这不仅是传统乡村文化的文脉所在，今天依然具有乡村文化治理的重要价值。

最后，重视解决乡村人口问题。根据国家统计局数据，全国城镇人口占总人口比重已经达到59.58%。截至2018年，大约有9000万农业转移人口在城镇落户。① 农村人口迁移的主力是青壮年，大量乡村人口迁移城镇加重了乡村老龄化、空心化，导致传统乡村文化面临缺少传承人而带来的文化传承断层危机，也动摇了乡村文化治理主体建设的根基。必须对乡村人口问题作出强有力的体制机制安排，才能避免乡村文化传承的断层危机。

四是建立、完善乡村文化振兴的规则保障体系。

当代乡村文化振兴处于市场经济环境。乡村文化治理需要规则保障体系。没有规则保障，乡村文化治理容易走向人治、无序，乡村文化振兴很难避免急功近利的困扰，"资本下乡"对乡村自然环境、文物遗存、民风

---

① 国家统计局. 人口总量平稳增长 人口素质显著提升——新中国成立70周年经济社会发展成就系列报告之二十［R/OL］.（2019-08-22）［2021-03-28］. http：//www.stats.gov.cn/tjsj/zxfb/201908/t20190822_1692898.html.

民俗等资源的开发也会因此容易失去节制。实现乡村文化振兴需要建立内外部规则体系保障。这主要包括以下内容。

在内部主要是发挥村规民约和传统伦理的作用，在外部主要是建立健全政策法规保障体系。就乡村内部规则而言，应该增强乡村文化自觉，发挥优秀传统伦理文化的作用。毕竟，乡村主要还是基于血缘地缘形成的熟人社会，传统乡村伦理依然在村民日常生活中发挥着主导作用。完全用那种推崇个人价值的城市伦理解决乡村问题，可能造成水土不服。伦理规则发挥作用，不仅要靠教育提高村民道德自觉，还要靠宣传营造舆论氛围，靠制度规则保障落实。因此，要利用传统媒体、新兴媒体传播乡村道德文明，以举办道德讲堂、评选奖励文明之家、文明标兵等措施发挥道德风尚引导示范作用，通过法定程序把隐性的道德文明建设纳入村规民约提高约束力。当然，发挥传统乡村伦理作用，也要坦然承认并破除传统乡村伦理文化中存在的一些诸如缺少对个人价值尊重、缺少科学精神、缺少法治意识等不合时宜的内容。例如，当下乡村对去世老人厚葬之风突出，订婚索要高额礼金现象普遍。这些现象不仅恶化了乡村伦理秩序，也经常成为村民攀比致贫的重要诱因。对这类不良积习需要进行必要的行政干预，积极推动移风易俗，发挥村民自治组织和党员干部的带头示范作用，培养社会主义核心价值观，宣传、推广新的伦理文化，树立文明生活方式。

就外部政策而言，应该建立乡村文化振兴的系统性政策体系，以提高其长期效应。这方面，政府除了加大投入履行发展公共文化的责任，更应该加大政策法规供给，担负起建立和完善乡村文化振兴政策法规体系的责任。除了一般政策法规，党的十九大以后，中央和地方有关部门为落实乡村振兴战略陆续出台了一些实施政策，如《中共中央　国务院关于实施乡村振兴战略的意见》《乡村振兴战略规划（2018—2022 年）》，财政部、农业部联合发布《关于深入推进农业领域政府和社会资本合作的实施意见》，文化和旅游部、财政部发布《关于在旅游领域推广政府和社会资本合作模式的指导意见》，等等。"任何政策都有自己特定的受体和作用的对象范围。"①

---

① 胡惠林. 文化政策学［M］. 北京：清华大学出版社，2015：37.

这些政策对于推动乡村文化振兴无疑在发挥着重要作用。基于乡村振兴战略和我国社会主义体制优势，应该说进一步加大乡村文化政策供给是可以预期的。

出台推动农村文化发展的法律是依法治国和推进乡村治理现代化的必然，而目前农村文化发展方面还缺少完善的法律规范体系。实施乡村振兴战略，振兴乡村文化，需要有关乡村文化振兴的一些法规的制定、完善和调整，如适应乡村文化产业发展的土地法，和乡村诚信体系建设衔接的乡村文化治理法，着眼于乡村长期发展的乡村发展促进法，做实做细乡村公共文化和基础设施建设政策，乡村建设监督保障政策等。通过制定、完善有关乡村文化振兴的政策法规，把乡村文化振兴纳入法治化轨道，为乡村文化振兴提供坚实的制度性规范保障机制。

本章小结

实施乡村振兴战略，根本目的是推动乡村现代化发展。乡村现代化离不开乡村文化现代化的支撑和推动。乡村文化振兴是乡村振兴战略的应有之义。由于城市化在迅速发展，乡村人口外流严重，"老龄化""空心化"现象愈演愈烈，乡村、乡村文化的存在根基面临挑战。城市化和市场经济背景决定了乡村发展环境的整体转型性。在转型发展中，一些乡村会衰落、消失，一些村落会合并、发展。乡村文化振兴不仅有助于留住属于所有中国人的乡愁记忆，推动乡村文化传承，也有助于缓解城乡文化发展失衡矛盾、重建新的文化生态格局。

城市化为乡村文化振兴和乡村文化自觉提供了动力，也提供了参照系。由于城市化带来了不同于乡村的生产、生活方式，乡村文化振兴环境在资源流向、城市化、效益目标、文化认同等方面面临内生性重构困境。这些内生性重构困境构成了乡村文化振兴的障碍。我国乡村治理体制的社会主义特点决定了政府在乡村文化振兴中不可或缺的领导作用，但政府除了领导意识形态和公共文化服务投入，需要考虑如何发挥市场机制调动各相关主体参与乡村文化振兴的积极性。这有市场经济环境的原因，也有政府权力能力有限的原因。政府应该明确自身职责，根据乡村治理体制的特点以及城市化、市场经济等环境因素，推动乡村文化治理的协同作用，推动城乡资源双向流动，构建根植乡村文化资源的特色文化产业体系，推进乡村文化治理主体能力建设，建立、完善乡村文化振兴的规范保障体系等。如此，才能推动乡村文化振兴中各参与主体的优势互补，推动乡村文化内生性环境重构，达到乡村文化振兴的目标。

第四章　乡村文化治理的组织

内容提要： 在乡村振兴战略提出的多个目标中，"治理有效"是其中之一。乡村"治理有效"包含着乡村文化治理的有效。有效的乡村文化治理需要有效的组织保障。否则，乡村文化治理无从展开，也难以落实乡村振兴战略。在乡村振兴战略背景下，乡村文化治理组织需要不断地改革、建构，以适应乡村发展的新形势。本章对乡村文化治理组织研究涉及的一些主要理论进行了必要的阐释，梳理了我国当代乡村文化治理组织的演变脉络。根据当代乡村文化治理特点，主要围绕乡镇政府、村民自治组织、乡村经济组织、乡村社会组织，分析了我国目前乡村文化治理组织结构及其运作机制，并从国家与乡村社会关系、党的组织领导、乡村文化发展的主体性、村民文化的创造性以及乡村文化资源优势的产业化转化等方面，总结分析当代乡村文化治理组织成效。当代乡村发展处于迅速变革的过程中，一些深层次问题需要解决，一些新的问题又出现，如乡村文化发展空间趋于萎缩，乡村文化价值观日趋多元，乡村文化主体的流失、资本无序开发乡村文化资源的风险等。这是乡村文化治理组织面临的新挑战，也是需要正视并加以解决的问题。

一、乡村文化治理组织的理论基础

乡村文化治理作为一种政策策略涉及包括乡村文化建设在内的各个领域。因此，对乡村文化治理组织的相关研究必然涉及多学科的理论知识，体现出多元理论特征。联系乡村振兴战略和当代乡村治理现实，对乡村文化治理组织研究涉及的主要理论进行阐释是必要的。

（一）乡村治理理论

随着城市化现代化的发展，乡村社会迅速发生变化，作为乡村社会内在支撑的乡村文化受到的冲击显而易见。乡村文化治理，面对建设什么乡村文化、发展什么乡村文化，关系乡村未来的发展，关系乡村社会文脉的延续。因此，乡村文化治理具有强烈的现实性、紧迫性。而进行乡村文化治理，其前提是有效的组织。没有有效的组织，乡村文化治理难以展开。

现代社会是复杂多变的社会，也是高度组织化的社会。通过高度组织，现代社会才能有序发展。所谓组织，具体包含两层含义。一是指由人、物、任务、职责、层级等要素构成的结构网络。这个网络中，通过分工、协调等方式，形成指向预定任务和功能的结构体系。二是通过一定结构形式，完成目标任务的过程。在这一过程中，各要素、各层级协调行动，达成目标任务。在现代生活中，组织是社会发展运行的基本要素。任何人任何事都离不开组织。"社会已成为一个组织的社会。在这个社会里，不是全部也是大多数社会任务是在一个组织里和由一个组织承担并完成的。"①

现代有关组织理论的研究始于西方。20世纪初，西方进入大规模的工业化社会，生产、市场运作复杂，组织管理日益成为影响生产、市场效率的关键因素。同时，工业化后的社会结构也不再是传统上简单的层级关系，而是日趋多元多变。在此新的社会发展背景下，有关管理组织的问题开始引起普遍关注。比较有代表性的有泰勒的科学管理理论、福特的员工管理理论、韦伯的官僚制组织理论等，都是有影响的组织管理理论。此后，形形色色的企业管理理论、行政管理理论层出不穷。组织管理问题在20世纪成为研究的热门。

概念上，治理取代管理成为应用广泛的概念，并不是学术界止于理论

---

① 彼得·德鲁克. 后资本主义社会［M］. 张星岩，译. 上海：上海译文出版社，1998：52.

创新的文字游戏。"治理理论的兴起是与政府的失效和市场的失效联系在一起的，是补充政府管理和市场调节的不足应运而生的一种社会管理方式。"① 20 世纪 70 年代以后，西方国家为克服社会发展的滞胀状态，期望通过社会各方面合力，推动社会发展。因此学术界兴起了治理理论研究。西方社会治理理论在 20 世纪 90 年代传入我国，引起学术界普遍关注。尽管对治理含义的理解差异明显，但一般认为，全球治理委员会在 1995 年发表的《我们的全球伙伴关系》研究报告中对治理所作的界定比较权威：治理是各种公共的或私人的个人和机构管理其共同事务的诸多方式的总和，它是使相互冲突的或不同的利益得以调和并且采取联合行动的持续的过程。它有四个特征：治理不是一整套规则，也不是一种活动，而是一个过程；治理过程的基础不是控制，而是协调；治理既涉及公共部门，也包括私人部门；治理不是一种正式的制度，而是持续的互动。② 治理的核心是多元主体协同合作。"治理明确肯定了在涉及集体行为的各个社会公共机构之间存在着权力依赖。进一步说，致力于集体行动的组织必须依靠其他组织，为达到目的，各个组织必须交换资源，谈判共同的目标。"③

乡村文化治理是整个社会组织管理体系的组成部分，体现着一般组织治理的规律特征，因为环境和目标指向的特殊性，有其特殊规律和理论基础。2019 年 6 月，中共中央办公厅、国务院办公厅印发《关于加强和改进乡村治理的指导意见》中提出我国乡村治理的指导思想是：按照实施乡村振兴战略的总体要求，坚持和加强党对乡村治理的集中统一领导，坚持把夯实基层基础作为固本之策，坚持把治理体系和治理能力建设作为主攻方向，坚持把保障和改善农村民生、促进农村和谐稳定作为根本目的，建立健全党委领导、政府负责、社会协同、公众参与、法治保障、科技支撑的

---

① 俞可平，李景鹏. 中国离"善治"有多远——"治理与善治"学术笔谈［J］. 中国行政管理，2001（9）：15-21.

② 杨金龙. 新农村建设语境下我国乡村治理研究——国家与社会合作视角［D］. 长春：吉林大学，2009：29.

③ 俞可平. 治理理论与中国行政改革（笔谈）——作为一种新政治分析框架的治理和善治理论［J］. 新视野，2001（5）：35-39.

现代乡村社会治理体制，以自治增活力、以法治强保障、以德治扬正气，健全党组织领导的自治、法治、德治相结合的乡村治理体系，构建共建共治共享的社会治理格局，走中国特色社会主义乡村善治之路，建设充满活力、和谐有序的乡村社会，不断增强广大农民的获得感、幸福感、安全感。《关于加强和改进乡村治理的指导意见》是实施乡村振兴战略的一个重要政策文件，体现出我国当代乡村治理的总体思路。

乡村治理是国家治理的基石，没有乡村的有效治理，就没有乡村的全面振兴。理论界把乡村治理普遍看作中国乡村治理制度改革的过程，也看作新的乡村治理体系建立的过程。乡村治理不仅对中国乡村建设影响大，还具有普遍的社会意义、政治体制改革探索意义。因此，乡村治理是关注度颇高的研究论题，由此产生的一些理论研究成果常常产生跨学科跨领域的影响。

（二）村民自治理论

20 世纪 80 年代，随着土地联产承包责任制的推行，乡村集体经济解体，相关的乡村管理制度因而也失去了存在基础。乡村开始推行"村民自治"制度。"村民自治"的提法始见于 1982 年修订颁布的《中华人民共和国宪法》，其中第一百一十一条规定："城市和农村按居民居住地区设立的居民委员会或者村民委员会是基层群众性自治组织。居民委员会、村民委员会的主任、副主任和委员由居民选举。居民委员会、村民委员会同基层政权的相互关系由法律规定。""村民委员会是基层群众性自治组织"这一规定，奠定了我国村民自治制度的法律基础。1990 年，《民政部关于在全国农村开展村民自治示范活动的通知》中，提出村民自治的核心内容是"四个民主"，即民主选举、民主决策、民主管理、民主监督。从"村民自治"到"四个民主"，乡村民主逐步完善、逐步提高，村民自治成为我国乡村基本的组织制度。

1998 年，全国人大常委会修订实施《中华人民共和国村民委员会组织法》，是中国乡村自治的法律总结，确立了我国乡村自治体系的法律规范。

该法第二条明确规定："村民委员会是村民自我管理、自我教育、自我服务的基层群众性自治组织，实行民主选举、民主决策、民主管理、民主监督。村民委员会办理本村的公共事务和公益事业，调解民间纠纷，协助维护社会治安，向人民政府反映村民的意见、要求和提出建议。村民委员会向村民会议、村民代表会议负责并报告工作。"该法规定了村民委员会职责、产生方式、程序，村民民主监督，基层党组织、乡镇政府、村民委员会的关系等内容。《中华人民共和国村民委员会组织法》标志着我国乡村村民自治制度基本稳定下来，成为当代乡村治理、文化治理的重要依据。

（三）文化资本理论

对于文化与经济发展的关系，传统的经济学研究并非没有关注，但相关研究主要关注文化对经济发展的整体性影响，如德国社会学家马克斯·韦伯在《新教伦理与资本主义精神》一书中，研究新教伦理与资本主义兴起发展的关系，明确肯定精神与文化因素对经济社会发展具有巨大的推动作用，深入阐述了新教伦理与潜藏在资本主义发展背后某种心理驱动力（资本主义精神）之间的某些关系。亚当·斯密在《道德情操论》中，详细阐述了自由竞争的市场环境中，道德情感的产生、原则，论述了人类社会中道德的基础作用，深入思考了市场经济中道德的存在价值。

20 世纪 60 年代以后，随着西方国家进入后工业社会，经济模式、社会发展路径都不同于工业化时代，文化的重要性日益突出。首先是社会学研究关注到文化性质的变化。当代法国著名社会学家皮埃尔·布迪厄把人类社会的资本分为四种：经济资本（货币与财产，能直接带来收益）、文化资本（包括教育文凭在内的文化商品与服务）、社会资本（社会关系、信任、身份等能给持有者带来收益）、象征资本（合法性）。由于文化在当代社会广泛的渗透性，文化超越传统的政治、经济因素成为社会的主导因素。按照布迪厄的分析，"文化资本"有三种存在形式：具体的状态（以精神与身体的持久"性情"为基础的形式）、客观的状态（以文化商品的形式，如图片、书籍、词典、工具、机器等）以及制度化的状态（一种客观化的形式，如教育学位等）。

布迪厄的文化资本理论重新阐释了马克思的资本论学说，在当代知识经济时代的社会发展中打开了新的研究世界，因而影响广泛。在此基础上，一些学者批评社会不公，呼唤教育平等，文化平等。而另一些研究由此转向文化经济学研究，把文化资本的经济属性拓展到经济产业研究。如澳大利亚经济学家戴维·索斯比（David Throsby）研究文化资本的经济价值，提出文化资本的积累，"可以将具有文化资本的物品看成是有利于文化价值的财富。更准确地说，文化资本是以财富的形式具体表现出来的文化价值的积累。这种积累紧接着可能会引起物品和服务的不断流动。与此同时，形成了本身具有文化价值和经济价值的商品"。①

文化资本理论的研究不断拓展，在知识经济时代、在文化产业发展中有相当的阐释力。乡村文化资本的性质和一般意义的文化资本并无根本不同，其特点就在于地域性。因此，有学者从外在形态上把乡村文化资本概括为："乡村文化资本可分为物质性的文化资本如乡村古民居建筑和非物质性的文化资本如民俗、信仰等。"② 从资源开发角度而言，乡村文化资本具有资源性，也具有工具性。这也就构成了乡村文化治理中开发乡村文化资源又利用乡村文化资源的内在逻辑。

二、当代乡村文化治理组织的演变

长期以来，乡村经济、政治、文化都很落后，发展一直是乡村最迫切、最现实的问题。这决定了乡村文化治理主要服务于乡村发展，乡村文化治理组织也是附属于乡村政权的建设。现代意义上的文化治理组织建设并没有传统，而是经过了一个长期的发展过程，体现在乡村行政组织建设过程中。乡村文化治理的过程也就是乡村行政制度建设过程。中华人民共

---

① 戴维·索斯比. 什么是文化资本 [J]. 潘飞，编译. 马克思主义与现实，2004（1）：50-55.

② 张伟强，桂拉旦. 制度安排与乡村文化资本的生产和再生产 [J]. 甘肃社会科学，2016（1）：208-212.

和国成立以来，党和国家为了维护乡村稳定，推动乡村发展，非常重视乡村行政组织管理体系建设，在很短时间内就在乡村建立起稳固的基层组织。此后，随着国家形势发展和乡村发展需要，乡村基层组织也历经多次调整变革。总的来看，中国乡村行政组织建设和中国社会发展的阶段性一样，明显呈现出阶段性特征。在整体上，大致可以概括为集体化时代的政社合一阶段、改革开放以来的乡政村治阶段。在这两个不同阶段，乡村行政组织管理建设有着历史延续性，但在目标指向、方式、构成等方面也各有特征。作为乡村行政管理体制的一部分，乡村文化的组织管理也和乡村行政管理体制发展同步，呈现出阶段性特征。

（一）集体化时代的政社合一

回望中华人民共和国成立以来的历史，今天也许有人对集体化道路不以为然，但如果结合历史发展看，乡村走向集体化最终实现集体化是有其合理性的。中华人民共和国成立后，乡村的集体化发展路线经过土地改革到合作社时期，然后到人民公社时期。中国历史上是农业国，家族宗法是维持乡村社会秩序的主要力量和主要组织形式，因而国家政权对乡村事务的管理控制是有限的、间接的，所以有"皇权止于郡县"一说。中华人民共和国成立以后，迅速建立起乡村政权，通过土地改革，满足了农民的土地诉求，调动了农民发展农业生产的积极性，为新生的人民政权赢得了坚实的民意支持，基层人民政权的建立、巩固在乡村社会有了坚实的基础，旧政权运作方式不复存在，而传统乡村秩序的支撑力量——宗族势力被逐步排挤，长期干扰、破坏乡村社会发展的帮派、匪患都被根除。

20世纪50年代的合作化运动把集体化推进了一大步。中华人民共和国成立前后土改有着农民强烈的支持和参与，国家推行土改十分顺利。合作化运动兴起也有发展的必要性，例如，避免土改后乡村社会两极分化，但还有一个重要原因是合作化有利于为国家工业化发展提供资本积累。例如，通过粮食统购统销政策，形成国家低价从农村购买粮食、高价在市场卖出的方式——这就是所谓"剪刀差"。国家把从农业中获取的利润投向工业领域，为工业发展提供了资本积累。统购统销政策是一种行政化交易方式，打乱了商品经济自由交易规律，显然不利于农民自主交易，也无法维护农民利益，因而农民有些意见也很正常。所以，30年后，党的十一届六中全会通过的《关于建国以来党的若干历史问题的决议》中，认为合作化运动创造性地开辟了一条适合中国特点的社会主义改造道路，但也指出，合作化运动存在"要求过急，工作过粗，改变过快，形式也过于简单划一，以致在长期间遗留了一些问题"。在乡村组织建设方面，合作化运动进一步巩固了基层人民政权，乡村生产、生活被纳入国家政权管理中，国家政权历史性地实现了对乡村的统一管理。也正因为如此，在乡村合作化运动中，乡村普遍开展扫盲，举办多种速成识字班，开展移风易俗。这都是乡村发展的基础工作，也推动了乡村文化发展。

20世纪50年代末，人民公社建立是合作化运动的升级，标志着集体化制度最终建立。1958年，通过了《中共中央关于在农村建立人民公社问题的决议》，人民公社迅速在全国建立，并成为乡村社会的基本组织形式。人民公社大致存在了25年，到80年代初，人民公社被否定、解散。今天，要对人民公社作出符合历史唯物主义的合理评价十分必要，但对影响了中国历史进程的一个制度作出客观评价还需要进一步时间沉淀。仅就乡村组织方式而言，"农村人民公社是政社合一的组织，是我国社会主义政权在农村中的基层单位，实行统一领导、分级管理的制度，一般实行公社、生产大队和生产队的人民公社组织体系。因此，三级所有、队为基础的人民公社体制，清晰地表明国家权力大幅度地广泛介入基层乡村社会生活的各个领域，乡村自治缺乏应有的存在与发展的社会空间，这对于中华人民共和国的乡村治理进程产生了深远影响"。[①] "政社合一"的组织制度是人民公社的最大特征，是乡村集体化时代最具代表性也最具影响力的组织方式。

在政治上，"政社合一"表现为政治权力集中。公社开始是生产组织，但很快取代乡村政府，成为乡村基层政权组织，把党的领导权、政府行政

---

① 公丕祥. 新中国70年进程中的乡村治理与自治［J］. 社会科学战线，2019（5）：10-23.

权、生产组织权、社会管理权都集于一体。农村基层政权分为公社—生产大队—生产队三级。公社—大队事实上成为生产队的上级管理机构。乡村不再存在其他组织形态，村民加入公社，分属不同生产大队和生产队，成为社员，由此建立起与生产队、生产大队以及公社的生产生活关系。个人生产生活被集体管理，个人几乎没有选择空间。

在经济上，公社—大队—生产队是生产组织单位，生产组织活动高度统一，生产资料生活资料都由集体掌握分配，集体之外市场活动极少。生产队是最基层的经济组织，组织生产。公社作为管理部门，对生产队的生产、经营活动严格控制，生产队不能根据生产、经营需要自主决定经济发展方式，因而生产活力受到抑制。这是造成乡村经济长期发展缓慢的重要原因。

在文化方面，集体化决定了乡村文化生产组织主要依托集体组织，形式内容都服从于集体发展需要和政治宣传需要。借助强有力的基层集体组织动员能力，乡村举办农民夜校，组建文艺团队，发展基层基础教育。通过移风易俗、反封建迷信等名义，乡村传统文化得到改造，乡村不再存在公开的宗教活动。社会主义文化成为唯一传播的文化形态。由于乡村文化活动由集体主导，首先考虑的不是村民需要，而主要突出的是文化的意识形态教化功能，因而在文化产品生产供给方面，数量不足，内容形式单一，缺少生活气息，公式化、概念化突出，群众的参与度和积极性也不足。

（二）改革开放以来的乡政村治

党的十一届三中全会以后，改革开放从农村揭开序幕。在农村开始推行家庭联产承包责任制，农村集体化时代采用的公社—大队—生产队的三级管理模式变得不合时宜。1982 年 12 月公布的《中华人民共和国宪法》第一百一十一条规定："城市和农村按居民居住地区设立的居民委员会或者村民委员会是基层群众性自治组织。居民委员会、村民委员会的主任、副主任和委员由居民选举。居民委员会、村民委员会同基层政权的相互关系由法律规定。居民委员会、村民委员会设人民调解、治安保卫、公共卫生等委员会，办理本居住地区的公共事务和公益事业，调解民间纠纷，协助维护社会治安，并且向人民政府反映群众的意见、要求和提出建议。"新宪法的公布决定了人民公社体制已经不具有存在的法律基础，政社分离势所必然。

1983 年 10 月 12 日，中共中央、国务院发出《关于实行政社分开建立乡政府的通知》。实行政社分设，取消了人民公社制度，在人民公社的基础上重建乡镇体制。乡重新被确立为农村基层行政单位。《关于实行政社分开建立乡政府的通知》为解散人民公社提供了政策依据，其核心是实行政社分开：乡以下实行村民自治；乡镇是最基层政府。

于是，人民公社不再存在，村民自治开始普遍推行。1998 年 11 月，全国人民代表大会常务委员会通过发布《中华人民共和国村民委员会组织法》（2010 年修订），其立法目的是："为了保障农村村民实行自治，由村民依法办理自己的事情，发展农村基层民主，维护村民的合法权益，促进社会主义新农村建设。"该法第五条规定乡村自治组织和政府的关系："乡、民族乡、镇的人民政府对村民委员会的工作给予指导、支持和帮助，但是不得干预依法属于村民自治范围内的事项。村民委员会协助乡、民族乡、镇的人民政府开展工作。"这一规定确定了被称为"乡政村治"体制的法律基础。

《中华人民共和国村民委员会组织法》规定，村民自治包括民主选举、民主决策、民主管理及民主监督四个环节和形式。该法第二条规定了乡村自治组织职责："村民委员会是村民自我管理、自我教育、自我服务的基层群众性自治组织，实行民主选举、民主决策、民主管理、民主监督。村民委员会办理本村的公共事务和公益事业，调解民间纠纷，协助维护社会治安，向人民政府反映村民的意见、要求和提出建议。村民委员会向村民会议、村民代表会议负责并报告工作。"

民主选举。村民自治的基础是自治组织的建立。不同于行政管理的任命制，《中华人民共和国村民委员会组织法》规定了村民自治组织建立的选举制度。规定：年满十八周岁的村民，不分民族、种族、性别、职业、家庭出身、宗教信仰、教育程度、财产状况、居住期限，都有选举权和被选举权；但是，依照法律被剥夺政治权利的人除外。对于自治机构领导，《中华人民共和国村民委员会组织法》规定：村民委员会主任、副主任和委员，由村民直接选举产生。任何组织或者个人不得指定、委派或者撤换村民委员会成员。村民委员会每届任期五年，届满应当及时举行换届选举。村民委员会成员可以连选连任。

民主决策。《中华人民共和国村民委员会组织法》规定了村民参与乡村事务的决策权力。规定乡村涉及村民利益的事项，如从村集体经济所得收益的使用、本村公益事业的兴办和筹资筹劳方案及建设承包方案、土地承包经营方案、村集体经济项目的立项、承包方案、宅基地的使用方案、征地补偿费的使用、分配方案等经村民会议讨论决定方可办理，保证了村民参与决策的实质权力。同时，《中华人民共和国村民委员会组织法》也规定了村民参与民主决策的具体办法。该法第二十一条规定：村民会议由本村十八周岁以上的村民组成。村民会议由村民委员会召集。有十分之一以上的村民或者三分之一以上的村民代表提议，应当召集村民会议。召集村民会议，应当提前十天通知村民。而第二十二条规定：召开村民会议，应当有本村十八周岁以上村民的过半数，或者本村三分之二以上的户的代表参加，村民会议所作决定应当经到会人员的过半数通过。法律对召开村民会议及作出决定另有规定的，依照其规定。

民主管理与监督。《中华人民共和国村民委员会组织法》规定了乡村自治的管理原则：村民委员会应当实行少数服从多数的民主决策机制和公开透明的工作原则，建立健全各种工作制度。针对乡村自治内部监督，《中华人民共和国村民委员会组织法》规定村民委员会实行村务公开制度。涉及本村村民利益，村民普遍关心的其他事项。村民委员会应当保证所公布事项的真实性，并接受村民的查询。《中华人民共和国村民委员会组织法》规定村民委员会成员实行任期和离任经济责任审计。该法同时规定：村应当建立村务监督委员会或者其他形式的村务监督机构，负责村民民主理财，监督村务公开等制度的落实。监督管理制度、公开制度，是乡村自治制度落实和保障的必要条件，也成为避免村民自治组织内部滋生腐败、"暗箱操作"的手段。

值得关注的是，改革开放以来，实行乡政村治的过程，正是我国城市经济飞速发展的过程。城乡经济文化差异达到了前所未有的程度，大量村民流向城市打工求学定居，乡村在 20 世纪 80 年代经过短暂发展很快陷入困顿。到 90 年代，所谓农业、农村、农民引发的问题被称为"三农"问题，长期得不到解决。乡村成为时代的边缘，乡村也失去了应有的文化生产力，而成为城市文化产品的消费市场。到 21 世纪初，乡村文化自我发展能力问题才开始重新纳入决策层视野。2005 年，中共中央办公厅、国务院办公厅印发《关于进一步加强农村文化建设的意见》，其重要内容是强调要从外部输入和内部建构两方面加强乡村文化建设，合力推动乡村文化的发展转型。2011 年，党的十七届六中全会公报中提出："加快城乡文化一体化发展。"这意味着国家开始思考城市反哺乡村，对乡村文化建设纳入社会发展整体考虑，统一布局。这标志着当代乡村文化治理进入了新阶段。党的十八大进一步明确了城乡一体。而党的十九大确立的乡村振兴战略中提出：按照产业兴旺、生态宜居、乡风文明、治理有效、生活富裕的总要求，建立健全城乡融合发展体制机制和政策体系，加快推进农业农村现代化。同时提出，加强农村基层基础工作，健全自治、法治、德治相结合的乡村治理体系。这从政策顶层对乡村建设、乡村治理、乡村文化治理进行了战略规划，也为乡村文化振兴明确了根本路径。

三、当代乡村文化治理组织结构及运作

改革开放以后一段时间，经济上主要推行家庭联产承包责任制、土地承包权 30 年不变等政策，政治上推行村民自治政策。整体上，国家因为工作重心在城市，对乡村发展直接投入少，干预也少，国家对乡村治理以稳定为主。所以，这一时期，尽管乡村发展缓慢，也出现了严峻的"三农"

问题，但乡村大体保持了社会稳定。党的十六大以后，党和国家逐步加强了对乡村发展的政策投放力度，如取消农业税，提出城乡一体化发展，加大乡村扶贫力度，加大粮食补贴力度，对重要农产品实行保护价收购等，乡村发展开始摆脱停滞状态，逐步焕发出生机。党的十九大以后，党中央宣布实施乡村振兴战略，意味着一个乡村发展的新局面将要出现。从治理的角度看，政策资源投入的增加，也是治理力度的增强。而乡村发展的新环境，决定了乡村文化治理需要不断创新、改革组织形式，推动有效治理。

治理组织不同于传统行政管理组织的重要特点就是治理主体组织的多元性和途径的多层次性。2019 年 6 月，中共中央办公厅、国务院办公厅发布的《关于加强和改进乡村治理的指导意见》中提出：建立健全党委领导、政府负责、社会协同、公众参与、法治保障、科技支撑的现代乡村社会治理体制。《关于加强和改进乡村治理的指导意见》同时提出：健全党组织领导的自治、法治、德治相结合的乡村治理体系，构建共建共治共享的社会治理格局。现代组织理论认为，一个组织要达成组织目标，"必须定义其目标，必须吸引参与者为其贡献服务，必须协调和控制这些贡献，必须从环境获取资源和向环境发送产品与服务，必须挑选、培训和更新成员以及必须做好协调邻里关系的工作"。① 不同于传统的政府领导的行政管理体制，当代乡村文化治理需要多元化组织协同共治，发挥各自优势。

目前，乡村文化治理组织在机构形态上，主要有基层党组织、乡镇政府为中心的党政组织，以村民委员会为中心的乡村自治组织，以企业、经济合作组织为中心的乡村经济组织，以民间红白理事会、民间曲艺、宗族、宗教团体等各色民间社团为中心的社会组织。这些组织形态结构有正式的，也有非正式的，各自运作方式和功能也有很大差异，在当代乡村文化治理中，都各自发挥独特作用。

从权力关系上看，以基层党组织、乡镇政府为中心的乡村党政组织，

---

① W. 理查德·斯科特. 组织理论——理性、自然与开放系统的视角 [M]. 高俊山，译. 北京：中国人民大学出版社，2012：12.

处于乡村文化治理组织核心地位，是乡村文化治理的领导者，掌握着乡村文化建设的内容和方向，体现着行政管理中科层制特点。党政组织掌握的乡村文化治理资源多，如乡村文化资金投入，文化项目的实施，上级部门的文化补贴等，都由基层党政组织规划、落实。乡村党政组织拥有多样化的策略工具。为推动乡村文化治理，乡村党政组织可以单独或者综合使用行政工具、法律工具、经济工具、文化工具等，达成治理目标。乡村党政组织是国家政权的神经末梢，直接面向乡村，其治理成效如何不仅影响乡村社会发展和乡村文化发展，也直接影响党和政府与乡村的关系，建立健全乡村党政组织是乡村文化治理的关键环节。

由于乡村的重要性、多样性、复杂性，中央非常重视乡村党政组织建设。2019 年 1 月，中共中央印发《中国共产党农村基层组织工作条例》（以下简称《条例》）。《条例》第二条规定：乡镇党的委员会（以下简称乡镇党委）和村党组织（村指行政村）是党在农村的基层组织，是党在农村全部工作和战斗力的基础，全面领导乡镇、村的各类组织和各项工作。必须坚持党的农村基层组织领导地位不动摇。《条例》对基层党政组织的乡村治理和文化治理地位也作出明确规定："领导本村的社会治理，做好本村的社会主义精神文明建设。"在实施乡村振兴战略的背景下，实现新时代乡村文化振兴，推进乡村治理体系和治理能力现代化，关键在党，关键在党政机构的组织领导。

以村民委员会为中心的乡村自治组织。《中华人民共和国村民委员会组织法》规定：村民委员会是村民自我管理、自我教育、自我服务的基层群众性自治组织。村民委员会接受基层党组织领导，依法开展自治活动，行使民主权利。作为群众自治组织，国家对村委会的产生、运作、任务、监督等都作了详细的法律规定。事实上，村委会在乡村文化治理中是联系基层党政组织和村民的桥梁。由于村委会扎根乡村，村委会在乡村文化治理中能发挥出独特优势。例如乡村移风易俗，由于传统习惯，各村情况差异大，工作难度大。政府部门政策的制定推行难以充分照顾各村特殊性，村委会熟悉乡情，了解村民个人诉求，因而村委会协调推动，比较容易达到治理效果。近年来，随着乡村现代化建设的需要，国家对村委会的领导越发重视。2019 年 6 月，中共中央办公厅、国务院办公厅印发的《关于加强和改进乡村治理的指导意见》中明确要求："村党组织书记应当通过法定程序担任村民委员会主任和村级集体经济组织、合作经济组织负责人。"2020 年 3 月，中央全面依法治国委员会印发的《关于加强法治乡村建设的意见》进一步规定，"全面推行村党组织书记通过法定程序担任村民委员会主任和村级集体经济组织、合作经济组织负责人"。这就意味着，在乡村治理体系中，村党组织书记、村民委员会主任一肩挑将常态化、制度化、规范化。同时，近年来，政府部门通过驻村第一书记、干部乡村挂职等形式，都有利于加强乡村领导，提高村委会在乡村治理中的作用。

以企业、经济合作组织为中心的乡村新经济组织。《关于加强和改进乡村治理的指导意见》中提出：建立以基层党组织为领导、村民自治组织和村务监督组织为基础、集体经济组织和农民合作组织为纽带、其他经济社会组织为补充的村级组织体系。乡村问题的核心是发展问题。乡村文化治理需要建立在乡村经济发展基础之上。传统的乡村经济以农耕经济为主。改革开放以后，推行的家庭联产承包责任制，农耕生产方式以个体劳动为主，缺少强有力的组织联系必要性，村民参与公共性意识不强，组织难度大。这是乡村长期文化活动不活跃的重要原因。21 世纪以来，随着市场经济的深入发展和国家一系列乡村发展政策的推行，乡村经济开始发展，并融入市场经济大潮中。乡村人力物力资源具有良好的市场价值，乡村传统文化资源具有发展特色旅游产业的基础，"资本下乡""工商下乡"成为一种潮流。除了传统的企业管理模式，"企业+农户""平台+村民"等新经济组织模式纷纷出现，不仅推动了乡村经济的发展，也把当代企业的组织管理制度引入乡村，村民有意无意被组织起来。从观念到行为方式，村民都因为适应、遵守企业管理制度而发生了改变。由此，出现了村民的企业工人化的新趋势。以企业、经济合作组织为中心的乡村新经济组织，通过经济发展形式，把当代治理制度的一些内容如法治、个人价值、公共意识等带入乡村，村民客观上被纳入现代组织管理体系。虽然村民仍然生活在乡村，但进入乡村新经济组织的村民在言行、价值观等方面出现了向市民演变的趋势。客观上这有利于乡村社会转型，对乡村文化治理具有重要载体意义。

各种以民间社团为中心的社会组织。在传统的乡村社会，宗族、乡绅影响力大，是维持乡村秩序的重要力量。集体化时代，高度集中的乡村权力制度瓦解了宗族、乡绅的社会活动空间，乡村社会几乎不存在脱离政权之外的社会组织。改革开放以后，随着集体组织的解散，宗族、宗教在一些乡村复活，红白理事会、民间演艺团队也逐步发展。从20世纪90年代起，一些打着环保、女权、乡村实验等旗号的所谓非政府组织也把触角伸向乡村。乡村出现了超越基层政府、村委会之外的社会组织。这些组织有的是长期固定的活动，有的是临时性活动，有的是外部参与乡村社会活动，有的属于村民解决生活难题的需要，有些是合法的，有些是脱离政府管理甚至是非法的。这些形形色色的乡村社会组织，都以不同方式介入乡村运转，影响、关联着一部分村民，对村民的生产、生活产生影响。推行乡村文化治理，难以忽视这些社会组织的作用，但乡村社会组织对乡村文化治理影响复杂，有必要分别对待。其中有些可以助力乡村文化治理，如乡村演艺团队、乡村扶贫志愿者组织；有些本身是治理难题，如乡村地下教会；有些需要引导利用，如村民自发成立的红白理事会，通过管理引导，可以起到移风易俗、减轻村民负担、树新风扬正气的作用，不引导，可能引发大操大办、薄养厚葬、攀比成风等不良风气。总体而言，目前乡村社会组织发展水平较低，成分复杂，需要通过管理规范，发挥其在乡村文化治理中的积极作用。

四、当代乡村文化治理组织的成效

改革开放以来，经过多年建设，基本确立了"乡政村治"的乡村社会治理制度。在文化治理方面，根据乡村发展阶段的不同，逐步建立起较完善的乡村文化治理组织，一方面，推动了乡村文化建设；另一方面，也推动了乡村文化治理体系和治理能力现代化建设。

（一）重构国家与乡村社会的文化关系

在西方，由于市民社会发达，国家与社会的关系问题长期以来就是社会治理研究的一个重要视角。"国家与社会的关系是指：在一定社会制度下，国家政权的社会治理与社会自治的关系。"① 不同社会制度、不同社会发展阶段下，国家管理社会的目标、任务不同，管理的方式方法也会不同，国家与社会的关系也就有不同表现形式，国家权力对于社会规范、影响也有很大差异。长期以来，西方学界从自由资本主义发展角度，把国家权力与社会关系视为对抗性矛盾。把限制国家权力干预影响社会空间，视为尊重大众自由选择权，保持社会活力，推动市场经济和资本主义发展的必要条件。所以，鼓吹社会自治、鼓吹社会公共空间独立性的各种"市民社会"理论层出不穷。"从西方资本主义社会的实际发展进程可以看出，西方'市民社会'的实际形态主要是由相对独立的各种社会组织和团体构成的，它们在国家政权治理体制之外形成了一定程度上的社会自治。"②

在西方国家，大量非政府组织如工会、妇女、青年以及人权保障、环境保护、社会服务等社会组织大量涌现，对限制资本主义国家政权的影响和实行有限的社会自治起到了推动作用。应当说，现代西方社会中"市民社会"理念以及社会自治实践是具有一定进步意义的。

我国研究界对国家和社会关系的思考始于 20 世纪 90 年代。中国人传统上理解的国家基于家国一体的观念，家庭伦理与国家伦理有着同构性，例如，古人讲究忠孝，君君臣臣父父子子关系并列。在旧时传统的乡村里，宗法礼制是事实上的法律，宗族势力事实上替代国家政权维护乡村秩序。这直接导致中国传统的乡村社会中，个人价值完全依附于宗法社会需要而不是个人需要。因而，表达个人独立价值的社会空间是难以存在的。

---

① 房宁，周少来．正确认识中国特色社会主义条件下国家与社会的关系［N］．人民日报，2010-06-10（9）．

② 同上．

个人生活的社会空间完全被宗法权力所覆盖。从这个意义上不难理解，理学家何以提出"存天理，灭人欲"的主张，梁山伯与祝英台何以死后才能化蝶成双。也可以理解，中国传统的乡村社会中，对权力的敬畏崇拜何以那么浓厚。

中华人民共和国成立初期，国家在乡村推行集体化，建立起权力高度集中的政社合一的乡村管理体制。这一体制在集中乡村资源、发展乡村水利、为国家发展工业化提供资源积累等方面贡献巨大，但由于权力高度集中，村民成为集体的一分子，个人生活也为集体所控制，因而个人生活选择权利是很少的。个人生活的日常社会空间极其有限。如果看看那时期的文艺作品，不难发现其主题都被政治主题覆盖，关于个人爱情、关于个人日常生活需要的内容表达很少，偶有也很节制。例如在样板戏中，男女主角连配偶都没有，这成为一个禁欲时代的典型标志。国家权力对个人日常生活的渗透覆盖，最终使得个人的生活空间变成政治化的空间。个人工作、生活都被纳入政治秩序中加以管理规范，社会文化的丰富多样受到抑制。

改革开放以来，通过家庭联产承包责任制政策，乡村集体经济瓦解。20世纪80年代以后，人民公社被解散，乡镇被重建并成为乡村基层政权。政权管理制度的变革解除了村民对集体的依附关系，村民不必遵守集体化时代严格的劳动纪律，有了个人生产生活的选择权，得以自由外出经商、打工。而乡村中传统的婚丧嫁娶习俗礼仪甚至宗教活动都有较大程度恢复。一般认为，不同于集体化时代，改革开放以来乡村治理的变革源于国家权力自乡村社会的撤退。村民自治制度的推行体现出国家与乡村社会关系变迁的意义。在村民自治制度下，村民身份不再是集体的成员，而是村民自治组织——村民委员会的成员，是独立的自主经营的农民。村民的经济活动、就业选择、生活趣味等，都不再依附集体，而主要依靠自己选择决定。村民的独立性、自我意识普遍增强，参与的社会活动也变得多样，村民社会关系增加了，"社会人"的身份特征明显。政府对村民的管理关系只在法律规定范围内有法定权利义务关系。

乡村社会空间的发展为村民提供了生活工作自主选择的可能。80 年代以后，大量村民去城里打工、就业、经商等，没有自由的身份是不可能的。从这个角度上而言，乡村社会空间的发展，让亿万村民摆脱集体制度束缚和土地束缚流向城市，不仅为市场经济发展提供了助力，也为城市化发展提供了劳动力要素，成就了一些经济学家所谓的"人口红利"。尽管这是一种乡村资源的外流，对乡村自身发展不利，但进入 21 世纪，随着沿海经济结构调整升级，外出村民开始回流乡村，他们掌握的技术、资金、市场运营经验也随之回流乡村，近年来乡村的快速发展，无疑是回流村民发挥了重要的作用。

乡村社会的发展，给乡村文化治理带来挑战。新时代的村民文化素质高、思想观念活跃、自我意识突出，传统的治理方式是不适应的。没有一种有效的乡村社会治理组织策略，乡村社会空间就可能走向无序、一盘散沙的状态。基于乡村新的社会文化关系，重建一种适应新时代乡村社会实际的文化治理体系是必要的。

（二）巩固完善了党的组织领导文化

中国共产党的领导是历史形成的，是中国人民选择的结果，是中国社会主义事业的领导力量。中国乡村社会发生的巨变都和中国共产党的领导分不开。而中国共产党一直极为重视乡村工作，重视乡村党组织建设。改革开放前，党在乡村实行的是政社合一、党政合一、生产组织与政权组织合一的体制。乡村党的领导高度集中，党组织渗透进乡村村民生活、生产各个方面。

改革开放以来，中央对乡村党组织建设花了很大力气，致力于建立适应乡村发展形势的基层党组织文化。面对改革开放的新形势，即农村推行家庭联产承包责任制，随后乡村推行乡村自治、村民委员会成立、政社合一体制解体、乡镇成为最基层乡村政府的现实，中央对乡村党组织及时作出调整改革，依据村建设村党支部的决定。同时，根据乡镇企业迅速发展的现实，中央及时布局，在乡镇企业、村办企业以及个体工商户中建立党组织。1986 年，中共中央组织部发布《关于调整和改进农村中基层组织设置的意见》。该意见明确规定，对乡镇企业，跨村、跨乡、跨县的经济联合体，村办企业，个体工商户 4 类经济组织中的党组织，有 3 人以上的党员都要建立党支部，50 人以上的建立党总支。由于改革开放以来市场经济发展迅速、乡村外出务工经商人员流动快速增加，该意见规定，在农民工流动党员人数相对集中的地方，建立流动党员党支部，实行属地管理，由流动党支部所在地乡镇、村党组织领导管理，接收组织转移，推动流动党员参与当地党组织活动。整体上，这一时期，乡村党组织建设是适应乡村发展形势的调整时期，因而解决乡村党组织现实问题的政策性规定多，没有也很难对乡村常组织建设作出系统性规划。

20 世纪 90 年代，党对乡村基层党组织建设进一步加强。一个突出方面就是，由于一些乡村发展迅速，经济规模和人员规模已经超越了传统乡村含义，特别是一些城郊乡村、沿海乡村，企业多，人口聚集规模大，为此，中央决定乡村可以依据情况，建立支部、总支、党委。同时规定，村党委受乡党委领导。1994 年，党的十四届四中全会通过的《中共中央关于加强党的建设几个重大问题的决定》提出：农村乡（镇）党委和村党支部要认真贯彻执行党的农村政策，在深化农村改革，全面发展农村经济，建设精神文明，带领农民群众奔小康、实现共同富裕和共同进步中发挥核心领导作用。该决定规定了村党支部建设的四项工作。一是建设一个好的支部领导班子，特别是选一个认真贯彻党的路线方针政策、公正廉洁、年富力强、能带领群众致富的支部书记。二是确定一条符合本地实际的发展路子，稳定和完善以家庭联产承包为主的责任制和统分结合的双层经营体制，兴办各种经济实体，逐步壮大集体经济实力，在生产发展的基础上增加农民收入。三是做好思想政治工作，普及科学文化知识，教育党员发挥先锋模范作用，提高农民的素质，抵制和摆脱封建迷信等愚昧落后观念与资产阶级腐朽思想的影响，用爱国主义、集体主义、社会主义思想和健康、文明、进步的风尚占领农村阵地。四是加强以党支部为核心的村级组织配套建设，并同基层民主法制建设和社会治安综合治理结合起来，建立健全民主监督制度和村规民约，调动农民群众当家做主的积极性。

根据党的十四届四中全会精神，1994 年中央召开了全国农村基层组织建设会议，对全国农村基层组织建设进行了规划。全国各县市委都建立了农村党建责任制。这些措施，推动了乡村党组织建设，在乡村新形势发展中，乡村党组织由调整期转向建设期。一些地方明星村支部书记开始出现，成为乡村党组织建设取得成效的一个重要表现。此后，乡村党组织制度化、规范化建设逐步推动。

1998 年，全国人大通过的《中华人民共和国村民委员会组织法》中规定："中国共产党在农村的基层组织，按照中国共产党章程进行工作，发挥领导核心作用，领导和支持村民委员会行使职权；依照宪法和法律，支持和保障村民开展自治活动、直接行使民主权利。"这一立法为乡村党组织领导提供了法律地位，为乡村党组织领导乡村事务、乡村其他组织提供了法律依据。例如，村民委员会是村民自治组织，按照该法规定，村民委员会必须接受乡村党组织领导。由于党组织层级与政府管理不同，党组织领导实行民主集中制。

1999 年 2 月，中共中央印发的《中国共产党农村基层组织工作条例》规定，村党组织的一个主要职责是宣传和贯彻执行党的路线方针政策和党中央、上级党组织及本村党员大会（党员代表大会）的决议。同时，该条例规定："村党组织书记应当通过法定程序担任村民委员会主任和村级集体经济组织、合作经济组织负责人，村'两委'班子成员应当交叉任职。"村党组织成为乡村领导有了现实途径和保障。这样产生的结果是："虽然从理论上讲，乡村关系被定位于指导与被指导关系，实际情况却复杂得多。即使从制度安排上看，乡镇行政与村委会是指导与被指导关系，却与村支部是领导与被领导的关系。村委会和村支部在决定村庄事务时，往往是一套班子两块牌子，村支部在村庄中居领导地位，村支部书记是当然的一把手。村支部与村委会的关系，往往变成决策者与执行人的关系。"[1] 而

---

① 贺雪峰，董磊明. 中国乡村治理：结构与类型 [J]. 经济社会体制比较，2005（3）：42-49.

在实践中，村民委员会主任基本由党员担任，因而要接受村党支部领导。而有些乡村，上级党组织为强化党组织领导，直接委派党支部书记，进一步强化了基层党组织的领导地位。

《关于加强和改进乡村治理的指导意见》中，提出："完善村党组织领导乡村治理的体制机制。建立以基层党组织为领导、村民自治组织和村务监督组织为基础、集体经济组织和农民合作组织为纽带、其他经济社会组织为补充的村级组织体系。村党组织全面领导村民委员会及村务监督委员会、村集体经济组织、农民合作组织和其他经济社会组织。"这是完善村党组织领导乡村治理体制机制的完整论述，充分体现了中央在乡村建设、发展、治理中打造新的组织文化的构想。

2018 年 1 月，《中共中央　国务院关于实施乡村振兴战略的意见》中提出：坚持党管农村工作。毫不动摇地坚持和加强党对农村工作的领导，健全党管农村工作方面的领导体制机制和党内法规，确保党在农村工作中始终总揽全局、协调各方，为乡村振兴提供坚强有力的政治保障。

党的领导作用不仅体现在乡村发展中，还体现在村领导成员选拔培养方面。由于乡村发展任务繁重，各级党委领导农村基层组织建设，始终围绕新农村建设的任务和要求，以推动乡村的发展、带领群众脱贫致富为主要目标。除了建立完善各种乡村经济体中党组织，各地党委在乡村领导干部培养上作出许多举措。例如，把致富带头人培养为党员，发挥他们带领村民致富的作用。面向高校毕业生，选拔大学生村官，为农村基层组织输送人才、培养人才。大学生村官进入村级领导班子，有利于打破农村基层干部队伍的内卷化，推动乡村基层组织干部队伍的知识更新、思想更新、结构更新。大学生村官计划为新农村建设增添了生机和活力。领导班子成员的来源改变，改变了乡村领导成员来源的封闭性，意味着乡村领导制度、途径、方式日益成为社会治理体系的组成部分。

（三）确立了乡村文化发展的主体性

近代以来，以工商业发展驱动的城市化成为社会发展趋势，对主要以农耕生产形式发展的乡村社会构成挤压。乡村文化不仅缺少自我发展能力，还被认为是社会发展的阻碍因素，被视为需要改造否定的对象。在20世纪五四新文化运动中，中国社会掀起反传统文化浪潮，乡村文化作为中国传统文化的核心形态和载体，始终处于被批判、被否定的地位。中华人民共和国成立后，国家确立了建设独立富强新中国的目标。为此，推行工业化、城市化势在必行。而在中国当时发展环境下，农业是乡村发展的基础，还是实现工业发展的重要资本来源。为此，党和政府依托强大的国家力量开始启动中国的现代化进程，将乡村也纳入现代化的建设之中。这种战略意义的设计显然首先考虑的是服务于国家整体发展战略。因此，乡村难以自我发展，传统的乡村文化也难以因此复兴。特别在乡村集体化时代，国家长期大力倡导社会主义新农村文化，通过推行移风易俗、反宗教迷信等运动，传统乡村文化发展空间是有限的，因而也难以拥有主体性地位。

改革开放以后，特别是21世纪以来，国家对乡村发展的政策资源投入逐步加大，对乡村文化建设逐步推进。看中央历年涉农一号文件和其他重要涉农政策，都是把推动乡村文化自我发展能力作为重要政策内容，把增强乡村文化的主体性作为重要立足点。党的十九大报告提出了实施乡村振兴战略，提出建立健全自治、法治、德治相结合的乡村治理体系，进一步体现出国家政策在顶层设计中对乡村文化的重视。2018年，中央农村工作领导小组办公室提出的乡村振兴规划——《乡村振兴战略规划（2018—2022年）》中，涉及乡村文化的定位内容是："实施乡村振兴战略是传承中华优秀传统文化的有效途径。中华文明根植于农耕文化，乡村是中华文明的基本载体。乡村振兴，乡风文明是保障。实施乡村振兴战略，深入挖掘农耕文化蕴含的优秀思想观念、人文精神、道德规范，结合时代要求在保护传承的基础上创造性转化、创新性发展，有利于在新时代焕发出乡风文明的新气象，进一步丰富和传承中华优秀传统文化。"把实施乡村振兴战略视为传承中华优秀传统文化的有效途径，是对乡村文化主体地位的确认，意味着一个多世纪以来否定乡村文化的现代价值，把乡村文化视为现代化阻碍因素的观念已经没有了合理依据。乡村文化是推动中国现代化发展的有利因素，然而，乡村文化自身现代化并非取消乡村文化，而是通过创造性转化，推动乡村精神文明建设，提高文化治理效能，从而赋予乡村文化新的价值，并获得新的生命力。

确立乡村文化主体性地位，直接表现在对乡村文化加大投入。长期以来，在城乡文化关系中，人们习惯性地把城市文化等同于现代化，等同于文明，因而城市文化之于乡村文化有一种先在的优越性。也正因为如此，从国家到社会，各方面把大量资源主要投入城市而不是乡村。乡村是人财物资源流出地，乡村建设服从于城市发展需要，乡村文化空间也主要附属于城市文化，为城市文化所支配。由于缺少外部资源输入支持，导致乡村文化基础设施落后，文化生产能力薄弱，进而延缓了乡村文化发展。

党的十六大以后，党中央提出城乡一体化发展战略，对乡村加大了投入力度。广电、水、电、交通有关部门实施"村村通""户户通"工程，加强了农村基础设施建设。这一时期，党中央提出发展文化产业和文化事业，推动公共文化服务均等化的政策，为乡村文化建设指明了方向。文化部门开展送戏下乡、送电影下乡、建设农家书屋、乡村博物馆、村史馆、乡村文化中心等活动，助力乡村文化设施完善，也推动了乡村文化公共服务水平提升。乡村文化主体性地位的增强，推动乡村文化成为当代重要的文化形态，乡村文化治理也成为乡村振兴战略的组成部分而显示出重要性。

（四）村民的文化创造意识得到提高

村民是乡村生产、生活的主体，但长期以来，村民在行政权力等级秩序中，始终处于最底层。村民的生产、生活往往受制于传统宗法制度、政府权力而难以自主。村民没有自主权，也没有话语权。村民的默默无闻不是表明村民没有创造性，只是受制外部力量束缚，村民的创造性被大大抑制了。在中国古代，《诗经》中的"国风"、汉乐府民歌，内容活泼，艺术水准高，都生动体现了村民的创造性。到了现代，我党领导革命，发动人民战争，人民群众成为革命的主力军。不论在政治组织、战争动员，还是文化方面，人民群众都爆发出了惊人创造力。因此，毛泽东同志称人民是历史的创造者，是有强大根据的。

中华人民共和国成立后，推行集体化，在"政社合一"体制下，尽管有利于集中乡村资源，开展大规模土地整治和兴修水利工程，也为国家工业化作出了资本积累的贡献，但由于严格的集体化管理制度，社队干部主导乡村生产、生活，村民的真实意愿得不到尊重，村民的主观能动性得不到发挥，村民没有工作生活选择权，因而村民参与文化建设的积极性不够，创造性意识也失去了提高的空间。

乡村政治环境的变革为村民文化创造性提供了支持。改革开放以后，政治上实行"乡政村治"制度，经济上实行家庭联产承包责任制，乡村干部对村民不再拥有强大的管理与控制权力，村民因而可以在政治、经济上脱离行政权力束缚，更多地拥有了自由选择权利。自 1984 年起，乡村开始通过选举产生村民委员会，村干部不再由上级政府任命，一些乡村开始推行差额、票选等形式选举村领导。1997 年以后，各地乡村普遍推行票选决定村委会领导人，上级部门不再参与提名。竞选、秘密投票，当场票决，一些理论上探讨的政治场景在乡村变成现实，引起社会普遍关注。村民的民主意识、独立创造意识被调动起来，参政积极性极大提高。1998 年 11 月 4 日施行的《中华人民共和国村民委员会组织法》，广为村民知晓，乡村政治环境变化为村民增强独立性、提高创造性意识提供了法律和政治支持。

经济环境变革为村民提高创造性意识提供动力。20 世纪 80 年代实行家庭联产承包责任制后，村民各显其能，各尽其才，发家致富。这一时期出现了一些致富能手，如种粮大户、养牛大户、养猪大户等。"万元户"也是在这一时期成为风行一时的称呼，提供了当时致富的标准。这一时期，加工业、对外贸易开始发展，外出务工、经商、求学等对村民影响更大。村民离开乡村，脱离了熟悉的生产方式、生活环境，个人价值凸显，为生存为发展，客观上也推动个人必须发挥创造性，才能获得成功机会。经济环境变革赋予村民提高创造性意识以动力。

　　文化环境的变化为村民文化创造性提供了基础。城市文化迅速发展，村民外出接受到城市文化，其耳闻目睹，受到影响不难理解，外出村民回到乡村，乡村文化的封闭性也就必然被打破，从生活方式到价值观念，20世纪80年代以后乡村文化迅速发生变化。更具深刻影响的是当代通信技术，特别是互联网的发展普及，对于村民提高文化创造意识具有革命性推动作用。21世纪以来，互联网、手机的普及，催生了乡村文化的网络传播。在网络上，乡村文化价值被重新评估，乡村文化在网络世界已经不能简单用现代、落后这样贴标签的方式判断，通过网络，乡村生活更多展示平和、怀旧、淳朴、美丽等原初状态，契合了当代人乡愁思绪和对返璞归真生活的向往。乡村直播带货、乡村手工艺品、乡村旅游、乡村历史遗存等，关于乡村物产、文化在网上都具有吸引人注意的力量。各色乡村"网红"较之城市网红毫不逊色，例如"大衣哥"朱之文等网络爆红人气王。利用网络，中国村民爆发出惊人的网络内容创造力。通过村民富有创造力的表现，乡村文化早已脱离了先进落后之分，真真切切地成为一种文化形态，成为当代文化景观中抢眼的一部分。

（五）乡村文化资源转变为文化产业优势

　　乡村发展问题是乡村最突出的问题。因为乡村缺少城市那样发达的经济产业发展环境，所以，乡村长期成为落后的代名词，乡村文化则被视为阻碍乡村发展的因素而受到否定。随着经济产业结构升级，社会文明程度提升，人们的精神文化需求迅速增加，文化产业开始快速发展。乡村文化因其不同于城市文化的形态和底蕴，能够给现代人提供独特的情感体验。乡村文化因而显示出独特的资源价值。依托乡村文化资源，利用现代技术手段，对乡村文化资源进行产业化、市场化开发，发展特色文化产业，成为近年来乡村发展的重要策略。乡村文化资源正在转变为乡村文化优势、产业优势。

　　"特色文化产业是指依托各地独特的文化资源，通过创意转化、科技提升和市场运作，提供具有鲜明区域特点和民族特色的文化产品和服务的产业形态。"① 我国历史悠久，长期历史发展中形成的一些村庄，文化积淀深厚，文化资源独特。利用乡村文化资源特色，吸引外部资本、技术、管理等市场要素，发挥村民积极性、主动性，发展特色文化产业形态，为乡村发展打造经济增长点，对于乡村发展较为现实，也较为符合当代鼓励文化产业发展、生态环保发展的政策环境。"从外延上讲，乡村特色文化产业表现为乡村民间艺术、乡村耕织、乡村旅游、乡村美食等行业；从内涵上看，乡村特色文化产业具有地域专属性、资源独占性、知识创新性、福利服务性和绿色生态性，呈现鲜明的地方特色和浓郁的乡土气息。发展乡村特色文化产业必须突出重点，突破难点，着力在提升素质提高质量上下功夫"。② 由于我国乡村众多，文化资源差异大，发展环境也不相同，因而乡村特色文化产业发展业态很多。整体上看，乡村传统民间艺术业、特色旅游产业是具有普遍性也是目前发展比较现实的乡村特色文化产业业态。

乡村传统民间艺术业。乡村民间艺术起源于民间，是村民、民间艺人为满足生活生产需要，通过一定形式和载体，对内心情感的艺术表达。我国地域广阔，民间艺术类别、风格丰富，主要包括地方曲艺、工艺陶瓷、布艺、木艺、雕刻制品、刺绣、皮影、泥塑、蜡艺、书画、草柳编工艺品、漆器等。民间艺术一般历经多代传承发展，其技术艺术水平不断提升，成为乡村文化传承发展的重要载体。民间艺术产生于传统社会生产环境，多数乡村艺术品在当代生活中直接应用性不强，但普遍具有艺术欣赏、装饰价值。这是产生乡村民间艺术消费市场需求的重要基础。因此，乡村传统民间艺术与乡村经济发展联系密切，体现出明显的经济功能。在当代乡村文化产业发展背景下，一些市场潜力大、产业运作前景好的乡村传统民间艺术，推动产业化发展是主要方式。如山东博兴的草柳编工艺品、福建莆田的木雕产业、江西高安的古玩修复产业等都比较有名，市场

① 中华人民共和国文化和旅游部. 文化部、财政部《关于推动特色文化产业发展的指导意见》[EB/OL]. (2014-08-26) [2021-03-28]. https：//www.mct.gov.cn/whzx/bnsj/whcys/201408/t20140827_759468.htm.

② 刘金祥. 着力发展特色文化产业 [N]. 学习时报，2019-03-08 (6).

发展也比较好。还有一些乡村传统民间艺术制作工艺复杂，或者依赖个体化生产传承，难以采用机械化规模化生产，加之市场消费需求有限，导致生产成本高，市场经营困难。对这类民间艺术，除了出于保护文化传承的目的，可以由国家采用资金补助、税收减免等政策加以扶持，更主要的是应该立足增强活态性发展，鼓励多方参与，推动产业链、融合发展等方式，寻找市场机会。

乡村特色旅游产业发展。所谓乡村特色旅游主要是以乡村空间为旅游地，以乡村独特文化资源为旅游资源，以旅游观光、体验为主要形式的一种旅游形式。和乡村其他产业发展相比，乡村旅游是见效较快，成本投入较小，经济效益、文化效益较高的一种产业，也是近年来乡村发展最为成功的产业。近年来，我国旅游业发展迅速，"2019 年国内旅游市场和出境旅游市场稳步增长，入境旅游市场基础更加牢固。全年国内旅游人数60.06 亿人次，比上年同期增长 8.4%；入境旅游人数 14531 万人次，比上年同期增长 2.9%；出境旅游人数 15463 万人次，比上年同期增长 3.3%；全年实现旅游总收入 6.63 万亿元，同比增长 11.1%"。① 随着我国旅游业的快速发展，乡村旅游正在成为热门旅游形态。根据文化和旅游部 2019 年发布的《全国乡村旅游发展监测报告（2019 年上半年)》，仅 2019 年上半年，全国乡村旅游总人次达 15.1 亿次，同比增加 10.2%；总收入 0.86 万亿元，同比增加 11.7%。截至 2019 年 6 月底，全国乡村旅游就业总人数886 万人，同比增加 7.6%。乡村文化旅游在挖掘乡村文化资源、推动乡村文化发展，促进乡村经济发展方面发挥着重要作用。

五、当代乡村文化治理组织面临的问题与挑战

经过多年努力，乡村发展建设成效显著。但当代乡村发展处于迅速变

---

① 中华人民共和国文化和旅游部. 中华人民共和国文化和旅游部2019年文化和旅游发展统计公报［R/OL］. (2019-06-20)［2021-03-28］. http://zwgk.mct.gov.cn/zfxxgkml/tjxx/202012/t20201204_ 906491. html.

革的过程中，一些深层次问题需要解决，一些新的问题又出现，这对乡村
文化治理组织提出了挑战。这主要表现为：乡村文化发展空间趋于萎缩，
乡村文化价值观日趋多元，乡村文化主体的流失、资本无序开发乡村文化
资源的风险等方面。

（一）乡村文化发展空间趋于萎缩

任何文化形态总是处于特定时空关系中。中国传统乡村文化历经数千
年，形成了文化积淀深厚的历史空间、地域空间。从文化人类学角度，文
化空间首先是一个文化场所、文化所在、文化物态的物理"场"。联合国
教科文组织的《宣布人类口头和非物质遗产代表作条例》把"文化空间
（文化场所）"指定为非物质文化遗产的重要形态："'文化场所'的人类
学概念被确定为一个集中了民间和传统文化活动的地点，但也被确定为一
般以某一周期（周期、季节、日程表等）或是一事件为特点的一段时间。
这段时间和这一地点的存在取决于按传统方式进行的文化活动本身的存
在。"① 其次，在这个"场"里有人类的文化建造或文化认定，是一个文化
场。最后，在这个自然场、文化场中，有人类的行为、时间观念、岁时传
统或者人类本身的"在场"。在某种意义上，也可以说，有人在场的文化
空间才是人类学意义的文化空间，才是非物质文化遗产的文化空间；反之
如果物是人非，此地空余黄鹤楼，那就只能是物质遗产（或曰狭义的文化
遗产）。② 简言之，文化空间或文化场所的本原意义指一个具有文化意义或
性质的物理空间、场所、地点。在文化遗产（物质遗产）保护中即指文化
遗址、文化群落、宫殿教堂庙宇等文化建筑。

乡村文化空间是村民生产、生活的空间，也是乡村文化发展、传承的
载体。乡村既有历史遗存、村舍庙堂这样有形的物质文化空间，也有说唱
演艺、节庆民俗这样的精神文化形态。乡村文化空间是乡村历史的产物，

---

① 联合国教科文组织（1998）.宣布人类口头和非物质遗产代表作条例［EB/OL］.（20
10-04-21）［2021-03-28］.http：//www.ihchina.cn/zhengce_ details/15719.

② 向云驹.论"文化空间"［J］.中央民族大学学报，2008（3）：81-88.

深藏着乡村文化底蕴和村民人生体验，由此形成了中国人挥之不去的乡土情结。中国乡村文化空间一脉相承，体现出一种惊人的稳定结构。近代以来，出于内忧外患的紧迫形势，许多人批判中国传统乡村文化空间超稳定性带来的停滞落后，应该说是时势使然。在面临亡国灭种的危机时代，失去文化自信具有必然性，把国家、社会落后归结为传统文化有着历史的演变逻辑。从五四运动到土地革命，从解放战争到中华人民共和国成立建设社会主义，乡村文化空间都是以现代化的对立面呈现的，改变乡村社会空间文化空间的难度超越了人们的认知。在很长时期里，乡村整体发展缓慢，乡村文化空间也没有展示出多少自我发展的活力。

20世纪80年代以后，随着市场经济的发展和城市化的兴起，乡村社会迅速发生变化，乡村文化空间也发生了革命性变革。从80年代后期开始，新兴信息传播技术迅速发展，电视电话网络和手机在乡村迅速普及，城市文化在乡村广泛传播渗透，乡村文化开始失去了长期的稳定状态，当代乡村文化空间呈现出复杂的多样化文化景观，传统乡村文化的固有空间陷入萎缩状态。

首先是，城市文化发展下的乡村文化弱势。当代社会不同于传统社会的一个特点，就是当代社会发展的驱动力来自城市工商业的发展，城市工商业强大的生产能力驱动社会发展空间时空转换节奏远远超越传统。我国传统乡村文化源于农耕社会，较之城市现代工商业，乡村社会生产能力低下。因而在文化生产方式、文化价值指向、文化形态等方面，乡村文化和现代工商业主导的城市文化间存在根本不同。对于中国传统乡村文化而言，工商业主导驱动的城市文化是一种异己的外部力量。传统乡村社会生产能力的低下导致自身的弱势地位，乡村文化空间被挤占、瓦解、萎缩势所必然。这是一种现代化名义驱动下的趋势性发展，由此对于乡村文化治理组织构成了重要挑战。

其次，资本扩张对乡村文化资源的占用。长期以来，乡村发展落后被认为是乡村所有问题的根源。而当代社会，资本要素是驱动生产、发展的关键。资本有着在流动中实现获利的本性。在乡村，资本是社会发展的稀缺要素，也是难以内生的要素。因而，来自城市的资本乘虚而入，进入乡村社会空间少有阻力。仅仅从乡村发展的角度看，外来资本有着推动乡村发展、提高乡村生活质量的关键作用。因而，"资本下乡"被鼓励并不奇怪。但功利主义地对待外来资本因素，其引发的后果也是难以避免的。资本逐利本性决定了其"下乡"的优先目标是依据自身需要塑造、开发乡村资源。许多人关注资本对乡村发展的驱动作用，对"资本下乡"的问题有意无意忽视了。而这恰恰是关注乡村文化空间治理最值得注意的地方。最核心的问题是，资本作为乡村发展的外部因素，具有急功近利的逐利本能，很容易忽视乡村独特的文脉历史，以市场经济的逻辑和商品交换的思维看待乡村社会关系和文化关系，因而乡村长期形成的人生体验和人文价值往往被简化为村民的物质满足、生活设施的现代化。由此，造成乡村发展、生活方式迅速城市化，乡村文化空间在资本驱动下迅速瓦解、变形。今天，许多乡村文化已经失去了和历史文化资源的基本联系，乡村文化空间已经成为城市文化的缩影。如此情景下，乡村文化空间向何处去是乡村文化治理组织中值得思考的问题。

最后，村民渐失乡村文化空间的现实。乡村是村民生产生活的空间。有了村民生产生活，乡村文化空间才有其存在的逻辑。当代乡村发展，主要是外部力量驱动的发展，由于市场、管理体制等原因，村民在乡村发展中的主体性没有被充分关注。这有村民自身把乡村生活视为人生困境的根源，急于脱离乡村空间移居城市的原因。更重要的原因是，当代乡村发展是在乡村现代化名义下展开，主导者是外部的政府、开发商、专家等。外部的规划设计虽然不纯然为着经济利益，但无一例外都按照设定的目标模式建设、改造乡村，而非乡村自然而然的发展过程。各地民宿、乡村游、特色乡村以及乡村社区等和乡村固有传统有多少联系，是不言而喻的。就是政府兴办公益文化，送戏送电影下乡，兴建公共文化设施，往往也是和乡村旅游开发、建设乡村文化景观等联系起来，主要是开发利用乡村文化空间，因而多是流于表层的。外部力量驱动下的乡村社会发展，很难尊重乡村自身发展规律，也难以尊重村民的自身文化体验和诉求，一个被外部力量构建的乡村文化空间和村民传统有多少关联，有很大的不确定性。乡村文化治理组织中要应对的，显然不是放任外部力量构建乡村空间却隔断与村民传统的联系，而是通过组织，重建乡村文化空间与村民文化趣味、生产生活方式的联系。

（二）乡村文化价值观日趋多元

乡村是村民的生活空间。乡村特有的生产生活方式形成了村民独特的价值观。中国乡村主要基于农耕生产方式产生。中国乡村社会是中国历史的缩影。因此，费孝通认为中国文化本质是乡土的，中国文化本质是乡土文化。在乡土基础上，形成了中国人乡村文化的基本价值观。这种价值观集中体现在乡村的土地观、家族观方面。

土地观。土地是乡村农业生产根基，也是村民生活基础。中国的历史凝聚着中国人浓浓的土地情结。中华文明兴起于黄河中上游，被称为黄土文明。从古代神话女娲抟黄土造人、神农氏教人耕作、大禹治水就透露出先人们和土地的密切关系。在漫长的历史中，中国古人发展出了精耕细作的农业文明，形成了中国人浓厚的土地情结。土地之于中国人就是生存的基础，就是魂牵梦绕的故乡。中国历史上，重农抑商政策是各朝代长期奉行的政策，重要的政治改革多与土地有关，周期性爆发的农民起义往往成为王朝更替的催化剂。而叶落归根、置办田产则是外出乡民最终的普遍选择。中国文化典籍也多与土地关联。可以说，中国文化方方面面，都透露着泥土气息，体现着浓厚的乡土情结。到了近现代，中国革命能够成功，始于乡村土地革命。改革开放能够成功，始于乡村推行土地的家庭联产承包责任制。可以说，土地问题始终是中国乡村的核心问题，村民对土地的深厚感情成为乡村发展的基础和动力。

任何价值观归根结底植根于特定生产方式。20 世纪 80 年代以来，随着市场经济、城市化的发展，村民生产生活环境发生了巨变。多样化的工作生活机会很快改变了村民的生存方式，土地作为生存的物质基础条件，其投入产出效率是无法与现代工商业比较的。① 新的时代提供了历史上前所未有的生产方式和生活机会。生存的本能、经济成本的核算，很容易动摇村民对土地的价值观。远离故土外出打工，移居城市成为潮流。乡村土地抛荒不再是罕见现象。面对这一环境变迁，文化学者喜欢强调的文化阻力至少在生活层面，并没有那么大的影响力。在 20 世纪激进的反传统文化思潮中，一些人把中国乡村发展问题归结为农民的麻木落后，这一观点在新的发展时代面前失去了阐释力。传统的农民何以对土地有那么深厚的感情甚至甘愿受土地束缚，当代农民对土地感情又何以失去了固有的执着，根本原因就是出现了替代性的新的生存方式。当然，由此引发的另一个问题是，虽然农民对土地感情的变化有其现实必然性，但由此对传统乡村文化传承发展带来挑战，农民对土地失去了感情，传统的乡土文化何以保持呢？

家族观。在古代生产力普遍低下的情况下，在气候较为稳定的条件下，春种秋收的农业生产特点决定了粮食生产的基本稳定，农业生产给人的生存预期结果比狩猎和商业更可靠，而农业生产需要的春种秋收生产方式决定了定居生活的必要性。由于传统农业生产主要依靠人力畜力，围绕农业生产，需要发挥集体力量耕种收获，兴修水利，因而，古代中国乡村聚族而居成为一种自然选择。由此形成的人与人的关系中，血缘关系必然是最重要的人际关系。这成为中国古代宗法伦理社会产生的基础。历经几千年，在中国乡村，宗法伦理都是基本的道德准则，也是基本的社会规范。在宗法伦理中，个人价值附属于家族伦理体系，个人价值的选择有限也不是首要的，"不孝有三，无后为大"之说实际包含着个人价值附属于宗族群体价值的关系，也因此，才有推崇男尊女卑的系统规范，有了家法族规代替国法在乡村施行管理。个人被宗法伦理牢牢束缚，个人也难以脱离宗法伦理而存在，进一步造成否定个人价值、忽视个体生命体验问题，

---

① 从经济学角度看，没有人否认农业生产的重要性，但由于大规模产业化批量化生产制约，世界各国农业生产效率普遍都低于工商业效率，因而各国面对贸易竞争，普遍对农业生产进行补助、抬高进口关税即是明证。

这成为传统乡村文化中最沉重的一页。五四时代知识分子宣扬家庭革命，宣扬走出家庭、男女恋爱自由何以反响那么热烈，也从另一方面说明了传统乡村文化问题的核心所在。

中华人民共和国成立后，党和政府在乡村建立起完善的基层组织，推行集体化运动，把反封建、男女平等作为政策重点。因此，乡村的宗法势力基本被瓦解，家族对个人生杀予夺的权力不复存在，个人对家族的依赖关系大大淡化。当然，这种行政干预的影响并不能完全隔断传统。在日常生活空间，传统文化仍然以不同形式产生影响，基于家族活动的婚丧嫁娶、祭祀礼仪在乡村始终是存在的，重视家族传承的观念如重男轻女也依然根深蒂固。直到20世纪80年代，国家推行的独生子女政策，在农村引起反弹，很大程度上源于重男轻女的传统家庭观念。针对这种情况，生育政策调整为第一孩为女孩的农户在间隔4~5年后允许生育第二孩的弹性生育政策，是仅针对部分农村地区的政策。

乡村对家族的依赖关系发生完全的改变是20世纪末。这一时期，村民外出打工经商已经成为潮流，城市化发展提速，新的生活环境、生存方式重建了外出村民的人际关系、社会关系，个人生活对家族力量依赖关系大为降低，家族关系网络趋于松散，规模也变得小型化，除了部分场景，如新年或者重要亲人的婚丧嫁娶，传统乡村社会中宗族渐渐失去了凝聚力。村民移居城市很快市民化了，并很快习惯了市民生活方式。由于当代信息传播普及以及城乡一体化发展，即使仍旧生活在乡村的村民，也对城市文化极大包容，对传统的留恋并不强烈。至于感情上有多大程度接受这种文化环境，难以测量，但作为时代大潮，个人无能为力只能接受，这是必然的。值得思考的是，随着年青一代村民继续流向城市，老一辈村民渐渐老去，作为中国乡村传统文化支撑的家族文化如何呈现于当代社会，是个现实问题。没有了传统的家族文化，传统的民俗礼仪、婚丧嫁娶至少形式是不存在了。如此情况下，乡村文化的核心内容都会面临空置、失去的风险。这是当代乡村文化治理需要面对的挑战。

（三）村民文化主体的流失

马克思提出，"文化是自然的人化"。人是文化的主体，没有了人，文化就失去了根基。乡村文化空间是乡村人的文化空间。没有了村民，乡村文化空间仅仅是空洞的场所，是没有生命力也没有延续性的。中华人民共和国成立后，社会安定，乡村医疗卫生进步，乡村人口增长很快。根据国家统计局发布的数据分析，到 1980 年，全国全面推行独生子女政策的时候，全国总人口已经从 1949 年的 5 亿人增加到近 10 亿人。而这其中，乡村人口占绝大多数。

集体化推行在农村引发的变化是显而易见的，但这一时期乡村个人对集体的依赖关系上升，集体主义的价值观渗透乡村社会，个人的价值是不受重视也是被否定的，因而个人生活、工作自由选择的机会实际也是有限的。而在当时，城市经济发展也很薄弱，无力吸纳乡村就业人口，加之政策上采取如户籍制度等限制，村民离开乡村生活就业基本不可能，直接造成城乡长期二元分割严重。

改革开放以来，城市经济特别是沿海城市，借助国际贸易，很快获得快速发展。这种发展以加工贸易为导向，导致对大量劳动力的需要，这为乡村村民外出提供了就业机会。大量村民离开乡村，到城市到沿海寻求发展机会和致富途径。而 20 世纪 90 年代后，中国经济的整体起飞给乡村村民外出务工经商提供了助推器。民工潮就此产生，由此对中国经济发展，对乡村发展都产生了巨大影响。

当代社会发展是城市主导。城市的生产方式、文化环境和乡村根本不同。城市文化对乡村具有压倒性的强势地位。在乡村社会里，城市意味着机会、意味着致富、意味着个人自由——意味着新生活的一切。因而村民对城市文化的认同并不是困难的事。与此形成对照，在强势的城市文化发展面前，乡村村民出于各种原因，对乡村生产生活反而失去了认同，对乡村文化也没有了发展、传承的动力与兴趣，商品化、消费化在乡村社会蔓延，村民在价值观上已经主动与传统保持距离，村民对于乡村的文化认同感迅速降低。脱离乡村，迁移城市成为不可阻挡的潮流。传统乡村社会中的民风民俗、家族生活关系正在远离村民的生活，多样化的生活方式和人际关系弱化了乡村文化的凝聚力。村民的生活生产日趋城市化。

而更为严重的是，随着乡村人口流向城市，乡村的老龄化、空心化问题日渐突出。据统计，1985年，全国行政村数量为94.1万个，到2016年时减少到52.6万个，减少了44%；全国自然村数量从1990年的377万个降到2016年的261万个，减少了30%；村民小组数量也大为缩减，1997年时全国村庄村民小组共535.8万个，到2016年时减少到447.8万个，不到20年的时间里，村民小组减少了88万个。根据近期一项调查数据，目前仅有6.5%的村庄没有劳动力向外流动，外流劳动力占1%~25%人口的村庄在所有村庄中占比29.3%，外流劳动力占26%~50%人口的村庄占比为40.2%，外流劳动力占51%~75%人口的村庄占比为17.4%，外流劳动力超过75%的村庄约有6.5%。① 乡村人口的缺失除了带来乡村空间的消失，所谓乡村振兴、文化振兴会因此失去基本的逻辑基础。按照目前城市发展和乡村外流人口趋势，大部分乡村走向衰落难以看到改变的希望。流失的人口、老龄化的趋势，对乡村的影响日渐凸显。失去了人，乡村文化就失去了文化生产、传承的主体，其最终也将导致乡村文化发展难以为继。这意味着，乡村文化治理组织需要重视构建村民文化主体。构建起村民文化主体，乡村文化建设才能有服务对象和传承载体，从而减少或避免各种虚化、扭曲乡村文化的现象。

本章小结

当代乡村面对城市化、现代化发展背景，各方面都在发生迅速变化。乡村文化治理组织面临新的问题。乡村文化治理组织有哪些形态，乡村文化治理组织机制是如何发挥作用的，影响乡村文化治理组织的因素有哪些

---

① 刘守英，王一鸽. 从乡土中国到城乡中国——中国转型的乡村变迁视角［J］. 管理世界，2018（10）：128-146.

等问题需要在理论上加以阐释分析。本章主要对与乡村文化治理组织密切相关的治理理论、村民自治理论、文化资本理论等进行梳理，并进一步对乡村文化治理组织机构内涵及运作机制进行整体分析。同时，从历史与现实的关系中，对乡村文化治理组织成效予以阐释，并依此剖析当代乡村文化治理组织的问题，探寻当代乡村文化治理组织的建设发展之路。

在实施乡村振兴战略背景下，乡村的传统与现代、历史与现实交织融汇。这增强了乡村文化治理组织的重要性，也加大了乡村文化治理组织的难度。作为顶层设计的乡村振兴战略是明确的，但乡村文化治理组织在具体实践中，明显存在一些需要认真面对的现实变量因素，例如，乡村党政机构与村民自治关系，城市化带来的乡村人口流失及相关的人口老龄化问题，国家治理体系和治理能力现代化建设的普遍性与乡村文化治理的特殊性关系，等等。这些变量构成了当代乡村发展的特殊性，也构成了当代乡村文化治理组织的特殊环境。当代乡村文化治理组织实践中需要纳入这些变量因素的影响，避免或者减少乡村文化治理举措某些可能的政策风险、文化风险、经济风险。当然，这并不是容易实现的目标，因为乡村文化治理组织本身处于需要不断建设完善的过程。

第五章　乡村文化治理中的文化资源开发

内容提要：乡村文化在不同历史时期有不同的资源价值。在实施乡村振兴战略的背景下，当代乡村文化具有实现乡村"产业兴旺"的资源价值。推动乡村文化治理，挖掘乡村文化资源的经济价值，发展乡村特色文化产业，可以为乡村发展提供物质基础，也可以为乡村文化治理提供载体和途径。本章主要研究乡村文化资源在发展乡村文化和旅游产业、传承乡村优秀传统文化、推动乡村文化治理等方面的当代价值。由于当代社会发展环境和文化结构关系，乡村文化的价值被外部视角重新发现，由此产生的看与被看的关系中，乡村文化不可避免地转化为一种视觉文化资源，进而推动产生了乡村文化资源开发的图像化、景观化特征。乡村文化资源开发中体现出日常生活价值、意识形态、文化身份等文化认同效应以及由此产生的社会治理效应。针对当代乡村文化资源开发的内容表象化、缺少技术创新、文化产品外观的过度商业化等问题，需要采取相应治理策略加以应对。

一、当代乡村文化资源

党的十九大报告提出实施乡村振兴战略后，不少人都注意到这一战略在语词概念上的变化，即用"乡村"代替了长期以来的"农村"。这一语词变化不仅是一种政策语言表述问题，而是反映出一种新的政策价值取向。"农村是专门从事农业产业（自然经济和第一产业）为主的经济单元，所以叫农村，并按照此功能定位，将农村在现代经济系统中的主要功能定义为为城市生产粮食。"① 而乡村，历史上长期都是对农村的普遍称呼，不仅包含着农业生产活动、农村生活等，还蕴含着社会、文化意义，"事实上，中国古代的乡村是具有血缘关系、互助关系，并形成了共同风俗习惯、文化和价值的地方，这样的地方才叫'乡村'。用现代语言来讲，乡村是一个携带着中华民族五千年文明基因，且集生活与生产、社会与文化、历史与政治多元要素为一体的人类文明体"。② 显而易见，乡村振兴战略是对乡村发展的重新定位，其重要内容就是突出了乡村的文化性。

因此，实施乡村振兴战略，推进乡村文化治理，如何认知乡村文化是个关键问题。中国有着悠久的农耕历史，乡村文化积淀深厚，构成了费孝通所称"乡土中国"这一文化特征。仅就文化表象而言，我国许多乡村在长期历史中，培育、发展了丰富多彩的文化形态，有物质方面的文化，如地方美味佳肴、衣着服饰、古建筑、古村落、地方特产、历史遗存、宗祠庙宇、古玩器具等；有精神方面的文化，如民间文学艺术、神话传说、地方歌舞、曲艺、民间字画、工艺等；有日常生活规则习俗文化，如婚姻习俗、祭祀礼仪、宗法制度、节日节庆等。丰富多彩的乡村文化成为我国乡村发展的特征，也成为我国乡村历史延续的文化基因。

进入城市化主导发展的当代社会，传统的乡村滑向社会发展边缘，相应地，传统的乡村文化不仅被视为落后于时代发展，还被视为中国社会和乡村现代化发展的阻碍而受到批判和否定。在当代主流的文化话语里，有意无意地轻视、忽视传统乡村文化的传承价值，甚至认为对于当代中国文化建构也没有积极意义，因而是应该被置于中国社会现代化、文化现代化建设之外的。

乡村文化之所以被如此关注，根本上源于乡村在现代社会陷入了发展危机，停滞、僵化成为中国传统乡村面临的最大问题。传统乡村如何走出发展的困境，始终是中国社会关注的中心问题，是国家政策的着力重点。

---

① 张孝德，丁立江. 面向新时代乡村振兴战略的六个思维［J］. 行政管理改革，2018（7）：40-45.

② 同上.

中华人民共和国成立后很长时间，国家在乡村建立起组织严密、社会动员力很强的高度集中的社会管理体制，并用政治意识形态实现对乡村社会的全面覆盖和渗透，传统乡村的宗法势力被打击瓦解，乡风民俗、节日节庆、歌舞曲艺等传统乡村文化都被政治意识形态主导。在此环境下，乡村文化的价值也主要服从于政治意识形态需要，至少在外在形式上，传统乡村文化难以体现出独立的文化价值，没有也不可能体现出推动乡村发展的经济资源价值。

20 世纪 90 年代以后，持续的经济发展提升了社会物质发展水平，也为大众追求精神生活的满足提供了基础。全社会对精神文化产品的需求迅速增长，成为拉动文化生产的直接驱动力。文化生产迅速产业化、市场化，影视剧、广播电视、报纸杂志、歌舞厅、旅游以及花样繁多的网络文化产品满足着大众的文化消费，也不断刺激大众文化消费，文化市场呈现出前所未有的丰富景观。

文化市场不断发展，延伸到乡村，把城乡文化市场融为一体，为文化产业发展提供了更大的市场空间。但更富有意义的是，刺激、挖掘了乡村自身的文化市场。传统乡村中那种独特性、历史性的文化，在文化市场空间都是文化产品的生产元素，是刺激文化消费的动力。长期以来，那种批判否定乡村文化阻碍乡村发展的社会学、政治学把持的文化评价体系，在当代乡村发展的现实维度上已经失去了依据。在当代乡村发展背景下，乡村文化显现出了前所未有的经济发展力、社会发展推动力，因而其价值的挖掘开始备受重视，传统的乡村文化价值因而被重估。根植于乡村的发展历史、乡村生产生活方式而形成的乡村文化，在当代市场化、产业化背景下，是可利用、可转化、可开发的文化资源。通过对乡村文化资源的开发，不仅推动乡村文化的传承和创新，还可以为实施乡村振兴战略、推动乡村现代化发展提供现实载体和途径。概括地看，当代乡村文化的资源价值主要表现在以下几点。

一是推动乡村文化和旅游产业发展。党中央宣布实施乡村振兴战略，推动乡村发展的一个总体要求就是"产业兴旺"。传统的乡村过去发展落后，原因多种，但缺少发展的资源无疑是重要因素。在当代乡村发展中，随着社会整体发展水平的提升，社会对精神文化品的需求迅速增长，文化和旅游产业因而有了巨大发展空间。传统乡村的诸多文化资源，如古村落古建筑、地方饮食、地方曲艺、民间传说等在今天都是发展乡村特色文化和旅游产业的资源要素。可以通过产业化、市场化手段，发展乡村特色文化和旅游产业，推进乡村文化资源的产品转化，打造文化和旅游产品品牌，提高市场竞争力，增强乡村文化发展活力。同时，还可以利用乡村文化资源的联系纽带作用，延伸乡村文化和旅游产业链，推动融合发展，带动相关产业升级和结构调整，实现乡村地区产业产品创新和发展，促进乡村产业高效发展、生态转型，不走资源消耗型产业发展老路，真正为乡村振兴铸形造魂。

二是传承乡村优秀传统文化。我国乡村历史悠久，文化积淀深厚，是中国传统文化的根脉所在。否定、隔断传统乡村文化与当代社会的联系既不现实，也缺少依据。当代乡村文化需要在传统乡村文化基础上创新发展，在与传统乡村文化的联系中体现进步。应该说，改革开放以来重要的涉农政策几乎都强调保护、传承优秀传统乡村文化，也为此投入了很多政策资源，例如，对乡村非物质文化遗产登记造册，专款扶持，对古村落、古建筑投资修缮维护，鼓励扶持乡村传统工艺品出口，为乡村发展特色文化旅游提供融资、税收等支持。国家的政策支持对于乡村优秀传统文化传承达到了良好效果，但由于当代乡村发展处于市场经济环境，相对于乡村文化大量的建设需求，政府的投入支持总是有限的。同时，乡村传统文化的评价标准也趋于多元，市场标准越来越突出。因此，乡村文化传承发展从主要依靠政府保护扶持的被动状态，转为市场各利益相关者共同参与的行为，调动起政府和广大村民、企业以及其他组织的主动性和积极性，推动传统乡村文化保护和传承的多样化。

三是推动乡村文化治理。乡村文化治理需要推动文化发展，也需要推动构建乡村全面振兴的物质基础。就此而言，"农村文化资源是一个根植于农村的发展历史、人文环境、农民的生产生活方式而形成的可转化、可开发、可利用的资源形态，对农村文化资源的研究不仅有利于对农村文化资源的传承和创新，还可以为乡村振兴战略找到新的资源、思路和途径"。① 在当代乡村社会，发展依然是解决乡村问题的关键。乡村文化治理的一个目标应是推动乡村发展。乡村丰富的文化资源具有发展乡村特色文化和旅游产业的基础。通过乡村文化治理，推动乡村发展文化和旅游产业，不仅可以为乡村发展提供动力，也可以为乡村文化治理提供基础和载体。乡村特色文化和旅游产业是典型的劳动密集型产业，具有投资少、市场门槛低、就业带动能力强、能源消耗低、产业辐射广的产业特点，因而有利于村民就近就业，就近寻找创业致富机会。在市场经济环境下，各类文化组织挖掘乡村社会中的地方曲艺、手工技艺、民俗礼仪、传统节庆等文化资源，打造具有市场消费价值的乡村文化产品和服务，可以吸引广大乡村民众参与文化产品、文化服务的生产、消费过程，从而提高村民经济收入水平，为培育乡风文明、家风良好的美丽乡村打下基础，为提高乡村文明程度，增强村民对社会，对国家的文化认同提供助力，这就使得推动文化和旅游产业的发展过程成为推动乡村文化治理的过程。

二、被看的乡村与被看的资源价值

中国现代社会发展的基础发生着深刻变化，即由以农耕生产方式为主的乡村社会向以工商业生产方式为主的城市化社会转型。在现代工商业驱动下，城市化获得迅速发展，城市文化的边界也在不断扩张。事实上，因为城市经济、政治以及生产能力的优势，城市文化主导着整个社会文化空间的发展，传统乡村文化的演变轨迹被深刻地改变，面临如何适应或者如何存在于这一新的社会发展空间的转型问题。

城市文化有着不同于传统乡村文化的价值取向、生产技术、发展机制，有着传统乡村难以比拟的发展节奏和形式，特别是当代信息技术的发

① 金晓彤，张国信，赵雨柔. 乡村振兴背景下我国农村文化资源的产业化设计逻辑与路径选择 [J]. 税务与经济，2020 (6)：63-68.

展、文化科技的融合，重塑了当代文化空间生态。当代城市文化的优势地
位为乡村文化评价提供了参照物，但在城乡文化关系上，持有文化相对主
义立场仅具有文化理论意义。在社会发展趋势和大众日常生活的维度上，
乡村文化的发展目标以及价值显而易见是城市文化决定的。实施乡村振兴
战略，并非乡村有了自我振兴的强大内驱力，实际是建立在外部政策、资
金、人力等发展要素投入的基础之上的。在文化层面上，乡村文化的价值
当然有自我判断的标准，但外部力量驱动乡村发展，对于乡村文化的价值
必然也有着独立的判断、筛选标准。

在当代文化空间，城市文化占据优势，掌握着话语权，乡村文化的价
值事实上处于城市文化视野判断之下。乡村文化产业、乡村旅游产业，资
金、技术以及至关重要的消费市场主要来自城市。在城市文化视野里产生
的看与被看的关系中，乡村文化首先呈现出视觉文化资源价值。乡村文化
资源价值也是在城市文化的视野中被发现、挖掘。视觉性成为乡村文化资
源的观察方式、评价方式、挖掘方式。因此，在竞争激烈的文化市场中，
发展乡村文化和旅游产业，开发乡村文化资源，乡村文化产品视觉效应变
得十分重要。可以说，主要是外部视角，具体而言是城市文化视角重新发
现阐释了当代乡村文化的资源价值。

从广义上看，视觉是人类的一种感知形象的能力。人类通过诉诸视觉
认识和把握世界形成的视觉文化现象，有着远比印刷文字更悠久的历史，
但当代视觉文化是随着通信技术日新月异的发展和社交媒体的普及出现
的，呈现出与传统视觉文化不同的特点。"前者将图像限定为艺术品，而
后者将图像视作流行文化和大众传媒的产品。前者的作用是意指，具有符
号和象征的功能，后者立足于图像本身的存在，与半个多世纪前的形式主
义观点有相似之处，却不受形式主义本体论的局限，而具有主体性与客
体性。"[①]

在视觉文化研究领域，国外学者有关的研究始于文艺学，后来延伸到

---

① 段炼. 艺术学经典文献导读书系：视觉文化卷 [M]. 北京：北京师范大学出版社，
2012：47.

社会学、政治学、传播学研究。20 世纪初，匈牙利电影理论家贝拉·巴拉兹在《电影美学》一书中就提出了"视觉文化"这一概念，但大量视觉文化的研究出现在 20 世纪 60 年代以后。随着消费文化和信息技术的发展，视觉文化在社会空间膨胀、蔓延，许多学者对此展开研究。其中，比较有代表性的研究成果有麦克卢汉（1964）的《理解媒介》，斯图亚特·霍尔（1967）的《电视讨论中的编码和译码》，居伊·德波（1967）的《景观社会》，鲍德里亚（1981）的《拟像与仿真》，W. J. T. 米歇尔（1994）的《图像理论》，理查德·豪厄尔斯的《视觉文化》，尼古拉斯·米尔佐夫的《视觉文化导论》等。

研究者注意到视觉文化的时代差异。"新的视觉文化最惊人的特征之一是它越来越趋于把那些本身并非视觉性的东西予以视觉化。与这一知识运动相伴而来的是不断发展的技术能力，它使我们能够借助外部器械看见原本看不见的东西。"[①] 这意味着通过当代视觉文化技术，人类视觉突破了生理限制，使得原本视觉看不见的东西变成看得见的东西——视觉化的影像图像。影像图像成为当代人把握世界的方式，"从本质上看来，世界图像并非意指一幅关于世界的图像，而是指世界被把握为图像了"。[②]

20 世纪 90 年代以来，有关视觉文化的研究引起国内学界越来越多的关注。这其中有些研究着眼于视觉文化的文化批评研究。如周宪、梅琼林等学者都对视觉文化的性质、内涵以及语境等问题作了比较系统的研究。一些研究侧重视觉文化的各种应用研究，如研究在建筑设计、平面设计、文化产品生产和品牌塑造等领域提高视觉效果以及促进视觉文化产业的发展等问题，这类研究因为主要研究视觉的实践技术应用开发，研究成果很多。相关视觉文化的研究构建起不同于传统图像研究的理论框架，为当代乡村文化研究提供了新的研究视野，也为当代乡村文化资源开发提供了一个富有启发意义的实践策略。

---

① 尼古拉斯·米尔佐夫. 视觉文化导论［M］. 倪伟，译. 南京：江苏人民出版社，2006：5.

② 孙周兴. 海德格尔选集［M］. 上海：上海三联书店，1996：899.

一个不同于传统印刷文化的视觉文化时代开启了。在这样一个时代，当代文化通过构建图像（影像），实现对世界的视觉化把握，不仅对当代人生活方式、价值观念等产生深刻影响，也必然重塑人们对文化的认知，对当代文化整个生态系统发展产生深刻影响。在实施乡村振兴战略的当代，由于城乡社会发展整体水平强弱和生产方式先进落后的关系，建构起城乡文化看与被看的文化关系，也建构起乡村文化资源开发的视觉关系。当代迅速发展的视觉文化已成为当代乡村文化资源开发的关键背景因素。中国人传统记忆里的乡村和男耕女织、稻香蛙鸣、宗族伦理等关联，但在当代视觉文化的发展中，乡村文化呈现出视觉化特点，乡村文化资源成为视觉文化资源，其价值也取决于视觉判断。其间显然存在着诸多不言自明的问题。鉴于乡村文化对于当代中国文化、对于当代中国乡村社会发展的重要性，对此深入探究十分必要。

三、当代乡村文化资源开发的视觉化转向

视觉文化是通过诉诸视觉图像，推动文化相关实践主体间形成看与被看的基本关系而形成发展的。在对事物信息的表达方面，视觉图像有着超越于语言文字的形象性、直观性以及优越性，更有利于人们对事物的感性把握，因而也极具吸引力。随着当代视觉技术进步和大众知识素养提升，当代社会视觉图像生产能力和消费市场膨胀式发展，视觉文化迅速成长为核心文化形态而引人注目。当代视觉文化的发展凸显了视觉的文化意义。视觉文化也因此成为人类社会继印刷文化后又一次文化转向的推动力——推动当代文化发展的视觉化转向。有学者总结提出，当代文化的视觉化转向主要包括：一是视觉性已成为文化的主导因素；二是呈现出图像压倒文字的发展趋向；三是对外观形态过度关注，生活世界外观的美化和显现表明了一种观念的变革；四是随着视觉技术的进步，人的视觉在不断延伸，可视性要求不断攀升，新的视觉花样层出不穷。[①] 当代文化的视觉化转向

①　周宪 . 视觉文化的转向［J］. 学术研究，2004（2）：111-115.

重构了当代文化生态结构，其影响不仅限于文化领域，还延伸至社会生活各方面。通过视觉化图像影像，当代社会成了图像的世界，当代社会的政治、经济、文化中的现象也因此被塑造为各种视觉形象得以重构和展示。

在当代文化视觉化转向背景下，中国乡村文化具有吸引视觉注意力的独特资源价值。这是因为在当代中国社会，乡村文化一方面联系着传统文化历史；另一方面是中国文化现代化发展的起点，其深厚的历史感和文化发展资源价值，决定了当代中国文化的视觉化转向不可能绕过乡村文化而存在。事实上，如前面所述，当代乡村文化的资源价值主要是被外部视角，具体而言是城市文化视角重新发现阐释的。这种视角在当代经济环境里，转化为一种市场消费力量，由此驱动、刺激当代乡村文化资源的产业化开发。乡村文化因而不可避免地成为一种视觉文化资源。当代乡村视觉文化已然是中国视觉文化的重要组成部分，而视觉化则成为推动中国当代乡村文化资源开发转型的主要形式。这种形式主要表现为以下方面。

一是图像化。主要是通过多种技术手段，以图像的生产形式，把乡村文化资源转变为视觉形象，推动乡村文化资源开发的动态化、形象化。在印刷文字时代，因为乡村教育落后，文盲众多，村民阅读能力有限，认知世界的能力与途径也受到很大限制。就信息接收便利性而言，较之语言文字，视觉图像显然更直观、更形象，但图像的生产有赖于图像生产技术能力，而乡村文化的视觉表达主要依赖外部媒介的描述、展示，因而乡村视觉文化并没有很大的自我发展机会。随着当代网络普及、短视频等视觉技术、媒介技术日新月异的发展，图像技术在生活中普及渗透，其广泛的社交性、产业性、低生产门槛等特点，使得村民可以便利地参与图像生产、传播，乡村文化资源视觉化开发因此有了现实基础。诉诸视觉图像表达就成为当代乡村文化资源开发的主要路径。更重要的是，因为视觉媒介已经成为村民生活的一部分，在村民广泛的参与下，大量乡村文化资源被以图片、视频、漫画等形式开发并传播，展示出乡村文化的立体性和多元性，也由此构建起乡村文化形象，实现了对乡村世界的图像化把握。

二是旅游景观化。2000 年 10 月 20 日，欧洲景观公约理事会（Council

of Europe Landscape Convention）通过的《欧洲景观公约》称景观是："可以被人感知到的区域，其特征是自然因素或人为因素作用和交互作用的结果。"① 显然，被人感知的景观是一种文化景观。这种文化景观可以是自生自灭的自然状态，也可以是受到外部人为影响的存在。近年来，随着大众生活质量的提升和寻求精神满足的需要，乡村文化旅游迅速发展。在各类乡村旅游中，乡村文化资源的景观化成为驱动乡村旅游的核心要素。各乡村旅游点普遍基于观赏的视觉美学效果，通过乡村文化元素的组合、展示，培育、开发乡村文化资源和旅游资源，推动乡村文化环境建设和旅游业发展。在"乡村游""农家乐""农业观光游"等名目下，乡村民居、名人故居、民俗礼仪、文物遗存等乡村文化资源，都被以不同形式开发，成为展示乡村文化独特性的文化景观，也为乡村发展特色文化旅游、推动乡村振兴提供了动力。尽管有观点认为，乡村文化资源的景观化开发有脱离乡村文化自我发展根基的风险，但乡村旅游本质即包含景观化旅游。同时，乡村文化资源的景观化也确实为开发乡村文化资源的当代价值、增强其活力和动态发展方面提供了一条现实路径。

在当代文化生态系统中，较之城市文化，乡村文化虽有着深厚的历史积淀，但其生产力并不具有优势。乡村文化在当代文化生态中的整体弱势决定了其发展很难脱离时代环境的影响，所谓乡村文化资源开发的视觉化转向主要是外部因素驱动的结果。相关的外部因素成为推动乡村文化资源视觉化开发的主要动因。主要包括以下方面。

一是消费文化环境。

视觉文化有着历史发展的阶段性。不同历史时期有不同的视觉文化。米尔佐夫根据视觉文化与生产技术的关系，把视觉文化发展历程分为以绘画形式为主的传统图像时期，以摄影、电影为主要形式的视觉图像再现时期，以计算机图像生产为主要形式的当代虚拟图像时期。② 表面上看，不

---

① 欧洲景观公约理事会. 欧洲景观公约［EB/OL］. https：//rm. coe. int/CoERM Public Common Search Services/DisplayD CTM Content？documentId＝09000016802f80c6.

② 尼古拉斯·米尔佐夫. 视觉文化导论［M］. 倪伟，译. 南京：江苏人民出版社，2006：8-9.

同时期的视觉文化因生产技术差异导致其影响力不同，但当代视觉文化的迅速发展并成为主导性文化现象，不仅是生产技术进步的原因，还和当代消费文化的环境有关。当代社会不同于传统社会的一个特点，就是消费取代生产成为经济发展的主动力，因而当代社会被称为消费社会。在消费社会中，人们面临的不是产品生产能力不足的问题，而是面对丰富的物质产品如何选择消费的问题。个人的消费心理需要和审美偏好便成为影响消费行动的关键因素。凡勃伦的"炫耀性消费"理论、德波的"景观社会"理论、鲍德里亚的"消费符号"理论等对此作出了不同阐释，但都意识到一种重视产品视觉效果的精神性消费文化开始兴起、发展，"首先就经济的文化维度而言，符号化过程与物质产品的使用体现的不仅是实用价值，而且还扮演着沟通者的角色；其次在文化产品的经济方面，'文化产品与商品的供给、需求、资本积累、竞争及垄断等市场原则一起'运作于生活方式领域之中"。[①]

简言之，寻求消费的精神文化性就是当代消费文化的视觉取向。这为乡村文化资源的视觉化开发提供了机遇和动力。承载着乡愁记忆的村居街区、物产、生活方式等视觉形象产品，一方面满足消费者精神归属感，另一方面发展出乡村文化旅游、工艺品等文化产业。对当代乡村是否进入消费社会不无争议，但得益于当代消费文化的发展，乡村文化旅游发展迅速，乡村文化在看与被看的视觉关系中体现出旅游消费价值，乡村文化资源的视觉化开发因而有了源源不断的发展动力。

二是媒介生活化。

长期以来，乡村在信息传播方面处于弱势地位。无论是以报刊为主的印刷文化媒介还是以影视剧为中心的影像媒介，其生产、传播都需要专业的生产技术与设备、体制化的生产流程、专业知识技能以及较多的资本投入等条件。较高的媒介生产门槛决定了传统媒介的精英性，乡村因不具有媒介生产条件而只能被动地接受外部媒介的输入。在传统的媒介信息生

---

① 迈克·费瑟斯通. 消费文化与后现代主义［M］. 刘精明，译. 南京：译林出版社，2000：123.

产、传播关系中，乡村缺少平等性、主动性，更不具有话语议题设置能力。外部媒介利用其知识、市场等优势单向地传播有关乡村的信息，建构起乡村积极的或消极的世界形象。

当代通信技术的发展与交互性移动社交媒介的普及，催生了网上直播、短视频，深刻改变了媒介生态格局，也深刻改变了传统媒介信息生产中乡村社会的弱势地位。作为社交媒介，网络直播、短视频这类媒介制作技术门槛低，题材选取便利，不需要购置价格昂贵的设备，也不必经过特殊审批程序。村民通过网络、移动客户端就可以拍摄、传播各种影像，直接参与乡村信息传播和乡村视觉文化生产，由此改变了在媒介信息传播中的被动地位。视觉媒介成为村民的生活方式、工作方式，村民通过视觉媒介，开发利用乡村文化资源，不仅把乡村物产推向世界，也重塑着乡村文化形象。由此引发的结果是，建立在偶像崇拜基础上的"美女经济""眼球经济""网红经济"在乡村一样蔚为大观，各大网络平台不乏"大衣哥"朱之文那样改变了自己的生活，也在一定意义上改变了乡村形象的乡村"网红"人物。视觉文化媒介全面融入乡村社会并成为村民日常生活的重要部分，至少在网络视觉世界，不能把乡村简单化地视为缺少现代化生命活力需要改造的对象，村民通过手机拍照、网络视频等形式，展示乡村文化的方方面面，参与乡村视觉图像的生产、传播，体现出前所未有的参与意识和能力，重构了乡村文化输入与输出的关系，推动乡村文化资源释放出促进乡村发展的经济和文化力量。

三是政策驱动。

在市场经济环境下，政策介入乡村发展是必要的。主要是因为乡村村民居住分散，经济发展水平低，投入成本高，依靠逐利的市场资本难以规模化进行乡村基础设施建设，存在大量市场机制无力或者容易扭曲的空间，需要发挥政策"有形的手"的作用。近年来，围绕美丽乡村建设和乡村振兴战略，国家有关部门在生态环境、产业融合发展、传统文化资源保护与开发、乡村基础设施建设等方面都投入了大量政策资源，出台了许多具体支持政策。如 2013 年中央一号文件提出："加强农村生态建设、环境保护和综合整治，努力建设美丽乡村。"2015 年发布的《美丽乡村建设指南》，对美丽乡村发展指标进行了量化分解。2018 年中共中央、国务院印发《乡村振兴战略规划（2018—2022 年）》，把美丽乡村建设贯穿于乡村振兴短中长期建设目标。乡村发展始终是我国整体发展战略的重要组成部分，国家政策为乡村文化资源的视觉化开发提供了关键助力和基础保障，特别是农村电网、信息网络以及移动客户端普及完善，缩短了城乡文化基础设施差距，为乡村文化资源的视觉化开发获得外部文化信息、市场、技术资源提供了便利，为乡村文化资源的视觉化开发提供了基础条件。

通过国家政策扶持，乡村基础设施得到改善，城乡一体化发展效果显现，不仅提升了乡村发展水平，也推动了乡村文化资源开发的视觉化转型。诸多乡村发展实践证明，正是在国家资金、产业、人才等政策扶持、推动下，乡村文化产业、旅游产业迅速发展，深刻地改变着传统乡村形象，古村落、传统手工艺品、戏曲等非物质文化遗产、民俗礼仪等乡村文化资源，因此获得了新的生机，在生态环境宜居、文化景观以及文化产业等方面，展示着乡村走向美丽、富足、文明的未来。

四、乡村文化资源开发转向中的文化认同与社会治理效应

视觉文化体现着依托视觉作为生理感官产生的看与被看的关系，但看与被看的对象及其判断深受社会影响，是一种社会经验、理念具象化的结果，体现着彼此的社会关系和价值取向。同时，视觉通过色彩、线条、大小、技术等元素组合构建起的视觉图像是一种社会性存在，其本身就是社会的组成部分。正是通过大量图像元素聚合，视觉文化建构起图像世界，达成视觉化的社会建构，实现了海德格尔所谓的"对世界的图像把握"。在此意义上，当代乡村资源的视觉化开发必定是社会性的，和整个乡村社会的结构、意识形态等系统性组织背景有关。"视觉文化本质上是一个在

视觉符号的表征系统内展开的视觉表意实践，它蕴含了许多隐而不显的体制、行为、意识形态和价值观，正是通过这些视觉符号表征的复杂实践，一方面再生产出现有的社会结构和社会关系，另一方面又可以对现存的社会结构和社会关系进行反思和批判。"① 视觉文化感性、符号化的背后，蕴含着丰富社会内容和复杂社会实践机制，这就决定了当代视觉文化有着深层的社会性特征。

当代乡村文化资源的视觉化开发已经成为乡村村民日常生活的一部分。消费文化的流行、生活的需要、网络视频技术的普及等因素推动村民参与乡村文化产业和旅游业，生产视觉文化产品，也消费视觉文化产品。在这一过程中，村民通过图像、景观的形式，表达其意图、立场、审美趣味等。"所谓视觉文化就是使人们成为其所是的人们的那些事物的一部分，而对这些观点和回答的理解则可以促使人们用一种更加成熟的、自我反思和批判的眼光来认识整个视觉世界以及自己在其中所处的位置。"② 这决定了当代乡村文化资源的视觉化开发不单是乡村村民个人视觉的感性表达，更是村民认知自我和日常生活的体现，因此有必要把当代乡村文化资源的视觉化开发置于乡村日常的社会性文化中加以考察。

当代视觉文化是一种社会性文化，所以尽管乡村文化资源的视觉化生产、消费是富有个性的行为，但通过图像生产、传播乡村信息，展示自我或获得经济收益，当代乡村文化资源的视觉化开发体现出乡村群体性关系和社会文化生产机制，不仅改变了乡村文化生态，也重构着乡村文化认同，推动着乡村的发展。

一是日常生活价值认同。

视觉文化并非当代才有的现象。传统的视觉印刷文化如绘画有着悠久的历史，但由于生产技术、价值观念、社会发展水平的原因，传统的视觉印刷文化生产主要被社会精英阶层把持，一般大众缺少生产视觉印刷文化

---

① 周宪. 视觉建构、视觉表征与视觉性——视觉文化三个核心概念的考察 [J]. 文学评论，2017（3）: 17-24.

② 马尔科姆·巴纳德. 理解视觉文化的方法 [M]. 常宁生，译. 北京: 商务印书馆，2005: 7.

的知识技能，因而在视觉印刷文化的生产、消费中处于被动接受地位。当代乡村视觉文化不同于传统视觉印刷文化的主要特点是：通过把传统视觉文化单向的传播变成大众日常生活消费需要，改变了视觉文化中看与被看的权力关系。"视觉文化的本质是一种感性的、商品化的、图像形式的、可供日常消费的、充分依赖视觉技术的大众文化。"① 消费是个体基于个人生活需要的主动选择，体现着消费者的文化认同。当代视觉文化成为村民日常生活的消费需要，村民具有主动性和选择权。

在日常消费的维度上，消费者基于日常生存、生活趣味等原因，其消费选择行为会体现出个性差异，但也会因个体聚集的社会效应而体现出消费的共性，所以才有了流行文化和时尚消费。实践证明，容易激起村民消费心理的总是那些契合村民日常生活经验和价值观的视觉文化产品。脱离乡村日常生活价值，视觉文化产品很难激起村民的消费欲望。影视剧如巴赫金所谓的"宏大叙事"如果缺少强烈的视觉效果，在文化生活并不丰富的乡村一样难以找到市场，主要原因也在于此。更重要的是，随着乡村文化基础设施的完善和村民文化水平的提升，村民开始以网络直播、短视频等参与乡村视觉图像的生产、传播，也必然生产、传播乡村生活方式和价值理念。村民的这种角色变化从乡村文化内部打破了传统乡村视觉文化中常见的权力结构，即外部精英文化价值取向对乡村日常价值的俯视姿态以及替代，由此展示并推动了乡村视觉文化的日常价值认同，为乡村日常生活价值赋予当代文化价值体系中的合法性提供了机遇。

二是意识形态认同。

在中国漫长的乡村发展历史中，日常伦理维系着乡村生活秩序，也承担着国家意识形态的功能，形成了所谓家国一体的文化结构。所以，传统的乡村社会中，从宗族家庭到国家都特别重视日常伦理的灌输教化。当代乡村文化资源的视觉化开发改变了乡村文化生态，也改变了乡村意识形态结构。当代乡村文化资源的视觉化开发通过图像和景观，向村民展示日常

---

① 刘伟斌. 视觉与意识形态——基于视觉文化意识形态生成机制的批判分析［J］. 自然辩证法通讯，2019（2）：83-88.

生活的多样性，引导、激励村民参与其中，并作为视觉文化生产者也作为消费者，构建起自身的生活方式和文化趣味。这必然导致个人生活化、消费化文化的价值取向，进而冲击、瓦解群体性、统一性的传统乡村伦理和意识形态。

基于日常生活需要的个人生活化、消费化文化具有示范和认同效应，"视觉文化对人们日常生活的围困和规训，意在重新塑造大众生活的'原型'，宣扬各种理想的生活样态，从而建构和塑造大众日常生活世界的生活方式与生活状态，影响和规范现代社会人们的思维指向和逻辑形式，最终成为现代日常生活的基本法则"。① 也正是因为视觉文化的认同效应，日常性、消费性文化才能作为新的意识形态，成为一种控制约束乡村社会的新的生活准则。而更加意味深长的是，当代社会正由生产主导型社会转向消费主导型社会，由强调群体性生活价值观导向转向尊重个性化生活价值观导向，传统意识形态转型势所必然。而当代乡村文化资源的视觉化开发诉诸消费品的图像和景观，展示出多样化日常生活方式，为村民打开了新的生活空间，会不断激起村民个性化消费心理和生活诉求，无疑契合了反传统意识形态的时代转型背景，这就进一步强化了乡村文化资源视觉化开发中的意识形态认同效应。

三是身份认同。

身份认同是个人与社会关系的一种认知，体现着个人对自我社会角色的价值取向和文化选择。传统的乡村社会以宗族血缘伦理为纽带形成了乡村基本的群际关系，也由此构建起村民伦理型身份认同。这种伦理型身份认同主要不是为了满足村民生活愿望，而是出于维持乡村伦理秩序的需要，因而呈现出明显的外部驱动特征。这主要表现为严酷的宗法制度和宣扬道德教化的文化传播体系（如文以载道）。随着当代乡村文化资源的视觉化开发的兴起和发展，出现了以网络视频、手机自拍为表征的低成本、广普及的视觉文化生产技术，推动村民能够直接参与视觉文化图像的生产，也消费文化图像。这不仅改变了乡村文化的生产、消费方式，也重构

---

① 林峰．视觉文化意识形态功能的困境与超越［J］．云南社会科学，2017（5）：179－184.

了村民的身份认同。在生产端，无论出于自我展示的心理或者寻找发展机遇的需要等原因，村民参与视觉文化产品生产，挖掘乡村文化资源价值具有便利的条件。无论是对乡村物产的视觉展示，还是对乡村生活景观的具象，都具有重新认知乡村文化，确立乡村文化主体性的意义。村民通过视觉文化生产，赢得了文化话语表达权力，就有动力也有能力改变传统上被外来文化视角赋予的文化标签，实现对自身文化身份的重新认知和建构。

从一定意义上说，对乡村文化资源的视觉化开发本身是对乡村文化资源的消费。而当代视觉文化的生产和消费不像传统产业那样完全分开。例如网络短视频生产，网民的生产者和消费者身份并不是界限分明，二者经常融为一体。因此，乡村文化资源的视觉化开发过程是消费乡村文化资源的过程，同时还是构建村民身份认同的一种方式。"在当下中国蓬勃发展的视觉文化中，视觉消费已是日常消费的重要内容，更重要的是，视觉消费业已成为人们建构并确认自己身份认同的主要途径。"① 布尔迪厄认为，不同的消费方式体现出不同的品位，由此构成了消费的社会身份区隔。中国当代乡村是一个发展型社会，村民消费整体上以消费品的应用价值为主，缺少发达消费社会中那样的符号消费经验，也就不可能在符号消费中构建身份认同。村民主要通过具体的应用型消费活动构建起身份认同。当代城乡发展水平差距仍然很大，城乡文化也并不平等，但在视觉文化消费维度上，城乡文化对比关系形成了消费者在乡村具体文化消费中构建身份认同的独特逻辑，即一方面通过网络、文化旅游，乡村视觉文化消费表现出自身文化消费的形象化、个性化等特点；另一方面开发特色村落、乡村物产、民俗礼仪等乡村文化消费品，发展文化产业和旅游产业，从不同方面展示乡村文化价值，构建乡村文化形象。这种融消费、生产于一体的行为中，体现着村民新的生活理念、审美趣味、情感诉求等内容，由此构建起自身不同于传统村民的新的文化身份。

乡村文化资源的视觉化开发的理念、生产组织方式都是社会性的。没

---

① 周宪 . 视觉建构、视觉表征与视觉性——视觉文化三个核心概念的考察 [J] . 文学评论，2017（3）：17-24.

有社会性，视觉只是生理感官，其内容难以具象也难以产生视觉文化。通过视觉和丰富复杂的社会内容融为一体，乡村视觉文化得以产生，乡村文化资源的视觉化转向才势所必然，并由此开启文化认同效应，推动乡村社会结构和社会文化的演变。

五、当代乡村文化资源开发的主要问题与治理策略

乡村文化资源的视觉化开发已经是客观现实。当代乡村文化生态因为视觉文化的兴起正在发生深刻变革。作为一种乡村文化资源开发方式，乡村文化资源的视觉化开发冲击着乡村文化生态传统格局，由此引发不少需要正视的问题。这些问题主要表现为以下几方面。

一是乡村文化产品内容表象化。

当代视觉文化通过图像实现"把非视觉的东西视觉化"。从逻辑上而言，非视觉的东西与视觉化图像之间应该有着意义的关联，就是符号学理论中的所指和能指的对应关系，但当代视觉文化发展源于消费现实背景，激励消费动机成为视觉图像的基本功能。图像的生产要满足消费者消费偏好才能推动消费者消费，因而如何增强图像的视觉刺激效果成为视觉文化生产中要考虑的关键因素。而作为消费者，对图像的色彩、线条、形状等外观远比图像内在意蕴更敏感，更容易产生注意力，也就更容易沉迷于图像外表的形象性、直观性，而忽视事物的内在真实性。这样，外表或者外观不仅是刺激消费的必要条件，更容易成为消费本身，即图像消费的意义停留于图像外观而不再指向社会，图像意义所指与能指关系不复存在，图像自身就是意义，出现了鲍德里亚的"仿真社会"、居伊·德波"景观社会"描述的现象。就当代乡村文化资源的视觉化开发而言，在文化旅游的名义下，许多景观地的民俗礼仪表演，村居民宅的仿古建设，特产资源的展示等，在满足旅游消费的猎奇心理之外，对其真实的文化和社会意义很少体现。这就导致了乡村文化旅游变成了单纯观光行为，所谓的乡村记忆、乡愁思绪都变成了碎片化存在——脱离了乡村文化内涵，视觉图像不

过是景观的表象罗列，没有现实意义，也缺少内涵挖掘。

二是乡村文化生产技术缺乏创新性。

文化的发展以创新为前提。创新包括生产工具，也包含生产内容、技能方法等。当代乡村文化资源的视觉化开发得益于视觉技术的普及和规模化应用。由于网络、智能手机等技术设备在乡村基本普及，借助各种应用软件工具包，村民不需要很高的技术和知识储备就可以参与视觉文化生产。例如，村民利用抖音免费的工具包就可以生产出多种效果的视频（当然，抖音的市场成功也得益于视频技术降低了大众参与的门槛）。20世纪30年代，法兰克福学派的本雅明就意识到工业化的机械复制生产方式导致了文化艺术单一化而缺少了创新性，当代应用工具包的使用便利了视觉产品的生产，但也导致生产技术缺少创新性和产品视觉效果雷同化。然而当代视觉文化的工具化生产出数量可观的视觉产品，更多和当代视觉文化产品生产的个体化选择有关。个体技能有限、自我把玩的心态、降低生产成本的开支等因素都可能成为制约视觉文化产品生产技术创新的因素。而这恰恰是当代乡村文化资源的视觉化开发环境的基本特点。也因此，导致当代乡村文化资源的视觉化开发生产技术普遍缺乏创新有其必然性。

三是乡村文化产品外观的过度商业化。

当代大众消费日趋超越消费品使用价值的趋势，推动大众对消费品外观和符号意义的关注。这成为当代视觉文化兴起的重要动因，也决定了当代视觉文化在市场中有了利益空间。消费者对产品外观的消费需求，刺激消费市场中对产品视觉外观包装的商业化开发，包装产业、美容产业迅速发展并非偶然。在市场条件下，为刺激消费市场进行产品外观包装是必要的，但问题是，对产品外观的过度包装成了普遍现象，出于视觉刺激效应的包装遮蔽了产品的基本使用价值，沦为符号化的"眼球效应"。例如，销售乡村土特产用成本超过产品价值的工艺品草编作为外包装，其精致程度掩盖了土特产的乡村气息。在一些乡村旅游景点，民俗表演刻意强化演出形式的视觉刺激效果，放大了其中低俗、艳俗的成分，导致民俗表演缺失了固有的文化意蕴。视觉文化产品外观过度商业化的另一个问题是导致乡村文化资源的视觉化开发的城市化、娱乐化，割裂了与乡村传统文化的关系。例如，在一些古村落，新建的民宿民宅过于追求现代时尚，成为城市钢筋水泥建筑的翻版，商铺聚集沦为市场，文化景点有名无实成为收费借口。如此的乡村文化资源的视觉化开发缺少了对传统文化的自我传承性，不过是拼凑乡村视觉元素，制作满足外部观看者的视觉刺激物。由此，乡村文化资源的视觉化开发失去了真实的乡村文化土壤，很容易沦为城市文化衍生的娱乐化资源。乡村文化实践证明，对视觉文化产品外观的过度商业化开发，是急功近利的短期市场行为，无助于乡村文化资源视觉化开发的健康持续发展。

乡村振兴战略包含文化的振兴，没有乡村文化的振兴就没有真正的乡村振兴。借助当代视觉技术的发展普及，乡村文化资源的视觉化开发已经成为乡村核心文化形态和关键性文化发展路径。毋庸讳言，城市化是当代社会发展趋势，也主导着当代文化发展。也正是在城市化背景下，乡村文化资源甚至一些曾被视为落后消极的文化成分，显示出视觉文化发展的资源独特性。乡村文化资源的视觉化开发，为乡村文化振兴提供了前所未有的机遇。正视其存在的问题，探究可行的治理应对策略，具有现实重要性。

（一）多元化乡村文化发展理念

出于国家意识形态教化和宗法社会秩序治理的需要，中国传统文化对一元化大一统文化发展格局有着特别偏好，导致文化的精英化、意识形态化。当代乡村视觉文化有着不同于传统文化的特点，根本上是大众文化而非国家意识形态文化，其主要特征是大众参与、大众分享。一方面，这为乡村视觉文化发展提供了强大动力；另一方面，一些潜在问题也不容忽视。主要有：其一是大众的知识技能参差不齐，大众的消费趣味存在差异，这就决定了乡村文化资源的视觉化开发产品质量不一，消费需求也难以标准化；其二是当代视觉文化并非单纯的文化行为，在市场经济环境下，视觉文化生产已经产业化，市场的逐利动机和文化效益难以平衡；其三是城市化背景下叠加乡村文化转型，决定了乡村文化资源的视觉化开发的转型性特征，也产生了新旧交叉变异矛盾。上述问题的产生具有历史必然性，是发展中的问题。对此，应该用发展方式加以解决。这其中树立多元化文化发展理念是关键前提。需要注意的是，当代乡村文化资源的视觉化开发处于市场经济环境，多主体参与开发具有现实必要性。树立乡村文化资源视觉化开发的多元化理念，才能避免把大一统、一体化作为乡村文化发展目标，也才能调动各方参与的积极性，推动乡村文化资源的视觉化开发百花齐放，走出适应乡村文化资源视觉化开发特点的发展路径。

（二）　主流价值观传播融入生活化视觉产品的生产过程

当代视觉文化消费源于西方。在西方曾产生了迷恋图像、宣扬享乐主义和炫耀性消费问题。中国乡村文化资源的视觉化开发中，有必要加强主流价值观传播，发挥其对乡村视觉文化消费的引领作用，推动乡村视觉文化消费健康发展。传统的主流价值观传播，无论是国家意识形态还是精英文化，对大众都具有居高临下的灌输教化特点。这种价值观传播并不源于大众日常生活需要，其抽象的思辨性远离大众日常生活，因而难以达到预期的传播效果。阿尔都塞谈到意识形态时提出："意识形态是个体与其真实存在条件的想象性关系的一种表征。"[①] 主流价值观灌输教化的目的，就是通过建立个体与现实的想象关系论证自身的合法性存在，而视觉文化产品的形象性、直观性，显然在建构这种想象关系方面具有语言文字所不具有的优势。当代乡村文化资源的视觉化开发是乡村生活的组成部分，通过生产−消费关系和村民日常生活融为一体。主流价值观可以通过视觉文化产品广泛的渗透性融入村民日常生活，实现传播主流价值观的效果。

一方面是把主流价值观融入生活化视觉文化产品。通过化抽象为具体，把历史的意蕴和理性的思辨形象化，生产出充满生活气息的视觉产品。村民的日常生活感性而实际，可感可看的视觉产品才能契合村民生活

---

① 路易·阿尔都塞. 意识形态与意识形态国家机器 [M]. 方杰，译. 南京：南京大学出版社，2002：161.

经验，转化为村民日常生活中的形象，激起村民消费动机。如一些乡村用图片影像对村民进行道德教育，建立乡村博物馆，以实物形式展示乡村历史演变，远比泛泛说教效果好。

另一方面是增强娱乐性。在市场化环境中，娱乐性是文化消费的一个基本特征。当代乡村视觉文化生成于文化消费背景，村民一样希望通过图像和景观的娱乐性消费，获得心理满足和精神愉悦。没有娱乐性的视觉文化难以给消费者带来感性体验，也就难以产生刺激大众消费心理的力量，当然也难以达到通过视觉文化产品传播主流价值观的效果。如国家投资拍摄的一些主旋律影视剧社会效益好却没有市场，缺少娱乐性不能不说是个重要原因。在乡村通过视觉文化传播主流价值观，必须根据村民日常生活特点，通过塑造可感可看的视觉形象，重视娱乐化表达，才能达到传播主流价值观、引导乡村视觉文化健康消费和发展的效果。

（三）提升乡村文化资源开发基础设施要素质量

和城市视觉文化发展相比，乡村文化资源的视觉化开发基础设施上存在明显短板，如基础设施较落后，村民知识水平较低，乡村文化科技应用制约因素多等。这些短板严重影响乡村文化资源的视觉化开发。应该大力提升乡村文化资源开发基础设施水平，这包括加大乡村网络和电力等基础设施建设。结合乡村扶贫和经济发展需要，加强乡村文化资源的视觉化开发发展规划，在乡村文化资源的视觉化开发中，如非物质文化遗产保护、古村落开发等方面统一布局，避免雷同化或破坏性开发利用。结合村民知识水平开办乡村教育，提升村民媒介素养和视觉制造技术应用能力。推动相关企业下乡、"资本下乡"，为村民生产、传播视觉文化产品提供便利条件。普及知识产权知识，提高村民知识产权保护意识，自觉抵制粗制滥造低俗之作。

（四）提高乡村文化治理能力

当代乡村文化资源的视觉化开发根本上还是精神文化现象，其发展问题关联着社会价值体系，影响大，情况复杂。要积极提高文化治理能力加以应对。首先，是建立健全政策法规体系。乡村文化资源的视觉化开发因乡村文化和社会环境有别于当代主流的城市环境，其发展问题有其特殊性。应该根据乡村文化资源视觉化开发的问题和机遇，有针对性制定完善符合乡村文化资源的视觉化开发实际的政策法规，一方面着眼于促进乡村视觉文化发展；另一方面重视规范引导，为乡村文化资源的视觉化开发提供政策法规保障。其次，要提升管理部门人员素质。乡村文化资源的视觉化开发管理专业性强，相关的管理人员应该熟悉乡村社会发展现实，能正确把握乡村文化资源的视觉化开发的价值观导向，熟知乡村视觉文化生产、传播、消费规律，具备对视觉图像识别解读的专业素养。这样才能避免对乡村视觉管理的盲目化、行政化。最后，是重视发挥社会力量的作用。当代乡村文化资源的视觉化开发的发展很大程度上得益于互联网和手机客户端的普及。在网络文化市场上，文化企业（或者平台）、网络大 V、普通网民都是重要文化产品生产、传播主体，通过网络互联互通的立体传播，各社会力量各有优势，可以影响文化产品的生产、传播，从而推动乡村文化治理。因此，应该明确政府角色定位，改革行政管理方式方法，积极调动文化企业、网络大 V 参与文化治理，重视网民意见，积极引导网络舆论，展开文化批评和对话。在网络批评对话中推动各方达成网络治理共识，打造健康和谐的网络文化生态。

本章小结

我国乡村文化根植于乡村，历史悠久，文化底蕴深厚，是民族文化之根，是当代乡村振兴的文化基础。整体上，传承乡村文化、挖掘传统乡村文化的当代价值功能并没有多大争议。当代乡村文化面临的一个主要问题是：乡村文化生成、发展的当代语境已经不同于传统。城市化、市场化、现代化叠加，重塑着当代乡村文化的存在环境空间，当代乡村文化如何适应这一新的发展环境才是问题所在。具体而言，就是乡村文化需要找到融入时代的价值和路径。由于当代社会文化空间为城市文化主导，乡村文化发展水平低、影响弱、话语权不足、文化基础薄弱等问题也是现实。在实施乡村振兴战略的背景下，乡村发展的急迫性显然突出了乡村文化的重要性及其困境。乡村文化如何发展以及通过发展实现其社会功能是现实问题。乡村文化治理的一个抓手就应该是推动乡村文化发展，实现其社会治理功能。

乡村文化产业的兴起为乡村文化发展提供了机遇，也为重估乡村文化的资源价值带来机会。当代乡村文化产业发展动力因素主要来自城市，乡村文化资源的价值评估也来自城市文化市场标准。在城市的文化视野中建立起乡村文化资源看与被看的关系，乡村文化具有了文化产业、旅游产业发展的资源价值。而视觉化开发成为乡村文化资源开发的关键路径。通过对乡村文化资源的视觉化开发，发展乡村文化和旅游产业，可以推动乡村经济发展，实现乡村振兴"产业兴旺"的目标，还可以重新发现、挖掘乡村文化的价值，提升乡村文化自身发展活力。

当代乡村文化资源的视觉化开发价值主要依据外来视野。作为一种乡村文化资源开发方式，乡村文化资源的视觉化开发冲击着乡村文化生态传统格局，由此引发不少需要正视的问题。对乡村文化产品内容表象化、乡村文化生产技术缺乏创新性、乡村文化产品外观的过度商业化等问题，应该在乡村文化治理中予以重视。乡村文化治理，需要在树立多元化乡村文化发展理念、主流价值观传播融入生活化视觉产品的生产过程、提升乡村文化资源开发基础设施要素的质量、提高乡村文化治理能力等方面作出必要的策略设计。

一

第六章　乡村文化治理中的文化传播

内容提要：中国乡村文化历史悠久，但在当代社会发展中，因为乡村整体发展水平落后，传统乡村文化在文化传播的话语场中退居边缘，很长时期都处于被忽视、被否定、被改造、被叙述的失语状态。当代乡村文化产业发展为乡村文化带来新的发展维度，也带来新的传播机遇。乡村文化产业的发展不仅意味着出现了新的乡村文化生产方式，也意味着出现了新的乡村文化传播方式。在当代乡村文化产业发展背景下，乡村文化生产和文化传播效应耦合，有力地重塑了当代乡村文化传播的各要素关系，构建起当代乡村文化传播空间的新态势，推动了当代乡村文化传播媒介的产业化与文化治理媒介的转化。在当代乡村文化生产与文化传播耦合效应的相关性实践中，乡村文化治理面临政策舆情风险。应该在乡村文化的治理中创新文化传播，开发乡村特色文化资源的传播价值，推动乡村文化传播与科技的融合，建立立体、有序的长效传播机制，实现乡村文化生态平衡与控制，致力于打造当代乡村文化传播的新模式与新机制，从而提高乡村文化的传播力。

一、乡村文化传播与乡村文化振兴

中国有着漫长的农耕历史，在农耕生产方式基础上形成的乡村孕育了底蕴深厚的乡村文化。乡村在中国传统的历史中，是中国社会的基本空间。翻阅中国古典文献，无论是在乡村耕作、生活，还是外出抒发思乡之情，乡村都是古代中国人基本的生活空间，乡村文化的意义和价值很少受到怀疑、否定。以此为核心的中国传统文化展示出强大生命力、传播力，绵延数千年，影响及四方。中国文化因其浓厚的乡村农耕特点而在世界文明史上独树一帜。

近代以来，中国乡村文化受到强有力的挑战。以西方国家为代表，人类社会进入了工商业驱动的工业文明社会。城市化、市场化发展迅速。西方社会先进的生产方式、发达的科学技术、高效的社会组织能力，映照出中国社会发展的全面落后，中国乡村文化也失去了自身发展活力和对现实社会的阐释能力，面临向何处去的困境。五四新文化运动爆发后，在科学民主的旗号下，中国主流的社会思潮彻底否定了中国传统文化的现代意义，作为中国传统文化核心形态和支撑的乡村文化受到特别否定，变成了"落后""愚昧""野蛮"的代名词，成为中国乡村发展和中国整个社会发展的障碍。在整个现代文化传播场域中，很少有人尝试寻找，更少有人肯定传统乡村文化对于现代社会发展的积极意义，由于缺少为传统乡村文化辩护的声音，乡村文化是失语的。

革命的年代以及中华人民共和国成立后一段时间里，政治意识形态对乡村文化采取了革命功利主义选择，乡村文化的价值附属于政治意识形态需要，虽有某些形式的复兴，例如民间曲艺的挖掘，但因为主要服从于政治意识形态宣传需要，其传播效应的追求主要是为了提高政治意识形态传播的工具效应，无论动机还是后来的发展情况，和传统乡村文化自身发展相去甚远。

改革开放以后，城市化、市场化发展迅速，城乡文化的传播力量对比差距突出，主要原因是广播电视、报纸杂志等传统媒介在城市生产，为城市文化视角主导，乡村文化的弱势明显。传统媒介确立了城市文化和乡村文化的先进落后之分，并由此赋予城市文化的先进性。借助传统媒介传播优势，城市文化实现了对乡村社会的全面覆盖。乡村不像城市那样拥有广播电视、报纸杂志等媒介，因而缺少了对外传播渠道，事实上失去了自我话语表达能力，直接影响是在如此传播环境下，城市文化强势传播，渗透到包含乡村在内的全社会，导致乡村文化传播城市化。乡村除了某些特定空间还有着传统文化的某些留存，例如乡村春节习俗，乡村文化空间中传播的主要文化形态如影视剧、流行歌曲、小品表演等已经和城市文化空间没有很大不同。乡村文化自身的现代价值依然没有受到社会多少关注，反而是有意无意，嘲笑讽刺乡村文化落后、不合时宜的文艺作品屡见不鲜。一些所谓乡村题材的影视剧、小品等背后，体现的实际都是城市文化视角、城市文化消费逻辑，各种媒介传播的所谓乡村文化实质是城市文化，真正的乡村文化意蕴及其现代生活意义都被忽视、遮蔽了。

转机发生在 21 世纪。首先，国家乡村发展政策发生了调整。随着城市化发展达到了较高水平，乡村问题，即农业、农村、农民的"三农问题"解决的紧迫性促成了国家政策导向的变化，国家减免乡村农业税收、提高农产品补贴、加大乡村基础设施建设力度等举措，为乡村发展带来转机，也为乡村文化提供了发展条件。在乡村发展的目标牵引下，乡村的民俗礼仪、地方曲艺、手工艺术、历史遗存甚至生活禁忌等，曾经被否定、被抛弃、被熟视无睹的乡村文化形态，被发掘出了产生经济效益的产业价值，各种形式的乡村文化和旅游产业迅速发展，成为推动乡村经济发展的重要途径。借助乡村文化和旅游产业发展，乡村文化在当代社会展示出引人注目的发展活力和传播力。

对乡村文化传播更具根本意义的是，以电脑和移动网络为中心的当代信息技术在乡村普及，对于乡村文化价值的挖掘、传播起了改变方向的推动作用。中国互联网络信息中心（CNNIC）2020 年 4 月发布的《第 45 次中国互联网络发展状况统计报告》显示，截至 2020 年 3 月，我国农村网民规模为 2.55 亿人，占网民整体的 28.2%，较 2018 年底增长 3308 万人；城镇网民规模为 6.49 亿人，占网民整体的 71.8%，较 2018 年底增长 4200 万人。通过网络扶贫工作，显著改善了贫困地区网络基础设施。2019 年，我国"村村通"和"电信普遍服务试点"两大工程深入实施，中国广大农村及偏远地区贫困群众逐步跟上互联网时代的步伐，同步享受信息社会的便利。截至 2019 年 10 月，我国行政村通光纤和通 4G 比例均超过 98%，贫困村通宽带比例达到 99%，实现了全球领先的农村网络覆盖；试点地区平均下载速率超过 70M，基本实现了农村城市"同网同速"。农村及偏远地区学校网络接入条件不断改善，全国中小学校联网率超过 96%，助力实现教育均等化，为网络扶贫奠定了坚实基础。另外，截至 2020 年 3 月，我国手机网民规模为 8.97 亿人，较 2018 年底新增手机网民 7992 万人，网民中使用手机上网的比例为 99.3%，较 2018 年底提升 0.7 个百分点。① 网络在乡村的发展普及，把乡村融入网络世界。大量村民得以通过微信、短视频、微博等平台，有了参与信息生产、传播的机会，从而有了生产文化产品也传播文化产品的双重身份。这就改变了传统信息传播链条中的被动身份，打破了传统媒介中外部媒介力量主导乡村文化传播的格局。村民们可以身体力行，通过各种形式，展示乡村生活，传播乡村文化。由此，乡村文化价值重新被挖掘、被肯定。今天，至少在网络文化传播中，乡村文化因具有文化独特性而展示出极大的文化传播活力。

在当代城市化、市场化、信息化叠加的环境下，大量社会群体的参与推动了乡村文化的产业化发展。乡村文化能以某种新的生产、传播方式发展并展示活力，事实上就找到了融入时代发展机制的自我发展进路，就有了自我话语传播的渠道，也有了参与社会秩序运作治理的基础，因而是值得关注的。这是一个超越历史的文化、产业化市场化发展过程。"作为社会文化生产的最重要的社会生产机器，文化产业不仅生产和提供不同的文化产品，而且还生产不同的文化需求。一方面，它迎合人们的消费文化习性；另一方面，它又生产人们的社会需求，改变人的文化消费习性。"② 当代文化产业的发展提供了新的经济增长方式，也提供了新的文化传播方式，推动着当代文化在社会发展空间扩张，并通过改变人的文化消费习性等方式建构社会秩序。因而，单纯从经济学上分析文化产业的价值是不够的，毕竟，文化产业有其产业特殊性。"除了追求赢利之外，任何产业系统趋向增长。而在任何指向消费的大批量生产中都有其自身的逻辑，即最

① 中国互联网络信息中心. 第 45 次中国互联网络发展状况统计报告 [R]. 北京：CNNIC，2020.

② 胡惠林. 国家文化治理：发展文化产业的新维度 [J]. 学术月刊，2012（5）：28–32.

大限度地消费的逻辑……追求多样的公众牵涉到追求提供的信息或精神产品的多样性，寻求广大的受众涉及寻求人类的共同性。"① 文化产业的这一特点注定了从生产到消费诸多环节，对于社会的文化传播功能有着强大的内在动力。这一动力驱动产生了文化产品生产、消费的过程，也就不可避免地成为文化传播的过程。因此，当代文化产业发展并不只意味着当代文化生产方式的历史性变革，还意味着在当代文化传播方式的重构中文化治理功能的实现。

国家实施乡村振兴战略，提出了"产业兴旺、生态宜居、乡风文明、治理有效、生活富裕"的总要求。文化产业具有经济增长能力，又因其明显的非自然资源依赖性和对生态环境的弱破坏性效应，为文化资源丰富的乡村提供了切实可行的产业发展路径。因此，各地政府在贯彻落实乡村振兴战略中，纷纷把文化产业作为重点产业扶持发展。通过发展乡村文化产业，可以为乡村找到产业发展、经济增长的路径；同时，也可以为乡村文化传播提供产业化载体。"所谓以文化产业的方式进行乡村文化治理，实际上是把乡村文化纳入全球资本市场，以市场逻辑和消费逻辑主导乡村文化实践及其发展。"② 文化的特殊性决定了乡村文化产业发展不可能是单纯的经济效益，其发展承载的乡村文化传播功能应是其基本的产业特性之一。而在乡村振兴战略背景下，推行乡村文化治理，推动乡村文化产业发展，提高乡村文化传播效应，既是乡村文化治理的应有之义，也是乡村文化治理取得成效的重要条件。

二、当代乡村文化传播的新特征

当代乡村文化传播处于城市化、市场化、信息化叠加的环境。这为当代乡村文化传播提供了不同于传统乡村的文化传播基础。外部的资金、技术、市场等产业发展要素在国家政策、市场机制等动力驱动下，汇聚乡

---

① 埃德加·莫兰. 时代精神［M］. 陈一壮，译. 北京：北京大学出版社，2011：30.
② 沙垚. 乡村文化治理的媒介化转向［J］. 南京社会科学，2019（9）：112–117.

村，开发挖掘乡村文化资源，推动乡村文化产业的迅速发展。乡村文化产业成为乡村发展基础并推动乡村发展成为现实，由此重构了乡村文化生产-消费关系，也赋予当代乡村文化传播新的特征。

（一）乡村文化传播媒介的日常生活化

日常生活本来是人人都有的生活。传统的人文社科研究执着于形而上的精神超越研究，因而经常对日常生活熟视无睹。现象学创始人胡塞尔在20世纪30年代，比较早地认识到现代日常生活的意义。他认为，现代科学主义的理念外衣遮蔽了生活世界的丰富性，使人的主体意义被遗忘，因而造成普遍的文化危机。他提出生活世界，应该是"唯一现实的世界，现实地由感性给予的世界，总是被体验到的和可以体验到的世界"。① 因而，世界应该是与人统一的世界，回归生活世界才能重新回归人的主体地位、重建人的丰富理性。胡塞尔并非否定科学，而是通过日常生活视角反思现代科学发展的影响，由此打开了新的学术研究空间。法兰克福学派晚期代表人物哈贝马斯把生活世界理论延伸到社会交往领域。他认为，当代社会交往主体所处的生活世界日益被科学、权力等理性工具破坏、制约，即"殖民化"了，不仅导致社会交往失去了意义和价值，也进一步引发了社会存在的体系危机。生活世界是社会交往的主体空间，"交往行为者不可能走出其生活世界境域"。② 要解决当代社会危机，需要通过对话，重建社会交往的生活世界。哈贝马斯的生活世界理论突出了日常生活世界对于大众、对于社会的意义，而通过对话，重建社会交往的生活世界，则表明了对话交流中传播媒介的重要性。

在当代，生活世界是一个被传播媒介包围和充斥的世界。报纸杂志、广播电视、网络手机等各种传播媒介成为生活的组成要素，构建起生活的媒介景观。大众使用各种传播媒介从事社会交往、实现生活目标，也被各

---

① 胡塞尔.欧洲科学的危机与超越论的现象学［M］.王炳文，译.北京：商务印书馆，2005：64.

② 哈贝马斯.交往行动理论：第2卷［M］.洪佩郁，蔺青，译.重庆：重庆出版社，1994：194.

种传播媒介掌控难以自拔。可以说当代日常生活世界的变化在很大程度上都是由传播媒介的变革引发的。日常生活世界的发展变化已经与传播媒介融为一体。

中国社会长期存在城乡二元格局，乡村和城市发展水平差距大，乡村也没有城市中多样化的传播媒介，这导致了乡村文化传播不可避免的弱势。在传统的乡村文化传播中，文化的生产–传播由包含政府、知识分子在内的外部力量主导，有关乡村文化内容的叙述、评价、传播媒介的选择等都由外部力量掌控。例如广播电视、报纸杂志，采编权力有着很高的准入门槛，本身是整个国家管理机器的组成部分。有关乡村的节目、报道都是广播电视、报纸杂志这些外部媒介力量按照自己的理念、需要生产的，乡村中的主体——村民只是信息的接收者，并不能按照自己的意愿通过媒介任意传播自己的理念、展示自己的生活方式。

20世纪90年代以来，随着城镇化发展和国家逐步加大对乡村投入，以电视、互联网为中心的乡村文化传播基础设施逐步完善，移动互联网的普及为乡村传播媒介发展提供了助推器，乡村迅速进入了一个和城市一样的互联网社会。就文化生产–传播的内在逻辑关系看，当代乡村社会与以往有着根本不同。在当代市场化、产业化文化传播过程中，传播媒介技术的发展与普及已经渗透到当今乡村社会的每一个角落，乡村社会村民的日常生活，已经完全融入了传播媒介所建构的社会信息环境。网络在乡村社会的普及渗透引发了乡村深刻的社会发展变革，例如电子商务在乡村和城市一样方便，乡村产品一样可以通过网络突破传统的地理限制。但更根本的变革是，网络打通了乡村对外文化信息传播渠道，乡村因此不再是一个个封闭的、孤立的存在，而是通过网络连通了彼此，连通了世界。乡村生活世界与网络世界融合，乡村生活方式、乡村的历史景观、文化遗产、民俗礼仪、工艺产品等作为产品或文化符号吸引着无数网民关注，大量流量由此产生，同时也产生了潜在的消费群体和市场机会。

当代网络发展普及打造了虚拟的网上世界，实际上也打造了巨大的市场空间。就文化传播而言，网络不断生产新的文化产品形态和提供新型的服务，也不断传播新的文化产品提供文化服务。网络企业、网民等各种网络主体生产各种文化产品和提供各种文化服务，无疑存在着强烈的经济利益诉求，但这一诉求根本上要通过网民——消费者对文化产品文化服务的消费才能实现。而消费者消费文化产品，首要动机还是源于满足一种精神心理的需要。这意味着网络文化产品的消费与文化的传播同步展开，而这和传统文化市场生产-消费模式没有什么根本区别，真正的区别在于通过网络构成的生产-消费关系，实现了信息传播的立体性、群体性、即时性。大规模的文化传播-消费只有通过网络才能成为现实，例如，成千上万人同时在线网络游戏、在线观看网络视频。普通人有机会成为网络明星展开网络直播，产生成千上万的流量，也只有在网络世界才能成为现实。而乡村网络的普及把乡村融入网络世界，使得村民也成为网络中平等的一员，网络不仅为乡村村民提供各种精神文化产品、文化服务，也为乡村文化产品走向市场、传播乡村文化提供了媒介。

作为消费者的当代大众，其精神生活需求复杂而多元。这决定了推行乡村文化传播，需要整合各种文化资源，运用各种生产手段，不断提高文化生产的效率，生产出丰富而优质的文化产品，才能满足包括村民在内的文化消费者的精神生活需求。在过去很长历史时期里，受制于技术和体制等因素制约，乡村文化传播媒介的单一、匮乏，导致乡村文化产品的数量、种类等方面都难以满足村民的精神需要，也造成文化传播对乡村生活渗透性不足，进一步导致文化治理难以达到应有效果。

借助产业化生产，当代乡村文化产业打破了传统乡村文化产品生产效率低下的弊端，使得乡村文化产品供应较之以往任何时代都要丰富、多样，对乡村生活渗透性也大大提高，满足了消费者不同的文化消费需要，实际上也为乡村文化治理提供了多样化的文化传播媒介，为乡村文化治理提供了基础性条件。根据麦克卢汉的分析，由于媒介生产方式的不同，人类文化传播迄今经历了口头传播、印刷传播、电子媒介传播三个不同的媒介阶段。虽然不能简单地认为文化传播媒介的阶段性发展过程是线性发展过程，但不同的文化传播媒介对文化传播的影响力不同确是事实。"换句话说，信息的传送手段而不是实际传送的内容是主要因素。"① 在现代媒介文化产业发展背景下，这种影响更为明显、更为深刻。"电视带来的信息，并非它传送的画面，而是它造成的新的关系和感知模式、家庭和集团传统结构的改变。"② 随着乡村社会发展水平的提升和信息技术的普及，村民对文化产品的日常消费需求迅速增长，不仅刺激乡村文化产品生产技术的提升，也推动立体、多元的乡村文化产品日常化传播媒介的重塑。当然，也只有有了立体、多元的乡村文化产品日常化传播媒介，乡村文化产品的生产——消费过程才能成为现实。在乡村文化治理中，借助市场机制和现代科技，推动文化产品与大众日常生活的全面融合，并由此推动当代乡村文化产品传播媒介的重塑，从而大大提高乡村文化治理成效。

（二）乡村文化传播方式的产业化

在 20 世纪 30 年代以后，以法兰克福学派、伯明翰学派为代表的西方理论界就意识到文化产业兴起对文化传播机制的影响。法兰克福学派的代表人物阿多诺认为，文化工业生产文化产品，表面上看是为了大众平等地享受文化产品，但文化生产并不是纯粹的文化存在，更不是单纯的商品生产，而是隐含着一种操控、诱导的意识形态权力关系。文化产业实质是生产资本主义意识形态的机器，因此也是一种资本主义社会的市场操控机制。而这种市场操控机制直接以传播媒介为手段，利用大众对文化产品的消费需求，让大众有意无意、自觉不自觉地接受控制："人们当真能对作为新闻与娱乐的工具和作为操纵力量的大众传播媒介作出区分吗？"③ 大众沉醉于文化产品的消费，表面看来是自己主动选择的结果，但实际上只能在标准化、整齐化的文化工业产品中选择，因而并不拥有自我意识的选择自由和个人的创造性，沦为马尔库塞所谓的"单向度的人"。文化产业就是通过文化产品中隐含的文化传播策略，隐秘地实现了对大众的意识形态

---

① 戴安娜·克兰. 文化生产：媒体与都市艺术 [M]. 南京：译林出版社，2012：4.

② 让·鲍德里亚. 消费社会 [M]. 刘成富，译. 南京：南京大学出版社，2000：132.

③ 郝伯特·马尔库塞. 单向度的人：发达工业社会意识形态研究 [M]. 刘继，译. 上海：上海译文出版社，2006：9.

控制。法兰克福学派对文化产业的意识形态批评立场产生了广泛的学术影响，在很长时期里构成了否定文化产业的基本理论支撑。

当代大众文化需求旺盛，使得文化产业的发展有了满足大众精神需要和社会发展需要的正当性。因此，传统上那种意识形态批判未免显得失之片面。文化产业中诚然隐含着意识形态传播与操控，但在生产-消费的市场经济逻辑里，文化消费是消费者文化权利的体现，消费者的消费主权赋予了消费者选择文化消费的权利。因此，消费者在对文化产品消费的过程中，并不是简单地成为意识形态操控的对象，而是可以根据自己的审美趣味、价值取向、生活方式等需要作出自我判断。由于文化消费的过程也是对文化产品的比对、选择的过程，这决定了在文化市场上，文化传播不能采用教化灌输的线性方式，而只能采用互动式的策略，不断提高文化产品质量和传播技术，推动消费者消费，才能实现文化传播效果。

在20世纪的中国文化语境里，因为城市文化被视为文明和社会发展方向，传统乡村文化被视为落后和阻碍社会现代化发展的消极因素，因而传统乡村文化被否定、被改造成为一种当然性的正确，教育农民、改造农民也就因此被认为理所当然。当代乡村经济、文化、生活、技术等各方面发展已经日趋城市化，村民独立性强，接受文化信息途径多，传统的灌输教育是没有说服力的。在当前环境下，推行乡村文化治理，必须根据市场环境特点，尊重村民独立性和判断力，在传播-消费的逻辑维度上，让村民紧密联系自己的生活需要，自主选择，在潜移默化中接受教育、接受影响，从而达到文化治理的目的。

（三）跨国文化传播

在传统的乡村发展历史中，乡村与世界联系困难，国内文化交流都不方便，跨国文化传播可以说是一种梦想，基本是不存在的，但在当代市场经济和网络世界里，乡村连通世界不再是梦想，而是真实的存在。

经济全球化的发展促进了人流、物流、文化流跨境流动，不同国家的文化差异是刺激跨国文化消费的动力因素。而大规模的信息技术进一步普及，降低了人流、物流、文化流成本。因此，尽管有语言、国家政策、审美趣味等诸多阻碍，但跨国文化的输入输出在当代网络世界是一种普遍的趋势。

得益于我国信息技术的发展普及，当代中国乡村通过网络融入了世界。中国乡村文化传播因此面临双重局面。一方面，中国乡村文化积淀深厚，文化特色鲜明，文化产品多样，如各种手工艺、地方曲艺、民俗礼仪、历史遗存等，都具有独特文化吸引力，在国外有很大市场。通过乡村文化传播，推动乡村文化产品输出，可以获取经济利益，提高乡村生活质量，还可以培养村民打破封闭，培养现代开放意识、创业精神。另一方面，乡村也会有外来文化输入问题。除了通过电视、网络等媒介获取国外文化产品，一些村民因为跨国贸易、旅游等活动，对外交往多，增强了独立意识，提高了知识水平，也会重新思考乡村社会传统文化。这对于乡村文化治理显然也是挑战。

乡村文化产业的发展为乡村跨国文化传播提供了推动力。在当代媒介传播技术迅速发展的基础上，当代乡村文化产业迅速发展。"当技术从经济发展的实践中被提炼出来并运用到文化产品生产中时，就成为文化产业发展的重要推动力量。"[1] 当代媒介技术在乡村发展、普及，推动了乡村文化产业发展，也为乡村文化传播打破传统媒介限制提供了路径。在此背景下，中国乡村文化打破了千百年来的封闭状态，通过网络向全国传播、向全世界传播。这不仅表现在中国乡村文化产品通过网络行销世界，还表现在中国乡村文化和生活通过网络广为传播。在网络媒介时代，乡村文化治理就应包含着化被动为主动、化消极为积极的策略设计，解决乡村文化传播的各种问题，推动乡村文化在"走出去"中传播、发展，不断提升乡村文化的对外传播力。

---

[1]　谈国新，钟正.民族文化资源数字化与产业化开发［M］.武汉：华中师范大学出版社，2012：30.

三、乡村文化传播媒介的产业化与文化治理媒介化

党的十九届四中全会《中共中央关于坚持和完善中国特色社会主义制度 推进国家治理体系和治理能力现代化若干重大问题的决定》中提出："建立健全把社会效益放在首位、社会效益和经济效益相统一的文化创作生产体制机制。深化文化体制改革，加快完善遵循社会主义先进文化发展规律、体现社会主义市场经济要求、有利于激发文化创新创造活力的文化管理体制和生产经营机制。健全现代文化产业体系和市场体系，完善以高质量发展为导向的文化经济政策。完善文化企业履行社会责任制度，健全引导新型文化业态健康发展机制。完善文化和旅游融合发展体制机制。加强文艺创作引导，完善倡导讲品位讲格调讲责任、抵制低俗庸俗媚俗的工作机制。"

乡村文化治理是国家治理体系和治理能力现代化建设的重要组成部分。由于当代信息技术的普及，乡村文化传播媒介发展已经产业化了，其与乡村社会广泛的关联以及组织能力决定了其不仅是一种文化传播载体，更是重要的乡村社会文化治理方式——一种乡村文化媒介治理方式。所谓传播媒介治理，是指"社会行动者采用/挪用媒介，通过有别于其他结构性要求或行动者意愿的媒介逻辑，展开其行动和互动，包括对传播内容和形式的裁剪与组合，从而生成媒介嵌入日常生活的广泛的后果"。① 简言之，传播媒介治理指的是媒介嵌入治理、二者相互依存的形成过程。文化传播媒介是文化传播的载体，其自身产业化构成了当代文化传播媒介特质的内在逻辑，并进一步成为推动当代文化传播媒介治理功能转化的关键性力量。

---

① 闫文捷，潘忠党，吴红雨．媒介化治理——电视问政个案的比较分析［J］．新闻与传播研究，2020（11）：37-56+126-127.

（一）文化传播媒介产业发展为乡村文化治理提供了平台载体

当代的媒介不是单纯的信息传播工具，而是产业化发展的文化消费品。媒介通过产业化融入消费者日常生活消费，实现对消费者观念、生活方式的影响、控制。历史地看，媒介产业化的发展以及人们对媒介产业发展的功能认知经历了相当长时期。20世纪上半叶，美国图书报刊、电视、电影等产业化发展迅速，以 M. 霍克海默、T. W. 阿多诺为代表的法兰克福学派学者敏锐地注意到美国文化产业并非单纯的经济产业，而是一种利用市场机制产业化的意识形态传播媒介控制工具，这和传统欧洲国家出于意识形态目的直接控制媒介实质是一样的，但在市场化机制中，传播媒介的意识形态传播、控制功能是通过消费者日常消费实现的，所以更隐蔽、更有效。也正因为如此，霍克海默、阿多诺等法兰克福学派学者出于反意识形态立场，对文化的产业化发展主要持否定批判态度。

第二次世界大战以后，以美国为代表的西方国家，普遍意识到文化产业发展不可忽视的经济价值以及有关价值观、生活方式等的意识形态传播价值，因而采取各种措施鼓励文化产业发展，不仅把文化产业发展作为经济产业升级的一个路径，还作为冷战环境下意识形态输出策略，力推文化产品输出，发展国际文化贸易。

西方国家借助发达的物质、技术条件优势，推动广播电视、图书报刊等媒介的产业化发展，不仅丰富了本国媒介文化市场，也推动了国际文化贸易发展，促进了跨国文化传播。"这种生产并非在任何情况下都是经济意义的生产，因为世界文化市场也逐渐形成了完全立体化的市场——不仅是产品的竞争，而且是理想和生活方式的交换输出竞争。全球化几乎使所有的文化面临着生存竞争。"① 而相当多的发展中国家发展文化产业因所需要的物质基础、技术水平不足，加之脆弱的社会发展水平，而普遍囿于传统认知，长期只重视国家控制文化媒介的意识形态传播，对文化传播媒介的产业属性采取了排斥、限制的态度。实践证明，落后保守的文化传播理

---

① 沈洪波. 全球化与国家文化安全［M］. 济南：山东大学出版社，2009：103.

念不仅无助于维护本国意识形态安全，还直接限制了本国民族文化产业的发展活力，导致所生产的文化产品无法满足本国文化市场的消费需求，更难以对外输出。

实践证明，传播媒介产业化，特别是网络传播媒介的产业化是当代文化传播的有效途径，也提供了文化治理的可靠载体平台。中华人民共和国成立以后，面对我国乡村数量多、对国家发展影响大的情况，国家在政策层面对乡村文化发展不能说不重视，主要的涉农政策对乡村文化建设都予以不同方式的关注。由于长期认知的原因，加之广播电视、图书报刊等媒介传播存在进入门槛高、信息传播的单向性等特点，作为乡村主体的村民只能是被动的信息接收者，并不能以信息生产者身份参与乡村文化媒介生产、传播。20世纪90年代以后，现代信息技术迅速发展，除了传统的广播电视、图书报刊媒介发展，关键是网络和手机开始在乡村迅速普及，融入乡村日常生活。微博、微信、视频直播平台等网络社交App渗透于乡村社会，把乡村与现代社会融为一体，为村民提供了生活机遇，更提供了村民主动参与文化生产、传播的路径。

这是一种文化生产-文化消费的市场环境。在此环境中，村民不再只是传统媒介宣传教化的被动对象，而是有自我选择权、判断力的文化产品生产者、消费者。事实上，近年来，各种网络媒介也不是传统媒介的运作方式，而是通过各种流量变现、打造产业链等方式设计多种商业模式推行平台化发展，信息传播只是网络媒介传播平台发展的一个要素或者环节。例如，微信、抖音这类社交媒介都是规模巨大的产业化发展平台，支撑起平台运营发展的各种媒介产品以及营销策略都服从于打造流量、流量变现的市场逻辑。当然，在乡村，各种平台提供了乡村文化生产传播的机会也是客观现实，例如，网络上频频出现的乡村"网红"打卡地、乡村"网红"人物对于传播乡村文化、发展乡村旅游的助力作用明显。

乡村文化治理的媒介环境和媒介形式发生了质变，乡村文化治理应该根据媒介产业化现实，打造媒介产品，融入乡村媒介消费环节，利用市场机制实现文化治理。有学者把这一过程概括为："开启乡村文化治理的媒介化路径。在该'媒介'的前端，是传统的文化价值，如善良、道德、礼仪等，以及社会主义核心价值观；在其后端，是乡村社会的实际运行，包括政治管理、经济生产和日常生活。所谓的治理，便是在这两端之间建立一种良性的、有机的传递和联结方式，或者说文化治理就是将媒介前端的精神落地，成为其后端的实践。"① 当代文化传播媒介可以通过产业化生产文化产品，传播积极的价值观，满足消费者消费需要，不断提高对文化市场的覆盖面、影响力，扩大文化传播媒介产品的市场消费空间，客观上也提升了文化治理效果。

（二）文化媒介产业发展的市场机制与乡村文化传播治理机制的同构

当代文化市场的迅速发展和文化生产技术的提升，根本上改变了当代文化产品的生产能力。当代文化市场面对的不再是文化产品生产能力不足的问题，而是市场消费能力高低强弱的问题。当代的文化发展及其产业化越来越依赖于消费驱动。由于城乡日趋融合发展和信息技术的飞跃式进步，多种形式的传播媒介把当代乡村文化市场与外部文化市场融为一体。当代乡村文化生产、消费、传播活动都在市场经济环境中展开，其基础主要源于媒介产业的发展。通过市场机制，媒介产业化发展为乡村提供了多种文化生产、消费、传播产品和渠道。正是在此环境中，至少通过网络媒介，乡村文化市场不再是文化发展的孤岛和文化产品匮乏的卖方市场，乡村网络文化消费和城市文化市场趋于一体，乡村文化产品的生产不再是问题。同时，作为乡村文化主体的村民拥有了自我选择、自我表达的权利。这也意味着任何文化治理都需要尊重村民的文化主体性，通过融入乡村文化市场中的文化生产-传播-消费活动，建立起与村民日常生活的紧密联系，成为村民日常生活要素，才能被村民接受，并在村民的日常文化生产、消费活动中潜移默化地影响、感染村民，实现文化治理的目的。

传播媒介的市场化运营方式适应了价值多元、利益多元的文化现实。为此，把握乡村文化市场规律，尊重、利用乡村文化市场机制十分关键。

---

① 沙垚. 乡村文化治理的媒介化转向 [J]. 南京社会科学, 2019 (9)：112-117.

在市场化、产业化的市场中，传播媒介自身成为市场主体，其发展要通过市场竞争而存在，靠行政保护已经不适应传播媒介市场主体的现实。而传播媒介的社会影响控制功能也主要通过市场机制而不是依靠行政手段、法律手段实现。尽管制度上国家文化管理职能依然存在，甚至会强化，但由于传播媒介不再依附于国家文化管理部门而存在，其主要通过文化市场机制自我完善、自我提高，更能推动传播媒介产业多样化发展。例如，从国际上看，美国没有专门的政府文化机构推动文化媒介产业发展，但市场化文化传播制度成为美国发达的文化传播媒介产业的推手，其背后的市场机制活力值得思考。而在我国乡村文化发展实践中，正是由于一些市场化网络传播平台通过细分市场，开展"互联网+"，以网上直播、网上推荐、线上线下融合宣传等形式，推动了乡村文化旅游、乡村曲艺演出、乡村工艺品等乡村文化市场的开发和乡村文化的传播。

乡村文化治理的一个目标是推动乡村文化发展。在推动乡村文化发展方面，文化媒介产业发展的市场机制与乡村文化传播治理机制具有同构性。乡村文化治理需要充分利用当代文化传播媒介的市场化、产业化机制，提高效率，降低成本。由于传播媒介产业是新兴产业，传播媒介治理涉及大量专业技术知识。因此，必然要提高乡村文化治理的专业性、综合性。这包括有多方面的专业人才，传播媒介平台建设，生产、设计乡村文化产品、文化服务，包容开放的保障政策制度等具体策略。而达成乡村文化治理的专业性、综合性目标，鼓励、吸引多元化社会主体参与深具意义。例如，网络发展投入大、风险高，经过发展竞争，网络传播媒介趋于向头部企业集中。政府管理部门建立具有市场竞争力的网络媒介平台难度较大。在文化治理过程中，地方政府可以和成功的网络媒介平台开展合作，例如，开设公众号、和网络大 V 合作、与网络平台频道合作等方式，宣传、营销文化和旅游产品，传播先进文化，倡导文明新风，发展公共文化服务等。这样可以较为便利地推动乡村文化治理，推动乡村文化传播通过市场贴近村民，提高对村民的影响力。同时，也有利于推动文化传播媒介产业各要素优化组合，提高文化传播规范化运营水平，增强网络媒介的社会责任意识，体现把社会效益放在首位、实现社会效益和经济效益相统一的国家政策要求。

（三）文化传播媒介产业化的技术创新推动乡村文化治理创新

当代社会各种网络技术、通信技术日新月异，推动传播媒介迅速由传统媒介向新媒介、单一媒介向多媒介转型。当代传播媒介产业是典型的媒介技术与媒介产业融合发展的产物。对当代传播媒介的描述，有网络媒体、自媒体、新媒体、全媒体等多种，不同的名称背后都认为当代传播媒介已经和传统传播媒介有着根本的不同。传统的广播电视、报纸杂志时代，虽有广泛的技术应用，但技术主要为媒介生产者、传播者所掌控，传播信息是从生产者到接受者的线性单向过程。读者、观众或者消费者，因为不拥有媒介技术和渠道，不能参与信息的生产、发布，所以只能是信息的被动接收者。近年来，随着互联网技术的不断发展，微博、微信、知乎等网络媒介迅速发展。网络媒介不同于传统媒介的主要特点是，通过技术融合实现了产业化发展，改变了传统媒介信息生产者、接收者的二元状态——信息生产者还可以是信息传播者，是内容生产者还可以是市场运营者。例如，短视频平台为一般网民提供了广泛的参与机会，网民不仅浏览视频，还发布自己拍摄的视频，并通过运营视频内容获得流量和变现机会。除了必要的国家政策和平台的审查，网民生产视频内容不需要像传统媒介那样的特别从业资格，也不需要专门的教育培训——借助平台各种工具包，拍摄、发布视频产品变得简单而高效。也正因为简单而高效，网络媒介在乡村才得以迅速普及并实现了产业化，乡村社会因而得以融入当代网络世界。

网络传播媒介的产业化发展推动网络传播媒介全面覆盖了乡村社会，村民日常生活被传播媒介充斥，传播媒介成为村民日常生活中的组成部分和就业的渠道。这客观上为乡村文化治理提供了网络载体。传播媒介产业技术的发展不仅为乡村提供了丰富的精神产品和娱乐方式，也给乡村带来发展动力，带给个人实现美好生活的机会。这是一个媒介技术创新发展的过程，也是一个乡村网络治理技术创新的过程。乡村文化治理利用传播媒介产业技术，一方面推动乡村文化发展；另一方面可以更高效地传播社会主义核心价值观，弘扬优秀传统文化，塑造乡村文明乡风。

（四）传播媒介的组织管理提高乡村文化治理效率

当代网络媒介利用互联互通的网络，实现了"所有人向所有人"的信息传播，具有自主化、普泛化、立体化、多元化的特点。这也是当代网络信息传播的突出特点。网络世界提供了表达个人思想的空间，各种声音、各种观点汇集，进一步激发了大众参与意识，网络舆论场成为当代主要的舆论场，网络舆论的影响力成为当代占优势的舆论影响力。当代社会任何热点，几乎都和网络舆论有关——引爆网络舆论或被网络舆论引爆。也正是这种舆论影响力，使得网络对大众产生了广泛的组织、动员能力。这不仅对传统舆论控制策略构成挑战，也对传统的社会管理方式构成挑战。

由于网络的普及，当代乡村社会已经融入网络世界。传统乡村的封闭空间被打破，有关乡村的人、事以及乡村的管理都被置于网络空间，成为网络关注的对象。在乡村推行文化治理，不能简单地依靠乡村传统的管理网络，也难以建立起传统乡村那样的社会管理秩序。当代乡村文化治理环境很大程度上与城市一样网络化了。村民和城市网民一样，可以方便地上网表达、展示自己，一个自由的空间契合了人的精神自由追求，也提供了获取财富途径的发展需要，还有什么力量能让村民放弃网络回到传统乡村那样的秩序之中呢？不能把握这一环境变化，乡村文化治理就无从谈起。从根本上说，乡村文化治理也不过是一种文化形态。乡村文化治理在市场经济环境中展开，面对着网络普及的时代。文化治理中的任何文化传播，只有通过网络，联络起大量受众，才能在市场竞争中扩大传播覆盖面，增强文化传播的市场影响力、渗透力。也只有如此，才能实现乡村文化治理的经济、文化等目标。

从乡村社会发展趋势看，当代乡村社会经济产业升级、物质生活丰富以及社会文明提升，带给人们相对轻松的工作环境，推动了大众对精神享受的追求，由此培育了潜在的文化消费市场和文化传播市场。而乡村社会经济文化发展，提升了村民文化消费的独立性、选择性，村民更有能力也更有机会根据自身物质生活水准、教育背景、宗教习俗、消费趣味等因素，选择文化消费方式和文化消费品。"文化因素作为一种内生的价值判断的力量，造就、影响并支配着消费者的生活方式，进而影响着消费者对文化产品的认同。"① 那种认为村民只关心物质需要的观念是错误的。在网络世界，文化企业、网络媒介平台组织，运用大数据、云计算等手段，在市场运营活动中掌握了大量的受众信息。他们据此进行精准营销细分市场，制定出具有针对性的文化生产、传播策略，提供满足消费者精神文化消费需求的文化产品。这一过程实质暗含了市场组织管理能力。推行乡村文化治理，需要联系乡村文化企业、网络媒介平台等市场机构，发挥这些机构作为传播媒介的组织作用，把文化治理融入这些机构的市场组织管理的各环节，在和乡村文化企业、网络媒介平台这些市场机构的合作中达到提高乡村文化治理效率的目的。总之，利用网络传播媒介的组织管理机制提高乡村文化治理效率势在必行。

四、乡村文化治理的政策舆情风险与防范

中国是个农业大国，以农业、农村、农民为中心的所谓"三农"工作在国家政策顶层设计上有着足够的重要性和敏感性。2004—2020 年，中央连续发布了 17 个指导"三农"工作的中央一号文件，从一个侧面突出了"三农"问题在中国现代化建设中受到的重视程度。推动农村发展实现现代化在中国社会有着广泛的共识。也因此，各级政府的涉农发展政策备受舆论关注，有关政策实施中产生的问题很容易引发舆情风险。而随着大众参与意识的增强和网络技术的进步，社会信息传播进入了全媒体时代。地方政府推行文化治理，面临的现实政策实施舆情风险越来越突出。政策实施的舆情防范处置能力成为地方政府提高治理能力的重要组成部分，关乎

---

① 王钧，刘琴. 文化品牌传播 ［M］. 北京：北京大学出版社，2010：102.

地方形象，关乎地方乡村发展政策的贯彻落实。

（一）乡村文化治理政策舆情风险的主要诱因

党的十九大提出实施乡村振兴战略。2018 年 1 月，《中共中央 国务院关于实施乡村振兴战略的意见》发布，在概念上以"乡村"代替"农村"，并提出"产业兴旺、生态宜居、乡风文明、治理有效、生活富裕"的目标总要求。这意味着在国家政策的顶层设计中，乡村振兴不再仅限于农村的产业振兴，还包含生态、乡风、治理、生活等丰富内容。而这些内容体现了乡村发展的转型特点，也提供了不同于以往分析乡村发展政策的多样化视角。不同的视角下对乡村发展政策的认知不同，基层政府政策实施偏好也难以避免。统一性政策的实施如何契合乡村复杂多样的现实是问题的关键。其间任一环节都潜藏着引发舆情的风险。综观有关乡村发展政策实施中的舆情，具体而言，以下问题成为引发乡村发展政策舆情风险的重要诱因。

一是乡村社区化问题。

从整体上看，我国社会主要矛盾已经转化为人民日益增长的美好生活需要和不平衡不充分的发展之间的矛盾。社会主要矛盾的转化意味着大众生活中生存性物质需要逐步减少，而精神文化性需要逐步增加。这就要求政府相应调整政策资源投入侧重点，在乡村建设中鼓励、推动提升村民生活品质方面加大政策投入力度，以增强村民精神文化心理需要的满足感、获得感。

长期以来，我国乡村生活环境差，村民生活品质低，虽然政府为此投入大量资源，但效果不尽如人意，其重要原因不仅在于经济发展水平，还在于传统农耕生产方式下，村庄规模小，村民居住分散，城市里可以推行的公共服务在乡村推行成本高、效果差。山东省政府新闻办 2020 年 6 月17 日发布的消息显示："全省行政村数量 6.95 万个，数量居全国第一，平均人口 530 人，在全国居倒数第二。随着山东县域经济的发展，农民的生产生活方式正在发生深刻变化，农村越来越多的年轻人向城市聚集，导致农村空心村多、老人和留守儿童多，教育、医疗、养老等问题越来越突出，改善农村生产生活条件的愿望越来越迫切。空间布局分散，导致了配套农村地区基础设施和公共服务设施的成本高，不经济，需要全域考虑，优化布局。"① 在乡村振兴战略背景下，通过城乡一体化、乡村社区化，发展乡村教育、文化、养护、卫生事业，建设水电暖气等公共基础设施，有利于乡村公共服务发展和提升乡村生活质量。从这个角度看，对居住分散、人口较少的乡村推行"合村并居"这类政策有其必要性。对此问题引起舆情争议的是，相关政策推行带来的"一刀切"，忽视了村民生产生活方式的特殊性，产生了诸如土地补偿不到位、生活方式不习惯、生活成本上升、村民生产工具无处存放等具体问题。在是否尊重村民意愿和是否尊重乡村发展差异方面，有关乡村社区化政策的推进节奏和方式都存在不可忽视的问题。

二是乡村发展转型中的基层财政问题。

我国疆域广阔，各地乡村发展水平差异大，而全国贫困人口也主要集中在乡村。这就决定了大多数基层政府需要继续发展经济推动扶贫脱贫工作。而在乡村振兴背景下，提升乡村社会文明程度和村民生活质量，必须加大公共服务的财政投入力度。这对基层政府提出了一个较高层次的施政目标，而基层财政问题是存在多年的老问题。早些年的农村税费问题多，后来经过税费改革，土地财政问题浮现。关键问题是，在现行发展环境下，乡村经济普遍落后，基层政府难以获得稳定的、足够的财源。面对事权与财权不匹配的情况，基层政府要付出很大精力解决自身财政问题。

对近年来不少地方推行的合村并居，有舆论就批评基层政府名为乡村振兴实为经济利益。这是因为城市的迅速发展面临土地要素的制约，而国家为保护农业用地，推行土地增减挂钩政策，即城镇建设用地增加与农村建设用地减少相挂钩。农村建设用地的经济效益显然是比不上城市建设用地的。一些地方政府因此推行一些政策腾挪城乡土地建设指标，获得某些财税收入就成为现实选择。但奇怪的是，基层政府回应舆论质疑时，普遍

---

① 山东省政府新闻办. 介绍打造乡村振兴齐鲁样板有关情况 [EB/OL]. (2020-06-17) [2021-03-28]. http://www.shandong.gov.cn/vipchat1///home/site/82/882/article.html.

否认合村并居这样的政策背后有政府财政利益。但不管怎么说，个体农民的利益和社会发展、基层政府的利益经常是有差距的。在当下的中国乡村，土地捆绑了农民就业、养老等基本生存需要，政策性改变农民和土地的关系，前提是需要解决农民土地价格和土地收益归属、农民就业养老等问题。"一刀切"、运动式改变乡村土地现状，不仅直接损害农民切身利益，也会带来社会不稳定因素。这是容易引起舆情争议，也是令人忧心之处。

三是乡村文化转型。

中国传统的乡村文化建立在农耕生产方式基础上，历史悠久，底蕴深厚。费孝通把"乡土中国"作为中国文化特征。乡土情怀是深入中国文化，融入中国人身心的情怀。但在当代，中国社会逐步由以农耕生产方式为主的社会转向以工商业生产方式为主的社会，大众生活空间逐步由乡村转向城镇。由此，传统乡村文化转型为工商文化、城镇文化也是势所必然。但文化的转型较之经济的转型远为复杂曲折。这有着文化发展的惯性、文化的传承等多种原因。毕竟，传统文化基因总是以多种形式延续下来，成为现代文化的起点和发展元素。文化转型的复杂曲折造成复杂的人格现象，表现为现代与传统、先进与保守的矛盾。例如 20 世纪五四新文化运动时代，鲁迅、胡适这些知识分子持有激进的反传统文化立场，但个人婚姻生活等都明显受制于传统文化约束。当代人生活不同于五四时代，但很多人心中都存在一个想象的乡村，一个融合历史文化和个人生活梦想的文化乡村。

想象的乡村赋予当代人传统乡土文化情怀，很容易与改变乡村现状的乡村发展政策构成冲突，引发群体性精神共鸣和舆情。例如，从文化角度批判乡村平坟头、合村并居政策的不乏其人，而这些人大多并非村民，而是生活在城市或者离开本地乡村到外地工作生活多年的人。任何政策的推行都要基于现实、解决现实问题、权衡利弊。在当代乡村的发展中，因为个人的乡村文化理想而坚持保守主义文化立场的人并非个别，一些人有着一定社会身份，话语影响力不容小觑。因此更应该警醒的是，推行乡村发展政策应该对乡村保守主义文化立场的影响力有足够考量，不管出于多么重要的发展理由或者政策依据，对由此可能引发的舆情都应该有所预案。

（二）乡村文化治理政策舆情风险防范

随着大众参与意识的增强和网络技术的进步，社会信息传播进入了全媒体时代。2019 年 1 月 25 日，习近平总书记在中共中央政治局第十二次集体学习时强调，"全媒体不断发展，出现了全程媒体、全息媒体、全员媒体、全效媒体，信息无处不在、无所不及、无人不用，导致舆论生态、媒体格局、传播方式发生深刻变化"。① 全媒体时代的特点是：媒介融合化，信息传播路径的立体化，价值立场多元化，传播效果的即时化。全媒体打破了传统媒体的生态和传播方式，推动、鼓励了大众参与公共话题的积极性、现实性。在乡村发展政策推行中，基于各种原因，大众对政策目标、政策制定、政策执行等各环节的认知和感受也会有很大差异。这种差异在网络媒介中，很容易引发出对相关政策的舆情风险。地方政府政策推行中面临的舆情风险越来越突出。也因此，政策推行中舆情风险防范能力成为地方政府提高治理能力的重要组成部分，关乎地方形象，关乎地方乡村发展政策的贯彻落实。

全媒体时代的信息传播特点，大大增强了地方政府应对政策舆情风险的难度。地方政府应该把握全媒体时代舆情传播特点，树立全媒体思维，以积极态度应对乡村发展政策舆情风险。这包括以下几点。

建立乡村发展政策风险预测、预警机制。力求对政策风险舆情进行科学预测、科学论证、科学预警，并贯穿于乡村发展政策制定、选择、执行等各个环节，实行全过程风险管理。

利用好政府发言人窗口，增强发布信息的权威性。权威来自真实，政府发言人应该及时呼应民意，发布真实政策信息，把握好信息发布节奏，对信息发布的多少、快慢应该有精心考量，避免为舆论炒作留下空间。切忌利用权力指责、打压社会媒介，否则只会增加网络谣传和炒作热度。

---

① 习近平. 加快推动媒体融合发展构建全媒体传播格局［J］. 求是，2019（6）：4-8.

对政策问题及时依法提出解决方案。当代社会，公众社会参与意识高，而任何政策多少都会存在长期和短期利益取舍、目标与效果背离、普遍性与特殊性矛盾、理想与现实冲突等问题。某些环境下由此引发舆论反弹并不稀奇。关键是，对舆论呼声强烈的问题包括政策本身的问题，要尽快依法拿出处理方案，避免给舆论留下拖延、逃避的印象，导致炒作不断。

积极引导舆论。对乡村发展政策舆情中的各信息传播主体，分清利益相关者和一般信息接收者，根据他们的信息传播诉求的内容和特点，制定相应的策略加以积极引导。除了发挥主流媒体的作用，要重视发挥有影响力的网络媒体平台和个人的作用。这是因为，这类平台和个人有着成规模的信息受众，并对这些受众有着超越一般信源的影响力。因此，在网络舆情风险管理中，应该采取措施，尽力让这类平台或个人成为乡村发展政策的积极因素而不是成为反对者或阻碍者，更不能成为传谣造谣者。要提高对不同舆论的包容度。群众路线是政策的生命线。对乡村发展政策好坏应该相信群众判断力，落实乡村发展政策需要做好发动群众、宣传群众的工作。这就要求，在坚持政治底线原则下，管理部门应该习惯舆论光谱的多样化，增强对异质声音的宽容度，容忍某些政策允许的娱乐化信息传播。

改变社会对全能政府的期待和认知。我国推行依法治国已经多年。依法治国意味着权力法定，也意味着政府并非全能型政府，政府权力是有限的。矛盾的是，在生活中，社会舆论对官员行为的专权滥权现象足够敏感。但生活中另一面也是真实的，那就是对生活中的问题，社会舆论的认知中有意无意以全能型政府逻辑要求政府，如多年来越级上访现象不断，社会舆论很少对此持有异议，一个重要原因就是部分社会成员对政府无限能力的误读。乡村发展政策涉及的"三农"问题复杂，更容易引发各种矛盾冲突。为此，一方面，政府应该明确在市场经济和依法治国环境下，政府依法行政，并非无所不能；另一方面，政府政策应该立足宏观调控、监督，而不是干预市场经济中企业、个人的具体行为，要明确市场行为与政府行为的政策边界。从这两方面而言，乡村发展政策除了重视政府为乡村发展提供公共服务的作用，应该联系行政体制改革，改变行政权力过于集中现象，注意避免政府参与社区、物业、企业管理的风险。要充分尊重、发挥村民自治组织的作用。还要重视发挥市场机制的作用，调动社会力量参与乡村发展，而不是简单化地设定政府在乡村发展中的主导地位，把乡村发展的管理者、服务者变成乡村发展的土地运营者和市场经营者。这样和以人民为中心的执政理念并没有矛盾。在市场经济环境里，扶贫扶弱，不断提高社会公共服务质量，满足人民对美好生活的向往，依然是党和政府的职责和使命。人民高兴不高兴、满意不满意、答应不答应依然是检验政府政策工作的标准。

推动以产业为支撑的乡村发展路径。2018 年 1 月 2 日，中央发布的《中共中央国务院关于实施乡村振兴战略的意见》中指出："乡村振兴，产业兴旺是重点。""产业兴旺"是乡村振兴的支撑，有了兴旺的产业，农民才能增收，农村发展才有基础，农村才能谈得上生态宜居、乡风文明、治理有效。没有兴旺的产业，乡村振兴政策都是空中楼阁，乡村人、财、物资源只会流失，乡村空心化、荒芜化难以避免。因此，乡村发展政策必须把产业兴旺作为重点和基础。当前一些地方的乡村发展政策所以引起争议，一个重要原因就是忽视了乡村发展的产业实际。例如，一些村庄外流人口严重，一方面，出现了土地抛荒现象，但另一方面，有些老弱病残人口因为各种原因依然需要以土地为生；乡村养殖业、种植业经济产业化发展规模大、效益高，但分散的个体生产在抵抗市场系统性风险方面以及产品多样化方面也有独到之处。试想，如果在乡村拆迁、合村并居中，政策上充分尊重农民的利益，重视以产业发展带动农民生活质量的提高，减少农民的后顾之忧，质疑、阻力一定小很多。显然，基于产业发展带动乡村整合，带动村民生活质量的提升，比行政化操作更能尊重村民利益，也更能为村民所接受。同时，产业支撑下的乡村整合，意味着这一过程具有自身造血机制，有利于减少政府财政投入压力。从更广阔社会意义上而言，有了产业支撑，乡村才能留人聚财，并以较低的生活成本，为千千万万外出务工村民留下避险空间，从而继续发挥其作为中国社会稳定阀的作用。

五、乡村文化治理中的文化传播创新策略

乡村网络文化产业的发展，赋予当代乡村文化治理新的文化传播语境。在新的文化传播语境中，乡村文化治理需要根据村民信息生产-传播-消费需求特点，改变传统上行政化、精英化的文化传播方式，通过各种文化媒介传播方式组织动员乡村社会，推动构建新的乡村秩序。具体而言，乡村文化治理需要通过当代乡村文化传播的模式和机制重建与实践的对话关系，提高乡村文化的传播力。这包括开发乡村特色文化资源，推动乡村文化传播与科技的融合、建立乡村文化传播长效机制、加强乡村文化传播生态平衡与控制、规范乡村对外文化交流传播，将乡村文化治理的内涵和价值取向灵活融入乡村日常生活，在潜移默化中增进村民的文化认同感，达到实现乡村文化传播的目的。

（一）开发乡村特色文化资源的传播价值

乡村传播媒介的产业化发展传播乡村文化，还为乡村发展提供了产业动力。乡村文化传播媒介的产业化发展，本身也是推动乡村文化产品的生产与消费过程。在这个过程中，信息的独特性是信息传播的基本特点和动力所在。而历史文化资源是一个国家、一个地区精神文化长期积淀的结果，蕴含着丰富的文化信息，是当代文化传播的重要内容和基础。

事实上，乡村文化资源在今天的传媒市场中具有独特的传播效应。对于乡村文化传播而言，各乡村文化历史积淀、文化环境差异大，资源禀赋各有特色，而这正可以成为乡村文化传播的内容个性和吸引力。近年来，在弘扬乡村传统文化的名义下，各地政府推出了一系列乡村文化产业政策，极大地推动了各地乡村文化资源的开发。发展乡村文化产业，传播乡村传统文化，各村落需要根据自身环境，明确自身优势所在，通过观念、制度、技术、市场等创新，整合优化本地文化资源开发各要素，实现乡村文化资源的创新性开发。如此，才能把乡村文化资源优势转变为传播效应

优势，才能在激烈的传播市场竞争中赢得消费者认可，打造出个性化乡村文化品牌，从而推动乡村文化传播。

当然，由于文化消费市场的消费主权以及文化生产传播技术水平等因素影响，开发历史文化资源并不能必然生产出畅销的文化产品，文化资源优势也不具有自动转化为产业优势的必然性。文化产业的发展事实也证明，一些文化资源的产业化开发并不具有专属性，除了园林馆舍、古城旧村等这样一些具有独特观光价值的文化资源，大量以精神符号形式存在的历史文化资源开发是开放性的。例如，美国电影《花木兰》《功夫熊猫》对中国历史文化资源的开发利用就是经典案例。这并非因此否定乡村文化资源的价值，而是明确，推动乡村文化传播，发展乡村特色文化产业，是否拥有乡村文化资源并不是关键，提高开发技术和质量才是问题关键所在。

（二）推动乡村文化传播与科技的融合

从世界范围看，文化生产、传播、消费与科技的融合发展是当代文化发展的重要特点。数字出版、网络视频、在线游戏、立体影视等新兴的文化产业业态，无不是文化传播与科技融合的产物，即使传统的文化产业业态如旅游观光，要开拓新市场提升市场传播效应也很难脱离科技的创新应用。如旅游胜地桂林的《印象·刘三姐》就是借助现代的声光电技术，实现了自然山水、歌舞声乐融合的视听效果，在旅游市场上大受欢迎，推动了旅游产业、文化传播的共生发展。事实表明，丰富的文化资源、新颖的文化创意，需要依靠科技手段开发、整合、展示。"现代性中脱离了印刷文化的进步性转变可以同声音的多元化和一系列广泛的观念普及联系起来。"[①] 科技与文化生产、消费、传播等环节融为一体，有助于推动乡村文化传播的产业化、市场化；同时，新技术给予消费者新颖的乡村文化消费体验，会刺激消费者的乡村文化消费心理，从而扩大乡村文化消费市场，

---

① 尼克·史蒂文森. 文化公民身份：全球一体的问题 [M]. 王晓燕，王丽娜，译. 北京：北京大学出版社，2011：140.

增强乡村文化传播效应。

由于乡村文化治理主要依靠政府驱动，推动乡村文化传播与科技的融合创新，除了发挥市场机制的基础作用，政府管理部门需要加强政策资源投入。这具体包括以下方面。一是推动技术的应用。需要采取措施积极推动乡村文化传播中对成熟技术的应用开发，鼓励乡村文化传播利用科技实现传播手段升级发展。二是鼓励新技术的研发。应结合乡村文化发展需要，鼓励社会各种机构开发适应乡村文化传播的科技，对一些新兴的又有市场发展前景的文化科技，如多媒体技术、远程信息传播技术、视频生产技术等开发，实行扶持、鼓励政策。这些新技术是乡村文化传播的新手段，也可以增强乡村文化传播的活力。三是建立技术资源整合平台。乡村文化传播与科技融合发展，决定了知识密集的文化传播特点，其发展适宜采用有利于资源整合的集群式发展。比如，在科研院所建立乡村文化科技研发基地，力求通过多方布局、重点突破的方式，提高乡村文化传播与科技融合创新的社会参与度，达到发展乡村文化传播媒介产业化、增强乡村文化传播影响力的目的。

（三）构建乡村文化传播长效机制

当代乡村文化传播建立在消费者文化和消费需求的基础之上，这决定了乡村文化产品传播的精神性、符号性特点。"符号价值属于无形的主观意识，多元化载体是其实现价值变现的重要途径，也是文化产业价值体系形成的基础支撑。"① 要实现乡村文化传播的精神符号价值，需要增强对乡村多元化文化市场的覆盖，提高乡村文化产品对文化消费市场的穿透力、竞争力。因此，不同于传统文化传播中那种从传播媒介到传播内容的线性传播机制，当代文化传播媒介的精神性、知识性、经济性等特点交织在一起，决定了乡村文化传播应该构建立体化、有序发展的长效机制，为塑造乡村多元化文化治理格局提供支撑。

打造乡村文化传播媒介产业链可以为构建乡村文化传播长效机制提供

---

① 王慧敏. 现代文化产业体系的构建——基于历史文化资源的创意转化［J］. 社会科学，2013（11）：28-35.

支撑。当代乡村文化产业的发展为乡村文化传播提供了重要载体。通过打造乡村文化传播媒介产业链，推动乡村文化传播媒介产业的内生性发展，可以提高乡村文化媒介产品的市场创新力和资源利用效率，获取经济效益。推动乡村发展，还可以衍生出多元化关联产品和服务，满足复杂、多元的文化市场消费需求，增强乡村文化产品的文化传播能力和市场影响力。在这方面，美国迪士尼公司打造出产业链的做法具有启发意义。迪士尼本是动画生产商，但它不仅生产卡通影片，还通过实体生产、商标转让、特许加盟、建立主题乐园等形式进行多元化产品开发，把唐老鸭、米老鼠等卡通人物形象运用到文具、服装、书刊、游戏、会展等领域，拉长了文化产业链，在文化传播和经济效益上都大获成功。今天，迪士尼已经成为美国流行文化的象征符号，成为传播美国文化的一种重要载体。我国乡村不具有迪士尼那样的多方面优势，但很多乡村具有文化资源特色，可以借助乡村网络媒介发展，塑造乡村文化品牌，打造乡村网络文化传播媒介 IP 产业链，这是比较可行的市场策略。实践证明，打造富有市场覆盖能力的乡村多元化文化产业链，有助于推动乡村文化生产的规模化、集约化，也有助于提高乡村文化传播能力。

构建乡村文化传播长效机制，有必要推动乡村文化网络媒介组织跨界发展。网络文化媒介产业是融合科技、经济、文化等众多门类的产业，专业性、技术性强，各生产组织往往只具有局部的，甚至是个别要素的优势，在网络文化传播媒介产业化过程中跨界发展势所必然。在乡村文化传播中，可以有意识地推动有横向联系的文化媒介组织以文化产业为纽带，在文化创意、文化生产、文化流通各个环节，彼此分工竞合，实现各生产组织优势互补、资源共享，提高文化产品生产效率；同时，努力拓宽乡村文化传播渠道，实现文化传播的多层次、多路径发展。推动乡村文化传播媒介组织跨界发展，对构建乡村文化传播长效机制具有重要的策略意义。

（四）加强乡村文化传播生态平衡与控制

不能否认，当代乡村文化传播活动很难说是自为式发展，正如历史上政治力量对文化发展的作用一样，一方面，市场化、资本化力量为文化传播提供动力；另一方面，"资本逻辑解构着人文科学曾以人为本的价值逻辑，把谋求资本增值、财富增长置于人们思考的中心"。① 资本逻辑下的强烈逐利动机容易导致乡村文化领域的"泛资本化运作"，以致破坏乡村文化空间的生态关系，比如，传统与现代、生产与需求、质量与数量等诸种文化关系因为市场价值的不同而常常陷入失衡之中，这显然不利于乡村文化产业发展，也不利于乡村文化传播。

因此，对乡村文化传播生态进行必要的干预、控制必不可少。有三种因素值得关注。

一是政策与法律。政策和法律是乡村文化市场秩序的必要保证。在市场经济环境下，保证乡村文化市场有序运行的大量规范都要外化为政策和法律，乡村文化市场主体资格、市场契约、市场运行、版权等，都可以也必须通过政策和法律得到规范，这当然也包括用于解决乡村文化市场的各种失序失衡问题。

二是消费者的选择。有种观点认为，乡村消费者的文化消费流于感性，容易陷入失范状态难以自拔，因而需要对消费者的消费行为进行外部干预。这不无道理，毕竟乡村文化消费的非理性现象确实存在，但也应该承认，消费者毕竟是社会人，理性消费终究还是大多数消费者的常态，社会价值对于消费者的消费行为节制是普遍存在的。因而对乡村文化传播中的失衡失序问题，一方面应该相信乡村文化消费者理性选择的力量；另一方面要通过组织学习、社区宣讲、网络传播等途径，构建体系化、立体化的传播链条和传播渠道，实现对乡村日常生活的全渗透。在方法上，通过话语传播、社交传播、文体娱乐传播、生活消费传播、民俗礼仪传播、休闲旅游景观传播等形式，营造乡村文化传播的日常生活氛围，提高消费者文化消费的品位，从而为乡村文化的健康发展提供市场推动力。

三是文化批评。文化批评是传统的文化评价策略，在市场经济环境下，依然是重要的文化评价策略。当代乡村文化价值多元，乡村文化传播

---

① 胡潇. 资本介入文化生产的耦合效应 [J]. 中国社会科学，2015（6）：45-61.

情势复杂，文化批评可以警示不良市场行为，与不同文化形态展开对话，推动话语民主，探讨解决乡村文化传播失衡失序问题。乡村文化传播生态平衡与控制到底还是文化的问题，用文化批评的方式更加符合文化产品的精神性特点，有利于减少各种急功近利行为引发的不良后果。

乡村文化传播生态平衡与控制是个长期问题，很难也不可能存在一劳永逸的解决方案。需要发挥社会多方面力量的作用，诉诸合力，遵循乡村文化生产、文化传播的动态规律，在发展、创新中寻求乡村文化传播生态平衡与控制，在乡村文化传播生态平衡与控制中推动乡村文化传播不断发展、创新。唯其如此，才是解决乡村文化传播问题之道，也是乡村文化健康发展之道。

（五）规范乡村对外文化交流传播

由于乡村文化是中国传统文化的核心形态，具有体现中国传统文化的价值和符号意义，国外许多人都乐于把中国乡村文化作为文化交流学习的内容。中国传统乡村的文化性突出，基于乡村日常生活传播，具有一种很强的穿透力，可以为实现跨国文化传播提供现实的进路。

首先，推动跨国文化贸易发展。在经济全球化背景下，各国文化产业发展水平不一，所生产的文化产品质量也参差不齐。各国民众对异质文化的向往、对满足自身精神生活需要的追求，都意味着潜在的文化消费动机和潜在的市场价值。"文化分层的消解和长期维持的符号等级的解构，表明国家和文化之间相互依赖的环链正不断拉长，并且交织得更为紧密了。"[1] 资本的逐利动机不会忽视跨国文化消费市场的存在，必然推动跨国文化贸易的扩张，进而推动跨国文化传播市场的形成。文化贸易的跨国性决定了与此相伴的文化传播也必然具有全球性市场的特点。我国乡村中文化资源丰富，工艺品、地域特产等都在国际上具有市场影响力，有些产品行销国际市场多年。推动乡村发展对外文化贸易，可以发挥乡村文化资源优势，为乡村产业发展提供支持路径。

---

① 迈克·费瑟斯通. 消费文化与后现代主义［M］. 刘精明，译. 南京：译林出版社，2000：184.

其次，推动文化传播内容与形式的普适性。基于跨国文化贸易的需要和对消费者日常文化消费心理的把握，文化生产者一方面会突出文化产品的经济属性；另一方面也会重视文化传播内容与形式的跨国普适性，以便满足不同国家的消费者需求，从而拓展跨国文化消费市场规模。文化产品当然体现着一般产业生产、消费的基本规律，但也往往包含着意识形态敏感问题。根据约瑟夫·奈的文化软实力理论，文化生产、消费（传播）能力也是一种文化影响力的体现。提升文化软实力因而成为许多国家发展文化产业的重要动力。由于我国乡村文化作为一种传统文化，远离现代，其内容和产品形式都体现着历史性，因而一般都具有当代意识形态的脱敏性，较易为输入国政策接受认可。推动乡村文化对外传播，在文化产品内容和形式上可以根据国际市场特点，进一步作出适应调整，核心是弱化文化传播的价值观冲突，尽量避免跨国市场的文化政策风险。

最后，推动跨国文化传播技术的创新。乡村文化产业的发展需要不断扩大市场竞争边界，参与国际文化市场的竞争势所必然。国际文化市场的竞争推动乡村文化产品生产技术的进步和营销网络的普及，让乡村文化产品生产者以不同形式打破国界限制，提高乡村文化产品的国际市场竞争力，扩大乡村文化产品的国际销售市场和文化的跨国界传播。无疑，这个过程也是乡村文化传播技术发展的过程。事实证明，在国际文化市场竞争中处于竞争优势的机构、组织、国家，也都有着文化传播技术的优势。为赢得国际文化市场的竞争，拓展跨国文化消费市场，乡村文化生产者需要利用各种技术增加国际文化市场中文化产品的供给，努力扩大跨国文化市场的产品覆盖面，推动乡村文化传播技术创新，从而实现发展跨国文化市场和文化传播的目的。

本章小结

近现代以来，随着城市文化的迅速发展，曾经长时期处于社会文化核心地位的乡村文化渐渐失去了应有的社会文化影响力，被迫退居社会文化空间边缘。乡村文化不仅自身失去了发展活力，还被视为阻碍社会发展的因素，是需要否定、改造的对象。这除了乡村较城市在经济、社会、政治等各方面整体落后的原因，很大程度上和乡村文化传播能力弱势有关。现代工商业主导驱动下的城市文化兴起后，以广播电视、图书报刊为代表的传统媒介迅速发展。广播电视、图书报刊等传播媒介存在进入门槛高、信息传播线性等特点，在资本或者国家权力掌控下，广播电视、图书报刊这类媒介信息传播是单向的，受众难以参与相关信息生产，因而处于被动状态。在乡村，由于经济和传播基础设施落后，接受广播电视、图书报刊等媒介的途径受到限制，更加剧了信息传播的不平等地位。因此，乡村长期处于信息传播的孤岛状态，除了被动接收外部力量传输的各种信息（包括乡村社会的信息），难以直接参与信息生产传播。

20 世纪 90 年代以后，现代信息技术迅速发展，改变了乡村信息传播空间结构。除了传统的广播电视、图书报刊等传播媒介的发展，关键是网络和手机开始在乡村迅速普及，融入乡村日常生活。微博、微信、视频直播平台等网络社交 App 媒介通过产业化渗透于乡村社会，把乡村与现代社会融为一体。

这是一种文化生产–文化消费的市场环境。在此环境中，村民不再是传播媒介宣传教化的被动对象，而是积极主动的参与者。网络传播媒介产业化发展提供了村民谋生的工作机会，也提供了自我表达、自我展示的渠道。村民不再是单纯的信息接收者，还是信息生产者，是一个有自我选择权、判断力的文化信息生产者、消费者。

乡村文化传播媒介发展产业化，其与乡村社会广泛的关联以及组织能力决定了文化传播媒介不仅是文化传播载体，更是重要的乡村社会文化治理方式——一种乡村文化传播媒介治理方式。在新的传播媒介环境里，乡村文化治理面临政策舆情风险。乡村文化传播策略应该基于乡村日常生活传播维度，根据村民信息生产–传播–消费需求特点，改变传统上政治化、精英化的文化传播方式，通过各种文化传播媒介组织动员乡村社会，推动乡村秩序构建。这是乡村文化新的传播特点，也是乡村文化治理的必然要求。

第七章　乡村文化治理的实践样本

内容提要：乡村文化治理是推动乡村治理体系和治理能力现代化建设的重要体现，是实施乡村文化振兴战略的重要内容和重要策略。由于乡村数量众多，乡村文化积累复杂多样，相关的宏观性研究具有普遍的理论意义。但因为难以联系具体村情研究，因而容易导致研究的针对性、实践性不足。乡村田野调查的重要方式是案例分析，因其现场感强、研究的针对性、实践性指向明显，有助于避免学术研究的抽象化、空洞化，所以备受学界重视。而事实上，现代中国产生重要社会影响的有关乡村问题的研究成果也多采用此法。基于此，本章选择不同类型的乡村文化治理案例，通过现场调查、文献研究等方法，研究分析乡村文化治理实践中的现状、问题及应对策略等内容，从中梳理论证相关乡村文化治理的理论和实践价值与启发，以期望达到为当代乡村文化治理提供可靠的示范样本，从而达到由点到面、由表及里的研究目的。

一、样本选择

（一）问题的提出

乡村文化治理关系当代乡村如何发展的问题，也是关系历史悠久的乡村传统文化向何处发展的问题。我国乡村数量众多，乡村历史、现实环境差异巨大。20 世纪 80 年代以来，在"乡政村治"的基本制度下，各地乡村结合自身发展，在推动乡村文化治理方面积累了很多经验，探索出一些具有普遍意义的富有成效的实践策略。为此，在理论上作出梳理是必要的。

作为研究，在理论与实践结合的思路下，选择具有代表性的案例，展开实证研究分析，具有学理上的合理性。一方面，可以避免一般宏观研究中概括性过强但容易失之抽象的问题；另一方面，案例研究对于既有理论自洽也有实践上的论证意义。

研究要探讨的问题主要包括：乡村文化治理与乡村环境的关系，哪些因素影响了乡村文化治理，乡村文化治理中的组织机制，乡村文化治理的成效及问题，等等。

（二）研究方法

本书采用的研究方法主要有案例研究、文献研究、调查访谈研究等。

案例研究。实证研究是从大量事实、现象中进行分析、归纳，以总结、论证某些具有普遍性的结论、规律。实证研究有着多种具体方法，而案例分析因其针对性强、有利于研究的直接观察和思考，便于研究的系统性深入把握，因而在文化、社会、经济等相关领域采用普遍。费孝通谈到案例分析在研究中国乡村的意义时说："如果我们用比较方法将中国农村的各种类型一个一个地描述出来，那么不需要将千千万万个农村一一地加以观察而接近于了解中国所有的农村了。"① 本书希望通过对乡村文化治理案例的研究，可以得到有关当代乡村文化治理的普遍性的认识及结论，以期进一步为乡村文化治理提供某些理论和方法上的助力。当然，在具体研究过程中，本书也注意到中国乡村的复杂性，不是简单地把个体的乡村文化治理案例等同于普遍的乡村文化治理研究，而是充分注意个性共性的辩证关系，力求研究论证合乎逻辑性。

文献研究。主要根据研究内容、研究目标，查阅数据库、图书馆等处的文献，获取有关研究资料，把握相关研究状况。同时，根据研究对象和

---

① 费孝通．人的研究在中国——个人的经历［C］//北京大学社会学人类学研究所．东亚社会研究．北京：北京大学出版社，1993：15-16.

研究目的需要，联系政府管理部门和相关乡村，查阅、收集相关文献资料，夯实研究的现实材料基础。这一过程中，也根据文献资料的不同情况，进行加工、整理，增强研究的系统性、针对性。相关文献研究过程不是一次性的学理梳理过程，还包括正式研究前获得的一些文献资料，在后来的调研中获得补充、印证的材料。这对相关研究都具有重要意义。

调查访谈研究。本书根据内容研究需要，先后走访调研了鲁中淄博市、鲁西南济宁市、鲁南临沂市、鲁东南日照市的部分乡村，对其中代表性强的三个乡村进行了重点调研。调研走访对象主要是县市乡村文化主管部门、基层党政机构、村委会、村民等。在调研过程中，主要采用提前编写调研提纲、现场提问以及发放调查表的形式。具体过程包括调研现场记录、拍照、调研对象提供书面资料等。为避免调研流于表层或调研内容的遗漏，在调研过程中，笔者精心编写详细的调研提纲，和调研对象提前进行必要沟通，并根据调研的情况，收集历史、现代的有关乡情民俗、乡村治理政策等方面的文献资料，充实研究内容。

（三）案例样本选择依据

1. 乡村经济发展基础有代表性

乡村文化治理总是基于特定经济发展基础之上。对于当代的中国乡村而言，经济发展仍然是大部分乡村的第一要务。而经过几十年的发展，乡村发展差距明显，有的乡村已经实现富裕。本书认为经济富裕、贫困两极不具有代表性，大部分乡村随着我们国家整体发展而逐步发展，其治理也就具有共性特征。根据研究构想和乡村发展现实情况，本书采用案例研究法，对乡村文化治理分类型选取样本研究。本书确立的乡村重点研究对象是以农业为主的村庄——鲁西南 W 村、城郊拥有部分农耕地但村民生活趋于市民化的村庄——鲁南 D 村、以农业为主兼有部分工商业的村庄——鲁东南 S 村。①

---

① 基于一般学术研究的习惯，本书对涉及的乡村进行了匿名性处理。

2. 文化区位有特色

我国各地乡村历史长短不一，民风民俗也有很大差异。一些乡村文化积淀厚重，在区域文化发展中特色明显，代表性强。本书根据当代乡村发展情况，分类确立乡村文化案例。涉及的 W 村，以农业种植业为主，地处孔孟之乡，深受儒家文化影响，是传统意识浓厚的乡村文化的代表。D 村地处城郊，村民流动性较强，受城市文化影响大，传统的乡村民俗民风趋于衰落，是市民化乡村文化的代表。S 村远离县城，村里有农业生产，也有工业商业活动，是亦农亦商型乡村文化代表。

这种文化区位分类不能概括当代乡村文化全部类型，但从乡村发展情况确定乡村文化类型，还是具有代表性的。

3. 文化治理经验成熟度

受制于多种原因，并非所有乡村都有文化治理经验的积累，也并非所有乡村文化治理经验都具有普遍意义。本书重视研究对象的外部评价，也重视研究对象的内部实际情况。因此，通过文献收集、社会评价、政府主管部门推荐介绍等方式，了解把握了相关乡村在文化治理方面的初步情况，经过初步分析判断研究价值，然后通过实地调研，进一步开展深入研究。W 村因为地处孔孟之乡，乡村文化治理中特别重视开发儒家文化资源的作用。D 村人员流动性较强，文化治理中突出以城市文明引导为中心。S 村情况特殊，战争年代就是我党根据地的一部分，有数处红色资源，在当代乡村文化治理中重视党和政府方针政策的宣传，增强文化治理和村民切身利益的联系。不同的文化治理经验具有不同的生成基础，其参考价值因而也具有不同针对性。

二、样本乡村文化治理概况

1. W 村。地处孔孟之乡，距离市区约 8 千米。人口 2330 人，耕地面积 2000 余亩（1 亩＝666.6 平方米），另有丘陵山体面积近 3000 亩。有党员 62 人，村支"两委"7 人。W 村西距省道约 3 千米。过去出行不便，近年通过村村通工程，铺设了硬化乡村公路连接省道。W 村经济以粮食种植为主，为提高收益，W 村尝试拿出部分土地流转，种植经济效益较高的花卉林木。W 村大部分村民外出务工经商，留守乡村的主要是老人小孩。W 村集体经济积累薄弱，自身缺少造血机制，村集体活动经费主要依靠财政拨付。

2. D 村。D 村沿河而居，水资源便利，土地平坦肥沃，有良好的耕种条件，主产水稻、麦子。D 村邻近城市，因城市发展扩张，D 村已经毗邻城市边界，部分土地被征用或流转。目前，该村归属街道社区管理，全村共有 402 户 1472 口人，党员 41 名。D 村有土地 1100 亩，目前通过对接市区企业，大部分采用产业化种植经济作物，主要种植蔬菜、花卉，经济效益良好。D 村地处城郊，村民生活呈现出市民化趋势，村里耕种土地少，大部分村民以经商务工为生。

3. S 村。S 村地处三县交会处，距离本县县城约 25 千米。有 650 户 1980 口人，1100 亩土地。S 村地势处于鲁中山区与鲁南丘陵过渡地段，地势较为平坦，但农业生产缺少水利条件，因而农业发展基础条件一般。S 村东有省道通过，毗邻镇政府驻地。S 村远离县城，但其地理上处于与三县接壤位置，是东西南北连接交通之地，因而 S 村历史上就有经商传统，有着辐射周边区域的交通、经济、行政优势。改革开放以来，S 村产生了土陶、汽车修理、磨具、花卉种植等多家中小型企业，虽规模不大，但为本地村民就近打工经商提供了便利条件，因而本地村民外流明显比一般村庄少，该村整体经济状况也比较好。

三、样本乡村文化治理特点

（一）开发利用乡村优势文化资源

乡村文化治理不能脱离乡村文化环境。各个乡村发展基础千差万别，文化环境也各有特点。乡村文化经过了历史积淀，融汇着村民的精神心理，体现着村民文化认同的集体无意识。当代乡村文化治理不同于传统的行政管理手段，就是可以利用乡村传统文化资源契合村民文化认同心理的这一特点，达成解决、化解乡村社会问题的结果，提升乡村治理的效率。因此，乡村文化治理可以开发利用乡村文化资源，也需要依托乡村文化资源，达成社会治理目标。笔者调研的乡村，在乡村文化治理方面都能够开发利用各自文化资源，形成了各具特色的文化治理类型。

1. W村文化治理：开发利用以儒家文化为核心的传统文化资源型

W村地处孔孟之乡，乡村文化的发展深受儒家文化影响。而儒家文化作为中国传统文化核心，其重要功能就是治国理政，教化天下。这是古代王朝尊崇儒家文化的最重要原因。W村在乡村文化治理中，充分认识到本村文化与儒家文化的历史渊源，认识到儒家文化对乡村文化治理的当代价值。因而在乡村文化治理中，深入开发儒家文化资源，借力儒家文化，推动当代乡村文化治理。他们的主要做法如下。举办乡村儒学讲堂。联系乡村治理实际宣讲儒家思想。虽然地处孔孟之乡，当地政府、村委认识到，儒家思想并不是村民头脑里自然就有的。村民对儒家思想的了解深度、广度都是有限的，误读曲解时有发生。在上级部门支持下，W村在村里建立起新时代文明实践中心，作为村里学习党的方针政策的中心、传统文化教育宣传中心。W村立足本村丰厚的文化底蕴，坚持将儒家优秀传统文化的传承和弘扬作为村里新时代文明实践中心建设的重要着力点，创造出多种行之有效的乡村文化治理策略。村里重点打造乡村记忆馆，通过史料文物、图片影像，生动地展示出W村数百年的发展历史与文化特色，为乡村文化治理寻根溯源。举办乡村儒学学堂，把儒家思想学习宣讲作为乡村文化建设的重要内容，重视建设文明乡风村风。

W村以"仁"为核心，实施"孝诚爱仁"四德工程，倡导"做好人、做君子"理念，建立"好人榜"，扬正气，树新风，培养良好村风民风。W村重视"家风"培养，为培养"好家风"，W村新时代文明实践站专门建起家风展览室，组织志愿者挨家挨户听故事、做总结，收集整理优良的祖传家训。在村新时代文明实践中心设立"家风墙"，贴满村里"文明家庭""家风家训""十佳孝星""好媳妇好婆婆"的照片。照片表彰的都是普通的村民，对村里家风建设影响大，效果好。

W村重视通过丰富村民文化生活提高儒家文化影响力。例如，组建腰鼓、太极拳、广场舞等文体活动队伍，寓教于乐。W村注意结合村民生活问题推动乡村传统文化治理，如在扶贫帮困、排解村民家庭矛盾中运用儒家文化，宣传儒家文化，使得村民能在生活中深切地感受到优良传统文化的力量，从而自觉接受传统文化教育，提高自身文明素养。

2. D村文化治理：开发利用现代城市文化资源型

D村地处城郊，城乡人流、物流、信息流频繁。村民工作、生活深受城市影响。村里虽然还有部分农业生产活动，但通过土地流转或转承包等形式，乡村农耕活动已经趋于规模化、专业化了，而种植主业也不是传统的稻子、麦子，而是对接城市市场需求的蔬菜、花卉等。常住村里从事农业生产的主要是中老年人、少部分留守妇女，村里青壮年打工、经商、办企业，和传统农民的生产生活方式已经大为不同。但村民对土地依然很看重，很少完全放弃承包土地的现象，这有国家土地确权的政策原因，也有村民对自身脱离农业谋生的不确定性预期，因此希望保留退路的心理。也正因为如此，D村仍然保留了传统乡村的一些基本要素，如农业生产、婚丧嫁娶事务的宗族活动、传统的民俗礼仪规范等。

D村居民大致分为两类。一是日常留守的老人和部分妇女。二是外出务工、经商等的村民。外出村民不定期居住村里，但逢春节、中秋这样的重要节日、婚丧嫁娶事务以及土地流转、分红等关系村民利益的公共事务，外出的村民大多赶回村里。D村这种村民流动现象对于D村治理增加了难度，例如，日常治理的对象主要面对的是老人和留守妇女，但重要事务又牵扯到外出村民，协调起来难度大。整体而言，D村村民经济条件较好，生活较便利，受城市文化影响，个人独立意识也较强。由于D村村民多数生产生活在外，对村集体依赖很少，对村里与自己无关的公共事务缺少积极性。村委会召集村民参加与自身利益无关的活动，往往缺少吸引力。

针对D村深受城市化影响的现实，D村乡村文化治理积极对接国家乡村政策，建立完善村务公开制度，面向村民及时传达国家最新的乡村政策法规，例如，惠农政策、土地政策、房产政策、婚姻家庭政策等。主动联系、对接市里政府部门、机构、公司的文化活动，例如，组织村里秧歌队参与市文化局组织的节日会演，组织村民参加电视台节目演出、录制，和市里文化公司合作开展文化公益或者开发乡村文化资源等。D 村重视移风易俗，利用发放传单、张贴广告、村民文化中心学习培训等途径，对村民进行普法教育，教育村民转变思想，树新风，做现代文明人。D 村针对村民现实情况，在乡村文化治理过程中不说空话，办实事，重实效，重视村民提高文明素质。近十年都没有发生村民触犯法律受到刑事处罚问题。由于村里贯彻落实上级方针政策及时到位，社会治理好，因而被市政府评为"文明乡村"。

3. S 村文化治理：开发利用红色文化资源型

S 村远离本县县城，在县域经济发展迅速、县城经济独大的情况下，S 村本处于不利地理环境。然而，因为 S 村地处三县交界处，交通便利，其地理位置具有聚集周边资源的优势，加之历史上 S 村就具有发展商业的传统，因而今天 S 村有粮食种植、土陶、商业、磨具加工、花卉种植等多种产业。S 村经济发展属于亦农亦商，比周边乡村基础好。

S 村地理上处于鲁中山区、鲁南丘陵的过渡带，村里多种产业成分并存，因而村民生产生活观念和农业产业单一的一般乡村不同，乡村内部也因面对不同的生产经营圈子，村民观念、社会关系网络也有差异。S 村重视文化治理的凝心聚力功能，重视打造社会共识，增强社会认同感。S 村附近有多处红色资源。S 村在乡村文化治理中，重视开发利用红色文化资源，作为乡村凝聚人心、构建乡村社会秩序的途径。在抗日战争时期，S 村是抗日根据地的一部分，山东抗日根据地领导机构驻扎地距此不远，一些领导人都曾在附近生活工作。目前，这些红色文化旧址已经维修翻新，成为当地有影响的红色文化教育基地。基于此，S 村建起了党员学习中心，重视通过学习重温党史革命史，对党员进行理想信念教育，发挥党员先进模范作用。利用多种形式，对村民进行红色文化教育，教育村民感党恩、跟党走。重视红色文化基因传承,对中小学生进行革命史党史的知识普及教育,重要节日组织中小学生举行纪念活动,如参观革命遗址、演唱革命歌曲、观赏红色影视剧等。开发利用红色文化资源发展旅游,推动乡村经济发展,这样不仅扩大了本地红色文化资源影响,也推动了本村经济发展,深受村民欢迎。

(二)建立健全乡村文化治理组织体系

当代乡村文化治理不同于传统的乡村管理,其中的重要特征就是变政府单一管理主体为多主体管理。笔者在调研中发现 W 村、D 村、S 村,虽然乡村组织环境不同,但目前乡村文化治理多主体现象明显。主要包括村党支部委员会和村民委员会(简称"村'两委'")、乡镇政府、乡村文艺人才和经济组织。

一是村"两委"。根据国家政策,党支部和村委会是不同组织,但二者不是对立关系,实质是以不同组织方式和定位推动乡村发展。因而二者在乡村文化治理目标上是一致的。村"两委"是乡村文化治理的直接组织者,其工作包括党和政府方针政策的宣传、贯彻、落实,推动乡村公共文化设施建设,建立健全乡村文化秩序,组织动员村民参与乡村发展,推动乡村文化现代化发展等。没有高效的负责任的"两委",乡村文化治理很难展开。W 村非常重视党员的先进性,宣传动员落实乡村发展目标、为村民排忧解难,党员都走在前列。W 村依照《中国共产党党章》《中华人民共和国村民委员会组织法》等政策法规,结合 W 村村情,建立健全了一套规章制度、工作标准和奖惩办法,包含《党员干部从政清廉守则》《综合治理条例》《值班考勤制度》《党员干部日常行为规范》等。这些规则制度严格执行,面向村民公开。

D 村根据村情,重视把文化治理融入服务村民实际工作。村里成立社区党群服务中心,宣传党和政府的方针政策,开展群众文化活动。对村民家庭基本情况、家庭主要经济来源、困难解决等内容建立信息档案,分类存档、细化管理、精准服务。搭建村综合服务中心平台,本着为群众办实事、解难事、做好事的目的，全方位实施"暖心工程"，为村民提供家庭应急服务、文化服务、政策信息咨询、行政审批事项代办等服务，和谐了干群感情，提高了文化治理效果。

S村根据村民多、周边社会环境差别大的现实，成立村务综合中心，下设保卫、村民服务、文化学习、旅游服务四个部门。村里着力建设美丽乡村，建设乡村文化广场，安置了健身器材，硬化、美化、绿化村街道，沿街房舍进行外观装修。随着附近红色旅游资源的开发，村民参与旅游活动比较普遍。村里及时对村民进行培训教育，提高了S村整体文明形象。

二是乡镇政府。乡镇政府是乡村文化治理工作的领导者，对乡村文化治理方向、内容以及实施提供指导意见和保障。在乡村文化治理中，乡镇政府有着法定职责，更重要的是掌握着人财物的资源优势，包括乡村干部配置、建设项目设计及经费、和上级政策对接等方面。乡镇政府对乡村文化治理的推行都极为关键。如W村文化礼堂项目、D村服务中心，都直接来自乡镇政府的支持。S村开展旅游服务，也得益于镇政府推动衔接有关机构。一个普遍的现象是，越是发展基础薄弱的乡村，来自乡镇政府的支持越重要。

三是乡村文艺人才。随着现代信息传媒技术的发展普及，传统乡村的职业艺人变少了。但在乡村文化发展中，一些有专长的村民有了自我展示才艺的机会，也为村民带来文化享受，如乡村广场中，会唱歌的、会跳舞的、会演奏乐器的村民受到欢迎。各地推行乡村文化治理中，很重视发挥有文艺才能村民的作用。如W村成立乡村演出社，组织村民自编自演小品、拍摄短视频，宣传传统文化。D村组织村民秧歌队，参加表演活动。S村在推动移风易俗宣传中，融入村民演出活动，成本不高，效果良好。

四是乡村经济组织。在乡村文化治理中，乡村经济组织的作用经常被忽视。事实上，在目前阶段，经济发展对于大多数乡村而言仍是第一要务。一方面，乡村经济组织推动乡村经济发展；另一方面，乡村经济组织的员工多是本村村民或者与本村村民有联系的人，因而乡村经济组织影响大，组织动员能力强，是乡村文化治理中重要的力量。例如，D村有家木制工艺品企业，为培养职工感恩之心，为职工父母直接打卡发放养老补助。还有家企业经常组织职工参加公益慈善活动，多次为养老院捐献物资。S村的一家企业，出资购置音乐设备等，每逢节假日都去文化广场为村民演出，活跃了村民文化生活。

（三）软硬治理手段结合

传统的中国乡村文化经过长期发展，形成了较为稳定的系统化的治理体系。这一体系体现在价值观念、民风民俗、婚丧嫁娶、家族伦理、乡规民约等各方面，融汇在乡村社会的各领域，维系着乡村长期基本的稳定秩序。

改革开放以来中国社会急剧变化，乡村社会也在急剧变化。城市化、市场经济成为改变乡村社会空间的强有力因素，推动乡村社会发展的转型和重构，对乡村生产生活方式、思维习惯、文化传统构成极大冲击，乡村社会因而发生了历史上前所未有的改变，特别是由于乡村生产生活方式改变，村民外出务工、经商，对外交流增多，社会关系网络扩大，观念和行为也发生极大改变，传统的家族伦理、乡规民约等乡村传统伦理文化对村民规范影响作用受到冲击、淡化、破坏，乡村传统的文化治理逐渐失效。

乡村传统伦理文化的失效直接原因是村民对传统乡村社会关系的依赖程度下降了。因为外出务工、经商等，村民和家族联系趋于淡化，村民的工作关系、商业关系、朋友关系、同学关系乃至兴趣爱好关系等重新构建了村民的社会关系。基于血缘形成的家族关系对村民生产生活影响减少，化解生活矛盾的能力弱化，因而村民对家族伦理文化采用实用态度也是必然的。同时，家庭联产承包责任制导致村民生产生活和村集体也缺少联系纽带，传统的集体主义价值观也远离了一般村民的生活工作需要，因而也逐渐失去了影响力。当代乡村文化治理必须立足乡村这种环境基础，重新确立有效的文化治理策略。笔者在乡村调研中发现，那些文化治理取得成效的乡村，恰恰是在把握乡村当代环境基础上采取了针对性策略。而最核心的一点就是在乡村文化治理中，不拘泥于文化说教，也不盲目对标城市建设"法治乡村"，而是有针对性地采用了教育教化加规则制度这样软硬两手结合的策略，把乡俗民风融于乡村立规建制的导向中。这方面，W 村的做法具有代表性。

首先，村民教育方式生活化。W 村投资建设了乡村儒学讲堂，请学校老师、在乡大学生在农闲或重要节日期间，举办儒学讲座。每逢村里有重要活动或村民有重要家庭事务，村里安排人员有针对性地讲解有关儒学思想与礼仪。村里结合现实，定期向村民发放儒学学习材料，答疑解惑，提高村民知识水平。在春节期间，举办儒学主题的文艺演出，开展儒学经典背诵有奖比赛，是该村坚持多年的保留节目，取得了良好效果。

其次，化虚为实建章立制。W 村立足长远，坚持化虚为实建章立制。除了落实上级部门的政策法规，W 村在多方面结合村情民意，推行制度建设。主要有：在评选先进方面，设置模范家庭榜、好人榜、好媳妇榜、好婆婆榜、孝子榜、热心公益榜、致富明星榜、诚实劳动榜等荣誉奖项，每个奖项都规定了评选标准、评选程序，做到公开公正，"两委"领导，村民参与，结果公布，广受村民认可和欢迎。在村民婚丧嫁娶方面，村里成立红白理事会，推行移风易俗，反对大操大办，明确标准，依规发放一定数额的补贴。在赡养老人以及特殊困难村民方面，村里根据上级部门政策，成立孝善基金，对赡养老人进行资金匹配补助。对生活困难群众，由村委会酌情予以帮扶。在村规建设方面，村里通过村民大会，制定了村规民约，大至国家政策执行落实，小至家庭垃圾处理，都通过村规民约加以明确规定，实现了乡村日常生活的规范化建设。得益于村里制度化建设，W 村文化治理有章法，不是行政强迫，较好地推动了乡村社会良好秩序的建设。

四、总结：乡村文化治理的影响

（一）乡村文化治理的成效

1. 政府管理的效能提高

当代社会治理理论的产生，原本出于市场失灵、政府失灵的背景，期望通过调动社会力量参与社会管理，摆脱社会管理的低效、无效状态，推动社会发展恢复活力。在我国，乡村社会发展长期是以政府力量为主驱动的。改革开放以来，推行村民自治，为乡村治理主体多元化打开大门，也为政府管理乡村制度提出了要求。在推行乡村文化治理中，多元主体参与，对政府乡村管理职能带来积极影响。

首先，增加了新的管理方式。传统的乡村管理体制下，受制于政策法律规定，政府部门管理乡村直接面对乡村村民，主要以行政的手段为主，经常引发干群关系紧张。而推行文化治理，通过引导社会其他主体参与，政府管理乡村的方式就多样化了。如企业组织安排村民就业，结合企业发展制度建设，组织管理村民，民间艺人通过表演丰富村民娱乐生活，宣扬公序良俗，潜移默化地教化村民。

其次，减轻了政府负担。传统乡村管理体制下，政府包揽乡村事务，需要投入大量人力物力。在乡村缺少造血机制，自身财力有限的情况下，基层财政负担重，有的乡镇连职工工资都陷入困境。而乡镇编制有限，上级工作一线牵，任务下派导致乡镇干部压力重重，疲于应付。而在乡村文化治理中，多主体参与在客观上分解了社会管理工作，相应地有利于减少乡镇对乡村人财物的投入。这对降低行政成本是显而易见的。笔者在调研中发现，乡村文化建设多数都有非政府组织参与或承担，如S村乡村移风易俗过去是乡镇政府布置任务，村干部直接组织，现在主要是村里红白理事会组织。该村文化广场建设是镇政府提出建设意见，社会捐资建设，附近一家企业义务负责日常管理维护。

最后，提高了治理效能。乡村情况复杂，村民情况差别大，政府直接管理表面上看效率高，但由于难以一一照顾村民特殊情况，实际管理"一刀切"，引发矛盾多，往往是旧问题没解决，新问题又出现，因而实际效率不高。在推行乡村文化治理中，鼓励多元主体参与。因为各主体自有优势无法取代，因而调动各主体参与积极性，可以扬长避短，互相配合，形成共治共享局面。这样推出的有关举措针对性强，村民接受度高，会明显提高乡村文化治理效能。这里要特别指出，乡村企业组织具有独特优势。因为乡村企业直接关系村民就业、生活，和村民沟通便利，村民对企业的认同感较强，因而对企业组织接受度高，所以企业组织在乡村文化治理中的作用很关键。笔者走访调研也发现，有企业组织的乡村，如 D 村、S 村，村里社会治理、文化活动都有村企业组织积极参与，治理成效明显。

2. 村民参与意识增强

在国家重视村民自治的大背景下，村民参与乡村社会活动的积极性、主动性不断增强。村民参与乡村事务，是村民的应有权利，也是村民自治主体地位的体现。乡村文化离不开村民创造、村民分享、村民传播。在乡村文化治理中，村民的主体地位决定了村民参与文化治理必不可少。这种参与表现在以下几方面。

村民自我组织。随着乡村经济社会发展，村民的生活需求不断提高。在外部投入有限的情况下，村民自我组织，解决生活难题，提升自身生活质量。如开展文化活动。村民自发成立秧歌队、健身舞队、棋牌社等，自娱自乐。在移风易俗方面，为响应政府政策，村民自发成立红白事组织，互帮互助，解决难题，也传承传统。通过自我组织，村民是乡村文化治理参与者，也是受益者。村民不是看客，而是以主人身份，在组织中展示自我，享受自我。而这正契合了共治共享的治理理念，进一步推动乡村文化治理。

积极参与集体活动。当代乡村发展虽然不是集体经济主导，但大量活动离不开集体。乡村中大量集体活动公共事务需要村民参与，不少村民也有着主动参与的积极性。以笔者调研的 W 村为例，村委努力争取把本村建设成为市乡村文化示范基地，因而经常组织集体活动。成立秧歌队，组织乡村歌唱比赛，举办"农家乐"节，村民都积极参与。而 S 村发展旅游，村民为村里建设建言献策，主动参与村里组织的有关活动，以各种方式传播维护村形象，因而 S 村旅游业发展顺利。

活跃分子引领。主要是村里有一定才能、热心公益的村民发挥引领作用。村民活跃分子虽然没有行政职务，也没有特殊身份，但他们往往具有某些特殊才能如演艺才能或威望，如家庭中长辈，或回乡的成功人士。这些人有一定号召力、影响力，能引领村民参与乡村文化治理。调查发现，乡村组织活动，这些活跃分子的作用明显。如 D 村有在外高校教师回乡帮助村里建起村史展览室，S 村一退休官员回乡帮助村里整理材料，联系主管部门，申请一项非物质文化遗产，建起了红色资源开发中心。在乡村文化治理中，乡村活跃分子熟悉乡情民意，他们参与其中可以发挥自身影响力、组织力，起到了引领带头作用。

3. 乡村文化得到发展

长期以来，我国乡村文化建设主要依靠政府的投入与支持，但由于相对单一的投入，导致投入不足，乡村文化发展路径、文化品生产也比较单一，难以满足村民精神生活需要。当前，推行乡村文化治理，多元主体参与，投入资源多了，方式也多了，文化品数量种类增加，质量也得到了提高。这不是说政府的投入不重要了，恰恰相反，政府的投入支持依然重要，甚至更重要。只是这种投入支持发生了策略变化，主要是政策资源投入重心是公共产品领域，如乡村发展规划、乡村企业扶持政策、乡村教育、文化基础设施建设等。而其他组织、个人各自发挥优势参与乡村文化治理，一方面提供了多样化投入方式；另一方面也提供了不同的文化产品，满足村民需要。由此推动形成乡村文化建设多元协同、促进竞争发展的格局。笔者调研的 W 村、D 村、S 村都是当地乡村文化建设示范村，多方面力量参与乡村文化建设、发展成效明显。这些乡村实现了广电通信网络的全覆盖，一般乡村都有一处或几处名称不一的村文化场所，如阅览室、广场、棋牌室、学习室等，村里秧歌队、舞蹈队、棋牌社、篮球队、演唱队等团体活动不固定，但场所、器具、人员都基本具备。每逢春节或村里有重要活动，本村都举办文艺表演活动。

乡村文化建设除了满足村民精神生活需要，促进乡村发展是乡村文化建设的重要目标，也是重要动力。如 W 村、D 村的文化活动不少都是配合各级政府部门的工作、落实乡村文化发展政策的。S 村的乡村文化建设比较突出民俗礼仪演出，服务于乡村旅游发展。乡村文化建设紧密联系乡村发展目标，锚定了乡村发展路径，对于推动乡村整体发展积极效应明显。

（二）乡村文化治理中的问题

1. 内生动力不足

目前，多数乡村整体经济发展基础薄弱，村民在本村缺少长期稳定的收入来源，乡村集体经济缺少积累和发展空间。越是落后的乡村政府投入影响越明显。乡村文化建设、发展的资金来源主要依靠政府支持。作为基层政府的县乡政府本身经济发展条件较差，财力税源有限，属于"吃饭财政"的县乡不在少数。面对众多乡村文化建设需求，县乡政府很难有大量财力投入。这就容易导致乡村文化建设失去一个主要资金来源。这时候，如果没有企业等经济组织填补空缺，乡村文化建设就难以展开。笔者调研的乡村很好地证明了这点。W 村、D 村、S 村主要发展资金来源和乡村主要文化设施不是政府投入扶持就是企业捐资、投资建设，自身积累能力有限。这也是这些村文化治理基础和治理效果好于周边乡村的主要原因。笔者调研走访中，也看到一些村庄即使建了村民活动中心、文化礼堂这样的文化设施，但因为缺少经费，无法开展活动，沦为摆设，或者租给村民举办婚丧嫁娶活动使用。还有的乡村，村委会也仅有两间放着简单桌椅的房子做办公场所，谈不上建设什么文化设施。村委会无力组织村民文化活动，对村民缺少凝聚力、影响力，因而村里推行文化治理是缺失基础的。乡村自身缺少造血机制，内生能力不足，已经成为当代乡村文化治理中一个最大障碍。

2. 城市化冲击问题突出

当代乡村发展的一个重大背景是城市化。长期以来，城市都是作为乡村发展的参照物存在。而城市的发展，对乡村人财物资源有着巨大吸附效应，直接导致乡村资源流失。特别是改革开放以来，城市快速发展，乡村人财物资源也快速流向城市。这是乡村发展缓慢的重要原因。笔者在调研中发现，城市化对乡村文化的影响有以下两个方面被忽视了。

首先是老龄化。

尽管整体上看，老龄化有生育率降低、人的寿命延长等因素，是现代社会发展的普遍现象，但就乡村而言，老龄化却和大量青壮年流向城市有关，乡村留守的多是中老年和妇女儿童。笔者调研的 W 村、S 村，18~45 岁的男性青壮年基本外出打工经商，常住村里的都是中老年和部分留守妇女。D 村邻近城市，村里有经商打工条件，青壮年也有一半去外地打工经商。而近年来，又出现了新的现象，主要是乡村教育环境不断恶化，村民普遍把孩子送往城市接受教育，导致许多乡村中小学撤并，为孩子教育留守的乡村年轻妇女随之离开。这进一步加剧了乡村老龄化问题。由此产生的乡村文化活动少有人参加，民俗礼仪后继无人，乡村文化人才断裂并非危言。近几年，国家加大了乡村投入力度，乡村村容村貌有很大改观，但乡村人口回流并没有出现，乡村人口结构、人口数量都存在问题。调研中，有的乡村干部也对此十分忧虑，提出：乡村文化振兴，在一些乡村，没人咋办？

其次是城市化对村民生活方式、文化观念的改变。

随着城市化的发展，村民外出务工经商或者通过电视、网络等途径，接受了城市文化的影响，留守乡村的，外出归来的，生活方式和生活观念都趋于城市化了。今天的乡村，村民从生火做饭、穿衣打扮，到社会交往、就业谋生，各方面都深受城市化影响。乡村传统的生活习惯、文化趣味、社会关系都发生了很大改变。笔者在调研中了解到，除了村民生活水平的提升，村民最大的变化就是宗族意识淡化。据乡干部介绍，以前乡村里村民之间有矛盾，动辄发生家族打群架的现象，近年来已经很少见了。

村民自我意识突出，传统上家族的约束规范作用现在已经有限了。过去经常发生的家族势力干扰乡村行政工作的现象现在大为减少，这给乡村文化治理减少了障碍。但由于家族意识淡化，家族伦理化解内部矛盾的功能也失效，乡村凝聚力实际也弱化了。这又给乡村文化治理带来难度。在当代乡村文化治理中，传统的伦理文化资源不能提供支撑，面向村民宣扬传统伦理文化变得困难。当代村民的承载或者接受的文化处于传统乡村文化和城市文化的中间地带，回不到传统是确定的，但要说村民的未来就是完全市民化，在乡村用城市生活伦理替代传统乡村生活伦理，也是不现实的，毕竟乡村以后的发展仍然是某种形式的乡村而不是城市，村民相关的生产方式、生活方式必定会呈现出不同于城市的某些特征。因此，在当代乡村文化治理中，宣扬一种什么文化确是紧迫现实的问题。

3. 乡村文化创新能力不足

整体上，在城乡文化的发展对比中，乡村发展处于弱势，缺少市场竞争活力。目前乡村流行的是城市文化，乡村文化资源开发被城市资本主导。乡村的文化传承不具有自我发展、自我更新的内在机制，日益成为城市文化的附属物。这明显表现在乡村文化旅游发展表面看似风风火火，但其中乡村文化多是限于民俗表演、景观展示，有关乡村文化发展、传承、提升往往服从于旅游市场开拓的需要，其真正价值与自身发展逻辑很少被关注。所以，目前的乡村文化建设中，原创性明显不足。不仅如此，随着城乡一体化发展，有关政策对乡村传统文化的冲击也不可忽视。例如，乡村春节期间的祭祀活动，本是传统乡村文化的重要内容，但现在许多乡村已经被大大简化或改变了。笔者走访的S村所在地政府推行殡葬改革，事实上完全采用城市化模式，传统的祖坟被公墓取代，烧纸上香为重要特征的祭祀活动改为鞠躬献花。尽管这些改革有着充分合理性，但乡村文化如何传承，其历史底蕴在哪儿，是无从考量的。

这里又引发出另一个问题：传统乡村文化的创新识别问题。在乡村，婚丧嫁娶传统上就是村民生活的大事，因而很讲究也很隆重，但在当代物欲主义思潮影响下，乡村的婚丧嫁娶开始物欲化，一些不良现象开始在乡村社会蔓延，如索取天价彩礼，对待父母老人薄养厚葬，升学宴、生日宴等人情聚会变为巧立名目的索礼宴，一些迷信行为也屡禁不止等，这些现象，增加了村民负担，也毒化了乡村健康的文化氛围，扭曲着村民人生观、生活观，给乡村文化创新和文化治理带来挑战。

如何推动乡村文化创新发展，还要保持乡村文化乡土特点，是个现实而又有难度的问题。虽然人们对此有不同意见，但放任不管显然不是文化创新发展，把乡村文化创新发展等同于城市文化，把城市文化治理方案套用到乡村文化治理中，显然也是值得推敲的，至少在文化层面上这不是创新，而是一种割裂。

本章小结

调查研究是发现的过程，也是总结论证的过程。本章节根据研究内容需要，对乡村文化治理案例进行了类型化样本研究。这一设计主要源于中国乡村的复杂性。上百年上千年的中国乡村，各有特色，各有文化积淀，单一的样本难以包括所有乡村，即使本章的分类样本，也仅具类型代表性意义。毕竟中国辽阔的疆域，无数的村庄，东西南北中，差异不是小数。因而从严格意义而言，任何样本其局限性都是必然存在的。本章研究没有采用单一样本，而是采用类型化样本分析，在研究技术上，概括性应该是比较大了，至少适于相当部分乡村情况。

本章通过案例样本研究，系统梳理乡村文化治理环境基础、乡村文化治理特征、乡村文化治理成效及存在的问题。研究中运用事实叙述与理论分析结合，宏观研究与微观阐释论证统一，研究的论证逻辑清晰，归纳总结的实践性、针对性突出，对于其他乡村的文化治理具有启发意义。

第八章　乡村振兴战略背景下乡村
文化治理的政策调适

内容提要：乡村振兴战略是国家重大的乡村发展战略，事关乡村和国家现代化建设全局。党的十九大报告提出，要按照"产业兴旺、生态宜居、乡风文明、治理有效、生活富裕"的总要求，实施乡村振兴战略。这一总要求最大特征就是突出了乡村文化发展的重要性，为乡村文化振兴指明了方向，也为国家乡村文化治理政策转型提供了依据和路线。随着乡村社会快速变化，传统的行政化乡村管理体制已经不适应乡村社会情势。文化的重要性凸显，文化治理势在必行。我国乡村发展情势千差万别，文化积淀各有不同。乡村文化治理是新的乡村治理策略，缺少历史经验积累，其体制机制建设完善需要不断的理论和实践上的探索。本章根据我国乡村文化治理制度特点，联系乡村发展环境和文化态势，对影响乡村文化治理的关键问题、关键环节，包括顶层制度框架设计、治理主体、规范化建设、公共文化服务、文化产业等，进行了深入研究，提出了政策上的着力方向。

乡村振兴作为国家战略，顺应了乡村亿万农民对美好生活的期待，关系乡村未来发展，是新时代做好"三农"工作的新旗帜和总抓手，关系国家现代化发展布局。好的战略政策规划需要落到实处。在今后较长一段时期内，乡村振兴政策一方面需要进一步细化落实现行有效的政策措施，另一方面又要根据乡村发展新情况、新态势，对政策进行调整、完善、创新，保证政策的有效性、适应性。乡村振兴是全面的振兴，不仅需要产业发展提供物质基础，也需要文化发展提供精神引领。这是乡村发展的客观需要，也是乡村村民对美好生活向往的必然要求。随着乡村的快速发展，乡村社会环境也发生了很大变革，传统的行政化管理体制机制越来越不适应新的乡村环境，推行文化治理势在必行。文化治理实质是塑造灵魂的工程。党的十九大报告提出，要按照"产业兴旺、生态宜居、乡风文明、治理有效、生活富裕"的总要求，推行乡村振兴。其中，乡风文明、治理有效的实质，就是调整治理政策，通过文化治理，改革传统上在社会物质生产能力低下的基础上形成的行政化主导的乡村管理制度体系，转向满足人民群众对美好生活向往需要的文化治理体系，推动乡村治理体系和治理能力现代化，为落实乡村振兴战略提供助力和保障。

一、加强系统的顶层设计，建立完善乡村文化治理框架体系

中国有着漫长的农耕历史，中国社会很早就进入农耕社会，由此形成了中国数量众多的乡村。在 20 世纪上半叶，梁漱溟、费孝通等人就在文化意义上探究了中国传统文化的乡土特征。在整个农耕社会发展背景下，中国传统的文物遗存、民俗礼仪、文化典籍、人情世故、伦理价值等方方面面，本质都关联着乡村文化，或者说就是乡村文化发展的产物与载体。离开了乡村文化，谈论中国传统文化是没有依据的。乡村文化是中国传统文化的核心形态。《中共中央 国务院关于实施乡村振兴战略的意见》中明确提出的原则之一是："坚持乡村全面振兴。准确把握乡村振兴的科学内涵，挖掘乡村多种功能和价值，统筹谋划农村经济建设、政治建设、文化建设、社会建设、生态文明建设和党的建设，注重协同性、关联性，整体部署，协调推进。"乡村振兴并不是单纯的乡村经济发展战略，也不仅仅是一种抽象的政策导向，而是包含文化振兴在内的具有丰富内容的国家发展战略部署。因此，对于与乡村文化振兴有关的目标、原则、内涵、路径等

内容，需要系统性政策设计。

乡村文化具有当代治理价值。中国乡村数量众多。乡村社会历史、现实环境复杂，发展基础优劣不一，文化积淀多有不同，民风民俗千差万别，但任何乡村文化都是和特定村落关联，是村民社会认同、联系的纽带，发挥着规范、维持、引导乡村社会秩序的功能。实施乡村振兴战略，一方面需要振兴乡村文化，提升村民生活质量；另一方面要发挥乡村文化的治理功能，推动乡村社会治理现代化。因此，中央高度重视乡村文化的治理功能。党的十九大报告提出了实施乡村振兴战略，要求"加强农村基层基础工作，健全自治、法治、德治相结合的乡村治理体系"。2018 年 1月，《中共中央　国务院关于实施乡村振兴战略的意见》中指出："乡村振兴，乡风文明是保障。必须坚持物质文明和精神文明一起抓，提升农民精神风貌，培育文明乡风、良好家风、淳朴民风，不断提高乡村社会文明程度。"同年 9 月，中共中央、国务院印发的《乡村振兴战略规划（2018—2022 年）》提出："实施乡村振兴战略是传承中华优秀传统文化的有效途径。中华文明根植于农耕文化，乡村是中华文明的基本载体。乡村振兴，乡风文明是保障。实施乡村振兴战略，深入挖掘农耕文化蕴含的优秀思想观念、人文精神、道德规范，结合时代要求在保护传承的基础上创造性转化、创新性发展，有利于在新时代焕发出乡风文明的新气象，进一步丰富和传承中华优秀传统文化。"

国家宣布实施乡村振兴战略以来，不断加强顶层设计，从指导思想到制度安排，搭建起了系统性政策框架，确立了具体的政策目标与方法。目前，中共中央办公厅、国务院办公厅印发的《关于加强和改进乡村治理的指导意见》提出的乡村治理总体政策框架是："按照实施乡村振兴战略的总体要求，坚持和加强党对乡村治理的集中统一领导，坚持把夯实基层基础作为固本之策，坚持把治理体系和治理能力建设作为主攻方向，坚持把保障和改善农村民生、促进农村和谐稳定作为根本目的，建立健全党委领导、政府负责、社会协同、公众参与、法治保障、科技支撑的现代乡村社会治理体制，以自治增活力、以法治强保障、以德治扬正气，健全党组织领导的自治、法治、德治相结合的乡村治理体系，构建共建共治共享的社会治理格局，走中国特色社会主义乡村善治之路，建设充满活力、和谐有序的乡村社会，不断增强广大农民的获得感、幸福感、安全感。"

从乡村文化治理的政策体制看，目前，我国乡村文化治理工作在顶层政策设计中都有安排，但现实落实中，存在的问题也是明显的，这突出表现在制度碎片化增加制度成本、政出多门降低效能方面。

首先，制度碎片化增加制度成本。中央在政策规划中，始终把乡村文化治理作为重要政策内容，但实践中，由于文化工作的广泛性，文化管理部门多，职能分散明显。例如，2018 年，经过机构改革，仅中央层面，直接的文化主管部门就有中宣部、文化和旅游部、广播电视总局、电影局、国家新闻出版署、体育局。同时，作为行业主管部门，农业农村部以及扶贫办公室（2021 年组建为乡村振兴局）也有乡村文化治理职能，有关乡村发展的政策也经常会涉及乡村文化治理问题。多部门主管的结果只能是"各管各家"，看起来分工并不矛盾，但资源浪费、互相掣肘并不少见。例如，近年来政府部门组织的各种送书下乡、送电影下乡、建设乡村文化中心等活动，由于职能分工，各部门分别投入人力物力，难以协调，难以监督，导致政策走样变通、重叠矛盾现象时有发生，大大增加了乡村文化建设的制度成本，增加了乡村文化治理难度。

其次，基层政出多门降低效能。如果说在市以上层级政府中，虽然存在多个文化主管部门，但其职责分工还大致清晰，但到了基层乡镇，管理部门组成难以按行业、权限分工设置。上级机构的条与块，到了基层就是"上面千条线，下面一根针"。上级部门的党委政府及其下属机构，方针政策落实、工作布置对于基层乡镇都是任务。因为科层制权力结构，越是基层，事务越多，管理的人财物资源反而越少，上级部门越是层级高，分管的人财物资源越多。这就造成了行政管理中"事、权不一"的问题。具体到乡村文化治理工作，推动乡村文化治理工作的主要是乡镇政府，但乡镇政府资源有限，难以对乡村文化建设投入资源支持。这就导致乡村文化治理工作推行难度大，拖延、低效现象难以避免，预期的任务经常无法完成。

体制问题是基层部门难以改变的。为此，针对乡村文化治理中的体制问题，需要通过改革，加强系统的顶层设计，建立完善乡村文化治理的框架体系。改革开放以来，我国政府管理部门经过了多轮改革，其目的在于精简机构，提高效率。但文化管理的政出多门现象一直没有多大改变，"大文化部"并没有成为现实。体制的惯性、机构关系复杂等原因，决定了文化管理部门改革难度大。这对文化领域作为一个行业管理显然是不利的。如果没有有效的协调监督机制，在同一行业分权管理，很容易引发政出多门，进而导致推诿扯皮、互相牵制的问题。我国是中国共产党领导的社会主义国家，政府及其组成部门都统一于党的领导下。虽然乡村文化治理参与的政府部门多，但是通过党的建设，加强党委领导，可以组织、协调各政府部门行动，减少或避免不必要的行政资源损耗。而通过党委管理协调，符合中央乡村治理政策要求，又能避免调整改革行政机构涉及复杂的人员调整和机构职能重组，程序上也较为可行。目前的困难是，省市政府部门参与乡村文化治理，省市党政决策分配任务后，各部门自行制订计划、组织实施，缺少部门间横向联系协调机制。到了基层，乡镇党政部门也主要做些配合工作，对不同上级管理部门的乡村工作无权管理也难以协调。近年来，上级部门加大乡村工作力度，各类形式的帮扶、驻村工作组投入频繁，但相关工作人员大多是自带人财物以完成各自任务为目标，和乡村党政普遍缺少联系沟通机制，由此带来了政策持续性、针对性不足的问题。应该以各级党委为中心，确定乡村文化治理的核心价值导向以及目标原则，还要组织领导各项政策落实，推动乡村文化建设一盘棋、文化治理一盘棋，构建起乡村文化治理的统一性制度框架。

二、支持多主体参与，增强乡村文化治理的协同效应

20世纪后期，社会治理理论的产生直接源于市场机制、国家干预对

社会发展失效的环境，其目的就是推动社会发展，期望通过鼓励多元主体的参与，为社会发展注入活力。而在当代的中国乡村，随着市场经济的发展，村民利益趋于多元，价值观也趋于多样化，生活趣味越来越体现出个性化色彩，加之村民自治制度的推行，传统的政府主导乡村事务以及行政管理手段已经不适应乡村实际。调动各方面力量参与乡村文化治理势在必行。因此，体制上从文化管理到文化治理，并非仅仅是语义的变化，其实际意义在于表明了多元化文化环境下文化治理的多元化参与主体。

乡村文化治理的多元化参与主体，体现出了乡村文化治理的多元性。也可以说，多元化的乡村基础，需要多元化主体治理。按照中共中央办公厅、国务院办公厅印发的《关于加强和改进乡村治理的指导意见》在乡村治理中的方针，"支持多方主体参与乡村治理。加强妇联、团支部、残协等组织建设，充分发挥其联系群众、团结群众、组织群众参与民主管理和民主监督的作用。积极发挥服务性、公益性、互助性社区社会组织作用。坚持专业化、职业化、规范化，完善培养选拔机制，拓宽农村社工人才来源，加强农村社会工作专业人才队伍建设，着力做好老年人、残疾人、青少年、特殊困难群体等重点对象服务工作。探索以政府购买服务等方式，支持农村社会工作和志愿服务发展"。具体在乡村文化治理中，由于乡村制度环境的特殊性和乡村文化自身的特殊性，参与乡村文化治理的主体主要有乡镇党委政府、村委会、村企业、乡村社会组织、乡村群团组织等。各主体围绕乡村文化治理，积极参与，互相协同，服务群众，推动乡村治理的民主化发展。

目前的现实是，在权限和资源投入方面，各治理主体差异很大，乡村社会发展整体呈现为行政主导的特征。包括乡镇党委政府在内的各级党委政府权力集中，不仅管控着乡村日常的社会发展，还掌控着乡村建设的资源投放。在乡村经济发展普遍落后的情况下，包括文化治理在内的乡村各项工作对外部资源依赖程度高。乡镇党委政府部门对乡村的资源投放、管理受限于人力不足、部门职责交叉与信息不对称等原因，具体工作中难以做到高严细实、公开公平，简单化、形式化难以避免。

除政府外，乡村其他组织本来各有优势，互相协同。在乡村文化治理中可以互相协同，扬长避短，但政府行政主导的结果往往是抑制了乡村其他组织的活力。如村委会本来是村民自治组织，但在行政主导体制下，乡镇政府有关乡村生产组织、公共服务、社会治理等工作都交由村委会落实，村委会事实上成了政府的助手，负责贯彻落实政府的乡村政策。村委会成员的工作性质不再只是村民利益代表，而成了上级政府的附属干部。

目前的乡村社会组织主要是村民自发成立的一些文艺爱好者团体、红白事互助组织，比较散乱，多数限于本村本土。但这些组织能为一些特殊事由，把村民联系在一起，因而有一定影响力。例如，乡村由于社会服务功能差，随着人员外流增多，婚丧嫁娶因缺少人手，操办困难。一些村民自发组织了互帮性质的红白会，解决现实难题。这类组织联系松散，但因为和村民生活需要有关，因而在一些生活方面体现出组织规范作用。在乡村文化治理中，如果利用好这些社会组织，是可以发挥治理作用的。但目前乡村治理体制下，乡村社会组织多归属村委会领导，而乡镇政府也较少关注这类组织的作用，更少投入资源扶持。这就导致这类社会组织活力不足，也缺少长期影响村民的规范能力。

乡村企业是乡村经济发展组织。像乡村传统工艺品、经济作物种植这类乡村企业，需要在本地开展业务，村民进入企业务工，接受企业的组织管理。乡村企业由于不脱离乡村社会，因而与乡村社会治理联系密切。在乡村文化治理中，可以结合乡村企业管理文化建设，发挥企业的组织优势。但目前，各地乡村文化治理并没有充分挖掘乡村企业的力量，乡村企业参与乡村文化治理多是自发的、分散的，例如，发展效益较好的企业在节假日组织本企业中的村民职工举办些文体活动或外出旅游，向所在村捐献资金或投资建设公共设施等，经常参加乡村文化治理活动的很少。有关乡镇政府、村委会在乡村文化治理中，也多是把乡村企业看作单纯经济组织，并不重视发挥乡村企业的社会组织管理能力。

推行乡村文化治理,有必要转变观念,改变行政化的管理体制,支持多主体参与,增强乡村文化治理的协同效应,把中央支持多方主体参与乡村治理的政策部署落到实处。

一是要改变乡村社会管理二元结构的认知。

当代乡村管理关系不是政府—村民的二元关系,而是政府—乡村社会—村民的多边关系。乡村社会是包含村民自治组织、村民自发组织和其他社会组织的活动空间,具有自我管理、自我组织、自我修复社会秩序的能力。不能囿于传统认知思维,从官民关系或者干群关系角度看待乡村权力结构。对乡村文化发展事务,注意区分主管、主办不同、行政管理与社会自我调节的边界,改变政府包办政策,重视发挥社会组织的功能和优势。近年来,国家建设服务型政府,应该说是顺应了时代发展潮流,但乡村薄弱的发展基础需要外部资源主要是政府资源投入。例如,近年来,乡村广电、网络等基础设施建设,乡村文化产品的生产供给能力建设,单凭乡村自身力量没有政府投入,是不可能完成的。而这些工作需要基层政府直接贯彻落实。在现实中,乡镇政府的管理和服务职能并不容易区分,"一管就死,一放就乱"在乡村管理中有其现实逻辑。一个重要原因就在于基层政府管理思想中,把政府管理作为乡村管理的唯一方式,没有注意社会组织的管理组织作用。推行乡村文化治理,首先在认知层面,就要在确立政府组织协调下,调动乡村社会组织参与乡村文化建设。政府包办一切,任意干预乡村文化发展的方式已经不适应当代乡村社会文化治理环境变化的现实。

二是要合理分工,畅通乡村各主体协同渠道。

乡村文化治理是个系统。在乡村文化治理系统中,存在多个主体。每个主体由于组织方式、拥有的资源以及和乡村关系不同,故在乡村文化治理中各有其独特作用。从组织协同角度,主体间各自分工、协同配合是高效形式。过去,我国乡村社会管理和乡村文化建设,主要是基于社会科层制需要形成的上下级管理秩序,缺少社会其他力量的参与,因而管理方式比较单一,行政化、命令化管理是一种常态,导致效率低,影响乡村文化建设。当代乡村发展环境因为多种原因产生了不少社会组织，如演艺组织、健身组织、环保组织等。但目前比较有持续性和组织性的是婚丧嫁娶组织和多种形式的经济合作组织。这些乡村社会组织与村民日常生活联系密切，能够帮助村民解决多种日常生活难题，满足一些村民日常生活需求，因而对村民有凝聚力、影响力。这类乡村社会组织拥有相对独立的主体地位，各主体有自己的资源与渠道，在乡村文化治理中认同度高，因而有独特作用。在乡村文化治理政策层面，应该通过规范化、法治化管理，把乡村社会组织纳入乡村文化治理系统，鼓励分工，推动协作，发挥各自积极性、优越性，避免资源浪费，推动形成乡村文化治理的合力，从而形成乡村文化治理的共治格局。

三是培养扶持新乡贤。

近年来，乡贤的价值被人们重新认知。在传统的乡村社会中，乡贤都是些有才学、品德高、有威望的人。乡贤在乡村化解村民矛盾，为村民代言方面发挥作用，是传统乡村治理和乡村文化传承的重要力量。当代乡贤身份不同于传统，不论那些特殊才能的文艺人才、尊长，还是退休官员、反哺乡村的成功人士，因为他们有影响力，因而是乡村文化治理中值得重视的力量。乡贤还可以发挥文化引领作用。乡贤普遍文化素质较高，视野较开阔。他们对乡村有着深切了解，也有意愿传承乡村文化。乡贤为村民所认可，威望高，有亲善性，是教化乡里、涵育乡风文明的重要精神力量。乡贤可以推动乡村发展，如有些取得成功的乡贤，反哺乡村，为家乡建设直接提供资金、项目、人才等支持，为乡村发展注入活力。

目前的问题是，当代城乡发展差距还很大的情况下，乡贤流失问题比较突出。同时，乡村也缺少乡贤活动组织与具体渠道，进一步弱化了乡贤的作用。乡贤与乡村文化历史、与村民的联系密切，是乡村文化治理的重要力量。没有乡贤支持，乡村文化治理既少了和村民沟通的渠道，也少了乡村文化的一些底蕴。因此，有必要采取积极措施，从乡村文化道德引领、涵育乡村文明方面挖掘、发挥乡贤作用，为乡村文化治理提供积极推动力。例如，根据乡贤分散的状况建设乡贤人才库。乡贤来自各行各业，工作生活各有特点。通过收集整理本地乡贤人才的信息，建立起一个分类合理、信息齐全的乡贤人才信息库，以便因人施策，增强乡贤工作针对性，更好地发展乡贤特长，为乡村文化治理提供源源不断的人才支撑。针对乡贤缺少参与乡村文化治理渠道问题，可以搭建乡贤工作平台。对在乡的在外的乡贤，实行政策、事务对接，为乡贤提供干事、参与乡村文化治理的渠道，增强他们服务乡梓、献策出力的信心。

三、推动德治、法治结合，为乡村文化治理提供规范化保障

乡村振兴是全面的振兴。乡村文化振兴是乡村振兴的应有之义。而从文化功能上说，乡村文化振兴具有提升村民生活质量、满足村民精神需要的功能，还具有凝聚人心、构建乡村良好社会秩序的社会治理功能。党的十九大报告提出："实施乡村振兴战略，加强农村基层基础工作，健全自治、法治、德治相结合的乡村治理体系。"德治的实质是文化治理。通过全面的文化治理，提升全社会道德水平，达到社会治理效果。在当代乡村，乡村文化治理有着深刻的现实需求和日益增加的重要性。

"文化治理就是多元主体以合作共治的方式治理文化，并利用文化的功能来达成政治、社会和经济等多重治理目标的过程。"[①] 文化治理的前提是必须明确治理的是什么文化。在乡村文化治理中，就是要明确治理什么样的乡村文化。"乡村文化是指在乡村社会中，以农民为主体，以乡村社会的知识结构、价值观念、乡风民俗、社会心理、行为方式为主要内容，以农民的群众性文化娱乐活动为主要形式的文化类型。一定程度上，乡村文化是村落乡民独特生命样式的背景知识，在呈现农民特有的人际交往模

---

① 吴理财，解胜利. 文化治理视角下的乡村文化振兴：价值耦合与体系建构 [J]. 华中农业大学学报（社会科学版），2019（1）：16-23.

式的同时，也为乡民现实生活中的思维逻辑与行为选择提供了内在基础。"① 就是说，乡村文化是乡村特有环境的产物。

中国传统的乡村文化建立在农耕生产方式基础之上，可以说是农耕生产方式的产物。中国上古的神话里，如女娲抟黄土造人、神农氏制耒耜种五谷、大禹治水等多和土地、水利有关。传统的历法紧密联系农时称为农历。传统文艺作品表现的内容也以乡村生活为主。而春秋以降，发展农耕始终是国家政策的主轴。与农耕生产方式相适应，聚族而居，建立村落构成了中国传统社会基本的社会空间。聚族而居决定了中国人传统的社会关系网络，相应的宗法伦理就此产生。在中国传统的乡村，宗法制实际是建立在深厚的现实基础上的。而在漫长的历史中，经过不断发展完善，乡村宗法伦理最终推动形成了中国社会传统文化的整体性伦理特征。所以，梁漱溟认为，中国社会的伦理始于家庭，而不止于家庭，是遍及全社会的，"何为伦理，伦即伦偶之意，就是说，人与人都在相关系中。人一生下来就有与他相关系的人（父母兄弟等）。人生将始终在与人相关系中而生活不能离社会"。② 由个人到家庭到社会，伦理关系构成了传统中国人生活的特征，形成了中国人伦理本位的文化特征。"人类在情感中皆以对方为主（在欲望中则自己为主），故伦理关系彼此互以对方为重，一个人似不为自己而存在，乃仿佛互为他人而存在者。这种社会可称伦理本位的社会。"③ 中国长期的历史能够延续，中国传统的乡村发展结构能够长期保持稳定，不能不说宗法伦理文化起到了关键性作用。

在中国传统的社会治理中，非常强调道德教化的作用，讲究德治，把道德规范作为国家和社会治理的主要手段。突出道德伦理在国家治理中的作用，成为中国传统社会治理理论的突出特征。例如，孔子宣扬仁政，提出"为政以德，譬如北辰，居其所而众星拱之"（《论语·为政》）。孔子

---

① 赵旭东，孙笑非. 中国乡村文化的再生产［J］. 南京农业大学学报（社会科学版），2017（1）：119-127.

② 梁漱溟全集：第 2 卷［M］. 济南：山东人民出版社，2005：168.

③ 同上.

的仁政思想指向是礼制。周礼中上下尊卑、老幼有序的宗法伦理则是孔子推崇的礼制。他主张需要恢复周礼，人言行举止都要合乎礼仪，要做到"非礼勿视，非礼勿听，非礼勿言，非礼勿动"（《论语·颜渊》）。"礼"从国家治理政策成为一种日常生活规范，清楚不过地体现出传统道德伦理的社会治理功能及其转换逻辑。所以，费孝通指出：传统的中国社会是礼制社会，礼是社会公认合式的行为规范，维持礼这种规范的是传统。但是，礼并不是靠一个外在的权力来推行的，而是从教化中养成了个人的敬畏之感，使人服膺。① 德治、礼制在语词上不同，实质是互相包含、互相融合，其基础或者核心都是基于血缘关系形成的宗法伦理。

基于血缘关系的传统乡村宗法伦理在 20 世纪受到激烈批判。五四新文化运动中，在"科学民主"的旗号下，提倡新道德、反对旧道德成为一时潮流，宗法礼教被归结为"吃人"而被彻底否定。中华人民共和国成立以后，由于在乡村推行集体化道路，党和政府在乡村建立起强有力的组织，乡村中宗族势力作为组织的存在基础被瓦解。由于高度集中的权力体制带来的普遍行政性，乡村血缘亲疏关系也经常被意识形态的阶级论冲击，如 20 世纪 60 年代的"破四旧"运动，但传统上基于血缘形成的社会亲疏关系在乡村民间依然顽强地存在并发挥作用，乡村的婚丧嫁娶以及逢年过节，血缘亲疏关系仍然是村民面对的主要关系。改革开放以后，乡村在经济上推行家庭联产承包责任制，政治上推行村民自治，传统的伦理意识在乡村很快复苏，基于血缘的伦理关系在村民生活中又开始变得重要。无论村民委员会选举还是日常的婚丧嫁娶，基于血缘伦理的宗族关系都发挥着重要影响。至于传统价值观念层面，只要看看 1980 年全国普遍推行的独生子女政策，几年后为何在大部分农村被改为头胎是女孩可以再生一胎的政策，就不难理解，传统重男轻女观念传承的强大力量。当然，从经济基础看，最根本的原因还是乡村的农耕生产方式。即使在 80 年代，依然没有脱离以人力畜力为主的方式。从这个角度，村民道德伦理观念的改变何以那么艰难缓慢就不难理解了。

---

① 费孝通. 乡土中国［M］. 北京：人民出版社，2008：61-63.

90 年代以后，随着乡村经济的发展，特别是乡村村民大量外出打工经商，乡村的经济发展环境开始发生根本变化。村民对血缘关系网络的依赖性迅速降低，基于血缘关系的传统宗族道德伦理体系已经与村民日常生活环境出现了巨大落差，因而乡村传统的道德伦理文化治理模式难以为继。这主要因为以下几点。

一是乡村社会村民的社会关系改变。

村民在传统的血缘关系网络之外，有了更复杂的社会关系网络，如同学、朋友、商业合作等关系。乡村社会由基于血缘形成的熟人社会转向半熟人甚至陌生人社会。基于传统血缘关系形成的伦理道德已经不再适应乡村社会，也不能对村民的日趋多样化的日常生活发挥作用。传统的伦理道德功能在乡村社会中开始失效、失能。

二是城市化、市场经济发展带来个人价值观念变化。

20 世纪 80 年代以后，工商业主导的城市化发展迅速，大量村民到城市谋生寻找发展机会，一方面脱离了传统的宗族社会环境；另一方面也脱离了传统的农耕生产方式，城市空间、市场经济的体制机制都突出了个人价值和个人意识的重要性。即使在乡的村民，因为大量经商、务工活动，与传统的村民生产生活方式也大为不同。在市场经济整体发展环境下，个人需要通过市场达成个人生产生活目的是必然的。传统乡村中那种建立在农耕生产方式上的宗族道德体系发生了动摇，适应城市化、市场化基础的个人价值观念转变势所必然。

三是社会法治建设的进步。

改革开放以来，基于历史经验，也基于市场经济的发展，国家非常重视法治建设。从宪法到部门法，从综合性法律到部门规章，社会发展过程是立法发展的过程，也是普及法治教育的过程。在乡村，依法推行村民自治，基层法治建设逐步完善，法律与村民生活联系不断增强，村民生产生活中一些矛盾需要依靠法律而不是传统道德才能解决。

乡村社会的内外部环境发生了深刻变革，乡村治理策略也需要作出调整变革。当代乡村文化治理由此具有了新的现实基础。推动德治、法治结合，为乡村文化治理提供规范化保障，势在必行。

德治是乡村文化治理的支撑。德治是我国乡村治理传统，在乡村有着丰富资源与优势。在今天的乡村，虽然传统的生产生活方式已经发生了很大改变，但农耕活动依然重要，聚居的规模和空间依然不同于城市，乡村民俗礼仪工艺文艺依然存在，乡村熟人的网络系统依然以某些方式发挥作用。这就为乡村文化治理挖掘各种道德资源、推行德治提供了基础。当代乡村文化治理中的德治当然不可能等同于传统的德治，应该是有传承而又有顺应时代的创新。主要应该包含如下内容。开发传统道德文化资源。乡村的德治离不开乡村道德文化资源。乡村的道德文化资源都有着长期历史，和村民生活融汇在一起。乡村文化治理，推行德治，需要尊重乡村已有的风俗习惯和道德规范，对乡村生活中民俗礼仪、文物遗存、工艺文艺等予以保护、开发，避免简单化否定、抛弃传统道德文化资源。同时，重视发展培育新道德。随着时代发展，传统道德资源需要创新发展、与时俱进、适应时代，革除某些不合时宜、故步自封的内容规范，通过村民喜闻乐见的传播方式，推动乡村道德文化建设跟上现代文明步伐，培养村民的创新意识、文明意识、自强意识。

法治是乡村文化治理的保障。法治是一种治理制度，也是一种治理策略。法治包含一系列规则体系。现代法治包含的人人平等原则、规则普遍性原则、公开正义原则等都是维护现代社会秩序的必要原则和保障。传统的乡村社会因为是小聚集、大分散的熟人社会，基于血缘亲疏的家族关系是个人最重要的社会关系，因而伦理道德在乡村社会有强大影响力。而到了当代社会，人的社会关系网络变得立体多元，人与人之间的交往变得复杂多样，传统的道德礼制已经不足以涵盖个人社会生活的各领域，也不能解决当代人生活的全部矛盾和社会问题，寻求一种具有普遍意义的规则标准维持社会和生活秩序势所必然。这就需要法治，利用法治保证社会的和谐和稳定。当代乡村文化治理，面对村民个人意识增强，个人利益矛盾冲突多样化，单纯的道德说教是不能解决问题的，要依靠国家法治建设。例如传统的乡村道德文化中，讲人情，重面子，有其积极一面，但在现代法治建设背景下，道德文化在内容与形式方面都有与法治不同之处，其化解矛盾的能力明显不足。乡村文化治理，推行德治，不应也不能与法治建设对立。乡村文化治理要在法治建设框架内，以合法为前提。通过法治建设，可以提供解决乡村各种复杂矛盾的标准，协调村民利益关系，保障村民合法利益。同时，利用法律解决问题，培养村民法律意识，也可以减少矛盾冲突，降低基层政府维护乡村秩序成本。在乡村文化治理的国家投入层面，通过法治建设，可以为政府部门乡村文化治理资源投入的规范性、公平性、廉洁性提供依据，也可以对乡村文化治理政策投入的持续性、系统性提供一种保障。

四、加大乡村公共文化服务体系建设投入，为乡村文化治理提供基础要素支撑

按照《中华人民共和国公共文化服务保障法》的规定，"公共文化服务是指由政府主导、社会力量参与，以满足公民基本文化需求为主要目的而提供的公共文化设施、文化产品、文化活动以及其他相关服务"。根据此法规定，公共文化服务是政府主导下多主体参与，为大众提供基本的公共文化产品或服务，这决定了公共文化服务的公益性。作为立法的前置条件，该法规立法的目的是："加强公共文化服务体系建设，丰富人民群众精神文化生活，传承中华优秀传统文化，弘扬社会主义核心价值观，增强文化自信，促进中国特色社会主义文化繁荣发展，提高全民族文明素质。"该法规实施原则是："公共文化服务应当坚持社会主义先进文化前进方向，坚持以人民为中心，坚持以社会主义核心价值观为引领；应当按照'百花齐放、百家争鸣'的方针，支持优秀公共文化产品的创作生产，丰富公共文化服务内容。"因此，理解国家发展公共文化服务，需要置于整个社会治理体系和文化治理体系中考虑。仅仅从国家为社会提供公共文化品或福利理解公共文化服务是不够的。"公共文化服务的实质就是建构公共性，

在一个公共性日趋衰落的转型社会中，它将发挥越来越重要的社会治理功能。因此，把'治理'引入公共文化服务，从文化治理的高度重新审视公共文化服务，就会发现，公共文化服务既是文化治理的一种形式，也是文化治理的一项内容。"①

2018 年发布的《中共中央 国务院关于实施乡村振兴战略的意见》中提出："坚持农业农村优先发展，健全乡村公共文化服务体系。"乡村公共文化服务是乡村振兴的重要内容，也是国家乡村振兴战略的重要行动方向，承载着国家在新时代文化治理的政策考量。需要加大乡村公共文化服务体系建设的投入力度，以夯实乡村文化治理基础。其中，如下几方面需要重点加强。

一是构建新的乡村道德伦理空间。

中国传统的乡村建立在农耕生产方式基础之上，社会流动性少，村民社会关系网络以基于血缘关系形成的族群关系网络为主，致使族群伦理道德在乡村社会有着强大权威性。因此，在传统的乡村社会里，道德伦理是处理乡村人际关系、维系社会秩序的基本标准和方法。改革开放以后，城市化、市场化迅速发展，村民生产生活方式都趋于独立，与宗族和集体的联系趋于淡化，传统的道德伦理的存在基础发生了根本变化，在乡村社会中的秩序维护调整能力逐渐弱化。社会上反传统、反道德现象不断出现，现代都市中流行的物欲主义、享乐主义思潮开始在乡村蔓延，遗弃老人、高价彩礼、争夺家产等不良现象冲击着传统的家庭伦理，大量低俗文化在乡村流行。同时，随着城市化发展以及计划生育推行，乡村人口流失严重，乡村的空心化、老龄化日益突出。建立在传统乡村伦理基础上的传统乡村文化治理已经难以为继。社会秩序需要新的社会道德即公德维持，不建立起稳定有序的乡村社会秩序，乡村振兴无从谈起。正是基于乡村道德伦理现实，《中共中央 国务院关于实施乡村振兴战略的意见》把"乡风文明、治理有效"作为总的要求。乡村文化治理，可以通过加强乡村公共文化服务体系建设的投入，为村民提供优秀的文化产品、文化服务，帮助村

---

① 吴理财. 把治理引入公共文化服务［J］. 探索与争鸣，2012（6）：51-54.

民分清科学与迷信、文明与愚昧的边界，在乡村树立新道德、新风尚，重新构建起健康、文明、和谐的乡村生活伦理空间，实现"乡风文明、治理有效"，推动乡村文明建设。

二是加强乡村公共文化服务设施建设。

随着社会发展和文明程度的提升，文化的权利属性受到越来越多重视。文化是人类创造的财富，也是人类享受的成果，成为普遍共识。《世界人权宣言》《经济、社会和文化权利国际公约》等公约均以法律的形式给予确认。例如，《世界人权宣言》第二十七条提出："（一）人人有权自由参加社会的文化生活，享受艺术，并分享科学进步及其产生的福利。（二）人人对由于他所创作的任何科学、文学或艺术作品而产生的精神的和物质的利益，有享受保护的权利。"我国党和政府很重视维护群众的文化权利，发展公共文化服务体系就是具体体现。长期以来，由于乡村经济发展落后，自身缺少造血机制，乡村文化基础设施落后，而国家发展重心在城市，对乡村投入不足，这就导致乡村文化基础设施落后，群众的文化需求长期得不到满足。

随着物质生活水平的提升，村民的精神文化需求不断提高，文化权利意识开始增长。加强乡村公共文化服务设施建设的投入，是满足群众精神文化需要、维护群众权利的重要途径。公共文化服务的公益性是满足群众文化权利的体现。国家通过公共文化设施建设投入，加大乡村文化产品、文化服务供给，能避免或减少不良文化对乡村文化空间的侵蚀、泛滥，大力传播积极向上的健康文化，维护正确的价值导向。国家对乡村公共文化服务设施的投入，可以对文化资源合理规划、科学布局，协调地区间、城乡间以及不同阶层间文化资源分布不均，缩小文化资源分布空间差距，维护乡村和低收入群体的文化权利。如果放任市场机制配置文化资源，在逐利的资本驱动下，文化资源只能向高收益、高消费地区集中，经济发展落后的乡村与低收入村民的文化权利是没有保障的。另外，乡村文化治理服务与管理也需要村民参与。国家在乡村文化治理中，通过加强公共文化服务设施建设的投入，推动公共文化发展，吸引、鼓励村民参与其中，树立

"大家事大家办"意识，培养村民的公共事务参与意识，调动起村民文化认同感，自觉规范自己的行为，提高自身文明素质，从而实现"共建共治共享"的文化治理目标。

三是传播核心价值观。

社会主义核心价值观体现了社会主义的根本性质和基本特征，具有重大的理论意义、实践意义。党的十九大报告中提出："社会主义核心价值观是当代中国精神的集中体现，凝结着全体人民共同的价值追求。要以培养担当民族复兴大任的时代新人为着眼点，强化教育引导、实践养成、制度保障，发挥社会主义核心价值观对国民教育、精神文明创建、精神文化产品创作生产传播的引领作用，把社会主义核心价值观融入社会发展各方面，转化为人们的情感认同和行为习惯。"这一论述明确了社会主义核心价值观建设的出发点和落脚点，也对社会主义核心价值观传播和教育实践提出了更高的要求。

乡村振兴包含文化振兴，乡村文化振兴离不开社会主义核心价值观的引领。推行乡村文化治理，加强对乡村公共文化的投入，发展乡村公共文化，是振兴乡村文化的重要途径，也可以为传播和实践社会主义核心价值观提供载体和渠道。长期以来，我国乡村经济、社会发展落后，文化基础设施缺乏，群众的公共文化生活贫乏。这不仅不利于乡村文化发展，也对社会主义核心价值观传播和实践造成妨碍。随着当代村民教育水平的提高，他们或打工或经商，视野和思想不断开阔。因此他们自我意识强，比传统的村民更务实、更具独立判断能力。传统的灌输教化对当代村民已经难以达到预期效果，他们更喜欢参与式、娱乐式地接受思想熏陶。因此，在乡村文化治理中，面对当代村民，要传播社会主义核心价值观，传统的生硬说教是无效的，需要精心选择方式方法，才能适应当代乡村村民特点，收到预期效果。当前，主要应该根据乡村公共文化服务薄弱的现实，通过加强对乡村公共文化服务体系建设的投入，完善乡村公共文化设施，提高乡村公共文化产品和服务供给水平，一方面可以满足村民对精神文化生活的需要；另一方面可以为社会主义核心价值观传播提供载体，让村民在休闲娱乐中感受、接受社会主义核心价值观的影响，认同社会主义核心价值观，自觉践行社会主义核心价值观。

五、发展乡村文化产业，为乡村文化治理提供新的路径

20 世纪上半叶，以 M. 霍克海默、T. W. 阿多诺、H. 马尔库塞为代表的德国法兰克福学派就认识到：市场经济发展和机器大规模生产导致文化生产的产业化、机械化不可避免（当时称为文化工业）。而文化产业的发展不仅是一种生产方式，还是资本主义意识形态操纵和控制的工具。"在特定意义上，发达的工业文化较之它的前身是更为意识形态性的，因为今天的意识形态就包含在生产过程本身之中。"[①] 文化的生产过程都是意识形态输出控制的过程。而这一过程中，通过消费者消费演变为消费者自我接受的过程，因此较之宣传灌输更加隐蔽、更加有效。此后，许多西方学者都注意到现代文化的生产、消费带来的意识形态传播与控制效应。例如，英国学者汤普森谈到现代传媒业发展对意识形态的影响时指出："大众传播的技术媒介是中心关注点，它不但作为象征形式的流通与传播渠道，而且作为产生时空上延伸的新型行动与互动及新型社会关系的机制。因此，意识形态分析必须既讨论传媒机构生产与传播的象征形式，又讨论生产与接收这些传媒象征形式的行动与互动背景。"[②] 美国学者杰姆逊进一步突出了大众文化的意识形态功能，他指出在后现代资本主义社会，作为资本表征的"商品化的形式在文化、艺术、无意识等等领域无处不在"。[③] 有关文化产业研究的研究视角和价值立场并不一样，但有关研究对文化产业的意识形态工具性和社会规范意义有着普遍共识。这些理论研究揭示了现代文化产业发展内在的逻辑，对于当代文化治理实践不无启发意义。

---

① 赫伯特·马尔库塞. 单向度的人［M］. 刘继，译. 上海：上海译文出版社，2008：11.

② 约翰·B. 汤普森. 意识形态与现代文化［M］. 高铦，译. 南京：凤凰出版传媒集团，2012：286-287.

③ 杰姆逊. 后现代主义与文化理论［M］. 唐小兵，译. 北京：北京大学出版社，1997：162.

"文化治理是国家通过采取一系列政策措施和制度安排，利用和借助文化的功能用以克服与解决国家发展中问题的工具化，对象是政治、经济、社会和文化，主体是政府+社会，政府发挥主导作用，社会参与共治。"[①] 在市场经济环境里，文化产业发展有其现实必然性，一方面可以通过市场竞争优化文化资源配置效率，实现文化产品和文化服务的规模化、产业化，提高文化产品的供给数量、质量；另一方面，为文化治理提供新的载体和机制。"文化产业的治理性是文化的治理性的延伸与发展。文化产业的治理性，是由文化产业作为社会文化产品的生产和精神生产的机器，以及由这种机器与政治、经济、社会和文化发展的关系性功能决定的；是通过发展不同形态的文化产业建构满足不同人们的精神文化消费需求的精神文化生产格局，进而通过这种格局的建构实现不同阶层参与文化生产与传播的投资需求，从而实现人们普遍的文化权利与权力，并通过这一权力格局形成，建构具有不同文化诉求的精神政治秩序。"[②] 文化产业不仅在于推动文化健康发展，更重要的是为社会发展提供了一种新的秩序建构、维护模式。

2018 年 1 月，《中共中央 国务院关于实施乡村振兴战略的意见》中提出"产业兴旺、生态宜居、乡风文明、治理有效、生活富裕"的总体要求。其中，产业兴旺、乡风文明、治理有效都和乡村文化产业密切发展相关，发展意义重大。而这也是乡村文化治理需要面对的问题。乡村不仅是农作产业空间，也是文化空间。乡村文化经过历史积淀，形成了乡村民俗礼仪、人文遗存、工艺演艺、自然景观等多样化文化资源。过去经济结构比较单一，乡村文化资源缺少开发利用的机会，因而没有发挥应有的价值功能。随着社会发展进步，文化产业、旅游产业迅速发展，在文化生产、消费的维度上，乡村文化资源显示出独特的开发价值。在国家政策层面，为推动乡村产业振兴，国家也极为重视发展乡村文化产业和旅游产业。国务院、文化和旅游部、农业农村部等多次发布有关政策，推动、鼓励发展

---

① 胡惠林. 国家文化治理：发展文化产业的新维度 [J]. 学术月刊，2012（5）：28-32.
② 同上.

乡村特色文化和旅游产业。开发乡村文化资源，发展特色文化旅游产业，为乡村找到经济发展的路径，也为乡村文化治理找到一条新的现实路径。

在乡村文化资源开发中要重视保护。乡村文化资源是推行乡村文化治理的载体。在乡村文化产业发展过程中，文化企业出于市场本能，难以避免急功近利获取利润的冲动，因而开发乡村文化资源容易重视短期利益，不重视长期价值，导致破坏性开发乡村文化资源、歪曲乡村文化价值的现象屡见不鲜。而一些乡村缺少文化眼光，追逐短期经济利益，对本村文化资源开发也缺少保护意识，导致村里文化资源流失或毁坏。例如，一些乡村为了景观美化随意翻修乡村老房街道，对一些不能马上产生经济效益的历史遗址任其毁弃，对缺少市场前景的非物质文化遗产也不愿意扶持发展。没有健康有序的乡村文化资源开发，乡村文化产业难以持续发展，乡村文化治理也会失去基础。乡村文化治理需要增强对乡村文化资源开发的保护意识，通过法规政策加大乡村文化资源保护力度，推动乡村文化产业持续性发展。

要坚持乡村文化产业发展的社会效益导向。乡村文化治理要坚持把社会效益放在首位、实现社会效益和经济效益相统一。随着文化市场的发展，因为多种因素，导致乡村文化产品、文化服务并非都能实现经济效益和社会效益统一。常见的现象是，为追逐经济利益，一些乡村文化产品生产者、文化服务提供者不注意提高文化产品和文化服务质量，生产的文化产品粗制滥造，演艺内容低俗无聊，一些乡村文化旅游项目设计成了博取眼球的猎奇形式，导致把乡村的陈规陋俗当作刺激市场消费的手段。这不仅不能推动乡村文化治理，也妨碍乡村文化产业健康发展。同时，也损害党和政府在乡村的形象。政府部门推行文化治理，坚持乡村文化产业文化服务的社会效益导向，就是要以宣扬社会主义核心价值观为中心，加强乡村文化产业发展的管理，强化社会效益第一的文化产品文化服务评价标准，对低俗黄色文化产品文化服务严厉打击，推动文化企业靠提升乡村文化产品文化服务的质量赢得消费市场，获取市场竞争力。

要推动文化产品文化服务市场网络渠道建设。乡村文化治理是对乡村空间的治理，其举措需要覆盖全乡村。一定意义上，乡村文化治理的成效取决于相关举措通过什么网络渠道达到乡村空间的可及性程度。由于历史、经济等原因，乡村基础设施落后，地区间发展水平差别大。在市场经济环境下，文化产品和文化服务从生产者到消费者，离不开市场网络渠道。市场网络渠道沟通了生产者和消费者的关系，使得文化产品文化服务的生产-流通（传播）-消费得以构成完整市场链条。而在乡村文化治理中，文化产品文化服务的市场网络渠道建设和文化治理的网络渠道具有同构性，即乡村文化治理可以通过乡村文化产品文化服务市场网络渠道建立起乡村文化治理的网络渠道，从而降低文化治理的制度成本，提高治理效果。为此，在乡村文化治理中，推动、规范乡村文化产品文化服务网络渠道建设，本身就有文化治理的重要意义。政府部门可以就此采用建设完善乡村基础设施、财政补贴、政府采购、税收减免等办法，鼓励、引导相关企业建立健全乡村市场网络渠道，为文化企业开发市场空间，也为乡村文化治理提供支撑。

本章小结

我国是农业大国，农业、农村、农民"三农"问题关系社会安定和国家治理成败。当代乡村处于现代化发展的转型期。由于乡村薄弱的发展环境，现代化内生动力能力不足，外部因素的驱动扶持对于乡村现代化发展至关重要。中央推行乡村振兴战略，是重大的乡村发展政策规划，也是对乡村现代化发展的重大驱动扶持，影响深远。乡村振兴是全面的振兴，乡村现代化发展是全面的现代化发展。党的十九大报告提出，要按照"产业兴旺、生态宜居、乡风文明、治理有效、生活富裕"的总要求，实施乡村振兴战略。在乡村振兴战略实施以及乡村现代化发展过程中，乡风文明是重要的目标指向，乡村文化发展贯穿全过程，文化的重要性与日俱增。本章引入文化治理政策调适研究视角，研究乡村文化振兴，主要因为文化治理其理论内涵包含文化发展逻辑，也包含文化功能及其实现机制。在当代乡村发展情势下，乡村振兴政策需要把发展放在关键位置，又要根据乡村的现实以及未来趋势，改革、创新乡村发展、治理体制机制，强化乡村文化日益重要的发展地位。因此，在乡村振兴战略背景下，乡村文化治理政策的调适研究有着充分的现实基础。

乡村文化治理是个系统工程，本章研究着眼于影响乡村文化治理系统的关键问题与关键环节，主要围绕乡村文化治理框架的顶层政策设计、治理主体组织建构、治理规范化建设、公共文化服务设施建设、乡村文化产业发展等方面展开研究，能够较好体现宏观微观结合的研究需要。研究中，依据国家乡村振兴战略导向，紧密联系乡村文化治理现实问题，阐释并提出乡村文化治理政策调适的方向性策略建议，因而有着较强的现实针对性和实践性。

第九章 结论与展望

在中国社会，乡村文化空间是个重要而复杂的存在。其重要源于乡村文化承载的历史文化记忆已成为中国传统文化最厚重的组成部分，其复杂源于乡村文化与当代乡村发展乃至中国社会发展的密切关系。近现代以来，中国社会的基本共识是实现国家现代化发展，但在文化领域，传统与现代的张力关系却经常性地引发矛盾冲突。这表现在对乡村文化的评价定位方面，就是争议多、差异大。特别是涉及乡村文化的当代功能问题，达成共识并不容易。

中央宣布实施乡村振兴战略，明确提出乡村振兴是全面振兴，把"产业兴旺、生态宜居、乡风文明、治理有效、生活富裕"作为乡村振兴的总要求。乡村治理有效是乡村振兴战略的重要内容。没有乡村的有效治理，就没有乡村的全面振兴，更无法实现乡村振兴战略中的国家治理体系和治理能力现代化建设目标。作为国家战略和政策，我国各地区乡村多，乡情差别大。要达到"治理有效"，只能设计、推行具有普遍性、科学性的政策策略。这是现实实践需要，也是政策工具性特点决定的。在此背景下，文化治理显示出重要性。所谓文化治理是治理的一种形态，本质是一种国家文化规训政策，它诉诸文化，又不限于文化，而是着眼于整个社会文化的调整与规范，即所谓的"文化既是治理的对象，同时也是治理的工具"。① 从文化治理政策的角度分析乡村文化，有着强烈的实践指向性。

《中共中央 国务院关于实施乡村振兴战略的意见》中，规划了乡村振兴战略实施目标的不同阶段目标，贯穿始终的是乡村现代化发展。作为乡

---

① 任珺. 文化的公共性与新兴城市文化治理机制探讨［J］. 福建论坛，2015（2）：74-79.

村振兴战略重要内容的乡村文化，显然也需要实现现代化发展。在此背景下，乡村文化治理的目标任务及具体策略也不可能脱离这一背景。本书研究的逻辑起点就此展开。

本章系统总结本书研究论题，对研究中涉及的重要问题、观点进行明确阐释，并对进一步研究提出初步意见。

在此，有必要总结阐明本书研究表达的一些基本观点，如：

乡村振兴战略背景下的文化治理本质是文化规训，不可能取代乡村治理中的政治、经济等治理方式。同时，乡村文化治理体现出当代乡村文化塑造乡村个人行为、社会规则的自主性、制度性，而不再简单是一种文化现象或社会结构的附属物。

乡村文化产品是传承优秀乡村文化、推进乡村文化生态发展的途径，也是乡村文化治理的重要载体。

在市场经济法治化建设过程中，乡村文化生产的组织管理规则可以推动乡村文化治理由教化转向规则治理，促进乡村社会自治、法治、德治有机结合，有助于推动建构治理共同体、文化共同体。

跨界融合是乡村文化治理的主要方式，也是提高乡村文化社会治理效果广度、深度的有效方式。

乡村文化的传播、消费是实现乡村文化治理目标的关键环节。乡村文化传播、消费过程中大众对文化价值的接受程度和接受方式，直接影响乡村文化治理的社会效果。

......

有关观点不一而足，并非涵括本书全部内容，也不一定可以被普遍认可，但基于本书研究分析，是可以作为本书一家之言的。

本书在研究中，紧密联系推进乡村振兴战略背景，把乡村文化治理作为研究对象，突出学术研究的创新意识、问题导向，力求为乡村社会有效治理提供新的路径。同时，重视总结国内外相关理论成果与实践经验，探求搭建起文化治理的理论研究框架，突出研究的科学性、现实性、创新性，避免研究理论的碎片化、实践策略的空泛化。

　　由于当代乡村现代化迅速发展，乡村文化处在转型发展中。研究对象的某些不确定性带来了研究难度，加之研究时间有限，因而在研究细节和一些具体问题上，本书尚有继续强化深入的广阔空间。这是需要向读者说明的。

主要参考文献

著作：

[1] 毛泽东选集 ［M］：1—4 卷．北京：人民出版社，1991.

[2] 习近平谈治国理政 ［M］：第三卷．北京：外文出版社，2020.

[3] 费孝通．乡土中国 ［M］．北京：北京大学出版社，2006.

[4] 梁漱溟．乡村建设理论 ［M］．上海：上海人民出版社，2006.

[5] 张胜冰．文化资源学导论 ［M］．北京：北京大学出版社，2017.

[6] 范玉刚．乡村文化复兴与乡土文明价值重构 ［M］．北京：中国大百科全书出版社，

[7] 罗钢，刘象愚．文化研究读本 ［M］．王广州，译．北京：中国社会科学出版社，2000.

[8] 贺雪峰．乡村社会关键词：进入 21 世纪的中国乡村素描 ［M］．济南：山东人民出版社，2010.

[9] 吴忠．城市文化与文明 ［M］．北京：人民出版社，2011.

[10] 陈默．媒介文化传播 ［M］．北京：中国传媒大学出版社，2016.

[11] 胡惠林．文化政策学：第 2 版 ［M］．北京：清华大学出版社，2015.

[12] 祁述裕．国家文化治理现代化研究 ［M］．北京：社会科学文献出版社，2019.

[13] 刘辉．文化治理公共文化服务的中国故事研究 ［M］．北京：高

等教育出版社，2017.

[14] 周宪．当代中国的视觉文化研究 ［M］．南京：译林出版社，2017.

[15] 陈龙，陈一．视觉文化传播导论 ［M］．上海：上海三联书店，2006.

[16] 向勇，刘静．文化产业应用理论 ［M］．北京：金城出版社，2011.

[17] 刘锋，靳志华，徐英迪．地方文化资源与乡村社会治理 ［M］．北京：社会科学文献出版社，2018.

[18] 孟召宜，渠爱雪．地域文化传承创新与文化产业特色发展 ［M］．北京：科学出版社，2016.

[19] 王秉安，施玮，等．地方特色文化创意产业与社区原理、战略与两岸个案 ［M］．北京：社会科学文献出版社，2016.

[20] 唐亚林，朱春．文化治理的逻辑：城乡文化一体化发展的理论与实践 ［M］．上海：复旦大学出版社，2021.

[21] 余红．互联网时代网络舆论发生机制研究 ［M］．武汉：华中科技大学出版社，2016.

[22] 大卫·赫斯蒙德夫．文化产业 ［M］．张菲娜，译．北京：中国人民大学出版社，2007.

[23] 玛格丽特·迪科维茨卡娅．视觉文化面面观 ［M］．李芳，肖伟胜，译．重庆：重庆大学出版社，2019.

[24] 吉姆·麦圭根．重新思考文化政策 ［M］．何道宽，译．北京：中国人民大学出版社，2010.

[25] 露丝·本尼迪克特．文化模式 ［M］．王炜，译．北京：三联书店，1988.

[26] 塞缪尔·亨廷顿，劳伦斯·哈里森．文化的重要作用：价值观如何影响人类进步 ［M］．北京：新华出版社，2002.

[27] M. 罗吉斯．乡村社会变迁 ［M］．王晓毅，译．杭州：浙江人

民出版社，1988.

［27］史蒂文森．城市与城市文化［M］．北京：北京大学出版社，2007.

［29］路易·阿尔都塞．意识形态与意识形态国家机器［M］．方杰，译．南京：南京大学出版社，2002.

［30］Thomas Skuzinski. The Risk of Regional Governance：Cultural Theory and Interlocal Cooperation［M］.New York ：Routledge，Taylor ＆ Francis Group，2018.

期刊：

［1］杜鹏．转型期乡村文化治理的行动逻辑［J］．求实，2021（2）：79-97+112.

［2］姜亦炜．互构与适应：文化治理的乡村逻辑［J］．治理研究，2021（1）：70-80.

［3］兰庆庆．从文化管理到文化治理：我国农家书屋建设的发展逻辑与范式转换［J］．中国编辑，2020（11）：49-53.

［4］裴齐容．节事互动中的认同：文化治理的视角［J］．旅游学刊，2020（11）：9-11.

［5］刘建．乡村振兴视野下家风文化治理的演变逻辑及体系重构［J］．湖北民族大学学报（哲学社会科学版），2020（5）：145-152.

［6］汪倩倩．新时代乡村文化治理的理论范式、生成逻辑与实践路径［J］．江海学刊，2020（5）：231-236.

［7］李萍，李增添．中国共产党文化治理方略的历史探索［J］．广东社会科学，2020（5）：5-14.

［8］张世定．乡村振兴中乡村文化治理的制度构建［J］．长白学刊，2020（4）：147-156.

［9］张海荣，张建梅．向里用力：转型期乡村文化治理的根本途径［J］．中国特色社会主义研究，2020（2）：63-70.

　　［10］赵旭东，孙笑非．中国乡村文化的再生产——基于一种文化转型观念的再思考［J］．南京农业大学学报（社会科学版），2017（1）：119-127+148．

　　［11］范建华．乡村振兴战略的理论与实践［J］．思想战线，2018（3）：149-163．

　　［12］谢新松．多元化社会的文化治理模式研究［J］．云南社会科学，2013（3）：138-141．

　　［13］吴理财，解胜利．文化治理视角下的乡村文化振兴：价值耦合与体系建构［J］．华中农业大学学报（社会科学版），2019（1）：16-23+162-163．

　　［14］陈建．发达国家的公共文化治理模式［J］．图书馆论坛，2019（12）：151-157．

　　［15］胡惠林．国家文化治理：发展文化产业的新维度［J］．学术月刊，2015（5）：28-32．

　　［16］蔡武进．我国文化治理现代化70年：历程和走向［J］．深圳大学学报（人文社会科学版），2020（3）：25-35．

　　［17］沙垚．乡村文化治理的媒介化转向［J］．南京社会科学，2019（9）：112-117．

　　［18］张世定．乡村振兴中乡村文化治理的制度构建［J］．长白学刊，2020（4）：147-156．

　　［19］刘莉．治理文化抑或文化治理？——文化治理研究的回顾与展望［J］．浙江社会科学，2016（9）：89-95+159．

　　［20］刘彦武．文化治理中的新文艺组织：现实发展与政策完善［J］．重庆社会科学，2019（8）：106-116．

　　［21］李晶．乡村传统文化治理体系的现代性构建［J］．图书馆论坛，2020（4）：15-22．

　　［22］韩鹏云，张钟杰．乡村文化发展的治理困局及破解之道［J］．长白学刊，2017（4）：142-150．

［23］景小勇．国家文化治理体系及政府在其中的地位与作用［J］．人民论坛，2014（14）：28-31.

［24］张金磊．文化资源价值评估体系构建探讨［J］．长江大学学报，2013（11）：195-196.

［25］祁述裕．国家文化治理建设的三大核心任务［J］．探索与争鸣，2014（5）：7-9.

［26］Gomersall Kathryn. Governance of Resettlement Compensation and the Cultural Fix in Rural China［J］. Environment and Planning A, 2021, 53（1）：150-167.

［27］Grey Sam, Kuokkanen Rauna. Indigenous Governance of Cultural Heritage：Searching for Alternatives to Co－management［J］. International Journal of Heritage Studies, 2020, 26（10）：919-941.

［28］Leandro Sepulveda, Fergus Lyon, Ian Vickers. Implementing Democratic Governance and Ownership：The Interplay of Structure and Culture in Public Service Social Enterprises［J］. Voluntas：International Journal of Voluntary and Nonprofit Organizations, 2020, 31（3）：627-641.

［29］Khakberdiev Nurali Salokhiddinovich. The Dependence of Modern Governance on National Identity and Culture［J］. Asian Journal of Multidimensional Research, 2019, 8（12）：150-156.

［30］Gately Karen. Governance in Practice：Culture Driven Governance：Why Influencing Behaviour is an Essential Governance Strategy［J］. Governance Directions, 2017, 69（5）：271-274.

［31］Pordage Simon. Culture is a Universal Governance Topic［J］. Governance Directions, 2016, 68（3）：130-133.

［32］Witold Mikulowski. Cultural Dimension and Specificity of Public Governance［J］. Journal of Intercultural Management, 2015, 7（4）：83-100.

附录：有关乡村文化治理的部分政策法规

附录1：中共中央 国务院关于实施乡村振兴战略的意见（摘录）

（2018年1月2日）

实施乡村振兴战略，是党的十九大作出的重大决策部署，是决胜全面建成小康社会、全面建设社会主义现代化国家的重大历史任务，是新时代"三农"工作的总抓手。现就实施乡村振兴战略提出如下意见。

一、新时代实施乡村振兴战略的重大意义

……

在中国特色社会主义新时代，乡村是一个可以大有作为的广阔天地，迎来了难得的发展机遇。我们有党的领导的政治优势，有社会主义的制度优势，有亿万农民的创造精神，有强大的经济实力支撑，有历史悠久的农耕文明，有旺盛的市场需求，完全有条件有能力实施乡村振兴战略。必须立足国情农情，顺势而为，切实增强责任感使命感紧迫感，举全党全国全社会之力，以更大的决心、更明确的目标、更有力的举措，推动农业全面升级、农村全面进步、农民全面发展，谱写新时代乡村全面振兴新篇章。

二、实施乡村振兴战略的总体要求

（一）指导思想。全面贯彻党的十九大精神，以习近平新时代中国特

色社会主义思想为指导，加强党对"三农"工作的领导，坚持稳中求进工作总基调，牢固树立新发展理念，落实高质量发展的要求，紧紧围绕统筹推进"五位一体"总体布局和协调推进"四个全面"战略布局，坚持把解决好"三农"问题作为全党工作重中之重，坚持农业农村优先发展，按照产业兴旺、生态宜居、乡风文明、治理有效、生活富裕的总要求，建立健全城乡融合发展体制机制和政策体系，统筹推进农村经济建设、政治建设、文化建设、社会建设、生态文明建设和党的建设，加快推进乡村治理体系和治理能力现代化，加快推进农业农村现代化，走中国特色社会主义乡村振兴道路，让农业成为有奔头的产业，让农民成为有吸引力的职业，让农村成为安居乐业的美丽家园。

……

（三）基本原则

——坚持党管农村工作。毫不动摇地坚持和加强党对农村工作的领导，健全党管农村工作领导体制机制和党内法规，确保党在农村工作中始终总揽全局、协调各方，为乡村振兴提供坚强有力的政治保障。

——坚持农业农村优先发展。把实现乡村振兴作为全党的共同意志、共同行动，做到认识统一、步调一致，在干部配备上优先考虑，在要素配置上优先满足，在资金投入上优先保障，在公共服务上优先安排，加快补齐农业农村短板。

——坚持农民主体地位。充分尊重农民意愿，切实发挥农民在乡村振兴中的主体作用，调动亿万农民的积极性、主动性、创造性，把维护农民群众根本利益、促进农民共同富裕作为出发点和落脚点，促进农民持续增收，不断提升农民的获得感、幸福感、安全感。

——坚持乡村全面振兴。准确把握乡村振兴的科学内涵，挖掘乡村多种功能和价值，统筹谋划农村经济建设、政治建设、文化建设、社会建设、生态文明建设和党的建设，注重协同性、关联性，整体部署，协调推进。

——坚持城乡融合发展。坚决破除体制机制弊端，使市场在资源配置

中起决定性作用，更好发挥政府作用，推动城乡要素自由流动、平等交
换，推动新型工业化、信息化、城镇化、农业现代化同步发展，加快形成
工农互促、城乡互补、全面融合、共同繁荣的新型工农城乡关系。

——坚持人与自然和谐共生。牢固树立和践行绿水青山就是金山银山
的理念，落实节约优先、保护优先、自然恢复为主的方针，统筹山水林田
湖草系统治理，严守生态保护红线，以绿色发展引领乡村振兴。

——坚持因地制宜、循序渐进。科学把握乡村的差异性和发展走势分
化特征，做好顶层设计，注重规划先行、突出重点、分类施策、典型引
路。既尽力而为，又量力而行，不搞层层加码，不搞一刀切，不搞形式主
义，久久为功，扎实推进。

……

五、繁荣兴盛农村文化，焕发乡风文明新气象

乡村振兴，乡风文明是保障。必须坚持物质文明和精神文明一起抓，
提升农民精神风貌，培育文明乡风、良好家风、淳朴民风，不断提高乡村
社会文明程度。

（一）加强农村思想道德建设。以社会主义核心价值观为引领，坚持
教育引导、实践养成、制度保障三管齐下，采取符合农村特点的有效方
式，深化中国特色社会主义和中国梦宣传教育，大力弘扬民族精神和时代
精神。加强爱国主义、集体主义、社会主义教育，深化民族团结进步教
育，加强农村思想文化阵地建设。深入实施公民道德建设工程，挖掘农村
传统道德教育资源，推进社会公德、职业道德、家庭美德、个人品德建
设。推进诚信建设，强化农民的社会责任意识、规则意识、集体意识、主
人翁意识。

（二）传承发展提升农村优秀传统文化。立足乡村文明，吸取城市文
明及外来文化优秀成果，在保护传承的基础上，创造性转化、创新性发
展，不断赋予时代内涵、丰富表现形式。切实保护好优秀农耕文化遗产，
推动优秀农耕文化遗产合理适度利用。深入挖掘农耕文化蕴含的优秀思想

观念、人文精神、道德规范，充分发挥其在凝聚人心、教化群众、淳化民风中的重要作用。划定乡村建设的历史文化保护线，保护好文物古迹、传统村落、民族村寨、传统建筑、农业遗迹、灌溉工程遗产。支持农村地区优秀戏曲曲艺、少数民族文化、民间文化等传承发展。

（三）加强农村公共文化建设。按照有标准、有网络、有内容、有人才的要求，健全乡村公共文化服务体系。发挥县级公共文化机构辐射作用，推进基层综合性文化服务中心建设，实现乡村两级公共文化服务全覆盖，提升服务效能。深入推进文化惠民，公共文化资源要重点向乡村倾斜，提供更多更好的农村公共文化产品和服务。支持"三农"题材文艺创作生产，鼓励文艺工作者不断推出反映农民生产生活尤其是乡村振兴实践的优秀文艺作品，充分展示新时代农村农民的精神面貌。培育挖掘乡土文化本土人才，开展文化结对帮扶，引导社会各界人士投身乡村文化建设。活跃繁荣农村文化市场，丰富农村文化业态，加强农村文化市场监管。

（四）开展移风易俗行动。广泛开展文明村镇、星级文明户、文明家庭等群众性精神文明创建活动。遏制大操大办、厚葬薄养、人情攀比等陈规陋习。加强无神论宣传教育，丰富农民群众精神文化生活，抵制封建迷信活动。深化农村殡葬改革。加强农村科普工作，提高农民科学文化素养。

六、加强农村基层基础工作，构建乡村治理新体系

乡村振兴，治理有效是基础。必须把夯实基层基础作为固本之策，建立健全党委领导、政府负责、社会协同、公众参与、法治保障的现代乡村社会治理体制，坚持自治、法治、德治相结合，确保乡村社会充满活力、和谐有序。

（一）加强农村基层党组织建设。扎实推进抓党建促乡村振兴，突出政治功能，提升组织力，抓乡促村，把农村基层党组织建成坚强战斗堡垒。强化农村基层党组织领导核心地位，创新组织设置和活动方式，持续整顿软弱涣散村党组织，稳妥有序开展不合格党员处置工作，着力引导农

村党员发挥先锋模范作用。建立选派第一书记工作长效机制，全面向贫困村、软弱涣散村和集体经济薄弱村党组织派出第一书记。实施农村带头人队伍整体优化提升行动，注重吸引高校毕业生、农民工、机关企事业单位优秀党员干部到村任职，选优配强村党组织书记。健全从优秀村党组织书记中选拔乡镇领导干部、考录乡镇机关公务员、招聘乡镇事业编制人员制度。加大在优秀青年农民中发展党员力度。建立农村党员定期培训制度。全面落实村级组织运转经费保障政策。推行村级小微权力清单制度，加大基层小微权力腐败惩处力度。严厉整治惠农补贴、集体资产管理、土地征收等领域侵害农民利益的不正之风和腐败问题。

（二）深化村民自治实践。坚持自治为基，加强农村群众性自治组织建设，健全和创新村党组织领导的充满活力的村民自治机制。推动村党组织书记通过选举担任村委会主任。发挥自治章程、村规民约的积极作用。全面建立健全村务监督委员会，推行村级事务阳光工程。依托村民会议、村民代表会议、村民议事会、村民理事会、村民监事会等，形成民事民议、民事民办、民事民管的多层次基层协商格局。积极发挥新乡贤作用。推动乡村治理重心下移，尽可能把资源、服务、管理下放到基层。继续开展以村民小组或自然村为基本单元的村民自治试点工作。加强农村社区治理创新。创新基层管理体制机制，整合优化公共服务和行政审批职责，打造"一门式办理""一站式服务"的综合服务平台。在村庄普遍建立网上服务站点，逐步形成完善的乡村便民服务体系。大力培育服务性、公益性、互助性农村社会组织，积极发展农村社会工作和志愿服务。集中清理上级对村级组织考核评比多、创建达标多、检查督查多等突出问题。维护村民委员会、农村集体经济组织、农村合作经济组织的特别法人地位和权利。

（三）建设法治乡村。坚持法治为本，树立依法治理理念，强化法律在维护农民权益、规范市场运行、农业支持保护、生态环境治理、化解农村社会矛盾等方面的权威地位。增强基层干部法治观念、法治为民意识，将政府涉农各项工作纳入法治化轨道。深入推进综合行政执法改革向基层延伸，创新监管方式，推动执法队伍整合、执法力量下沉，提高执法能力和水平。建立健全乡村调解、县市仲裁、司法保障的农村土地承包经营纠纷调处机制。加大农村普法力度，提高农民法治素养，引导广大农民增强尊法学法守法用法意识。健全农村公共法律服务体系，加强对农民的法律援助和司法救助。

（四）提升乡村德治水平。深入挖掘乡村熟人社会蕴含的道德规范，结合时代要求进行创新，强化道德教化作用，引导农民向上向善、孝老爱亲、重义守信、勤俭持家。建立道德激励约束机制，引导农民自我管理、自我教育、自我服务、自我提高，实现家庭和睦、邻里和谐、干群融洽。广泛开展好媳妇、好儿女、好公婆等评选表彰活动，开展寻找最美乡村教师、医生、村官、家庭等活动。深入宣传道德模范、身边好人的典型事迹，弘扬真善美，传播正能量。

（五）建设平安乡村。健全落实社会治安综合治理领导责任制，大力推进农村社会治安防控体系建设，推动社会治安防控力量下沉。深入开展扫黑除恶专项斗争，严厉打击农村黑恶势力、宗族恶势力，严厉打击黄赌毒盗拐骗等违法犯罪。依法加大对农村非法宗教活动和境外渗透活动打击力度，依法制止利用宗教干预农村公共事务，继续整治农村乱建庙宇、滥塑宗教造像。完善县乡村三级综治中心功能和运行机制。健全农村公共安全体系，持续开展农村安全隐患治理。加强农村警务、消防、安全生产工作，坚决遏制重特大安全事故。探索以网格化管理为抓手、以现代信息技术为支撑，实现基层服务和管理精细化精准化。推进农村"雪亮工程"建设。

七、提高农村民生保障水平，塑造美丽乡村新风貌

乡村振兴，生活富裕是根本。要坚持人人尽责、人人享有，按照抓重点、补短板、强弱项的要求，围绕农民群众最关心最直接最现实的利益问题，一件事情接着一件事情办，一年接着一年干，把乡村建设成为幸福美丽新家园。

（一）优先发展农村教育事业。高度重视发展农村义务教育，推动建立以城带乡、整体推进、城乡一体、均衡发展的义务教育发展机制。全面改善薄弱学校基本办学条件，加强寄宿制学校建设。实施农村义务教育学生营养改善计划。发展农村学前教育。推进农村普及高中阶段教育，支持教育基础薄弱县普通高中建设，加强职业教育，逐步分类推进中等职业教育免除学杂费。健全学生资助制度，使绝大多数农村新增劳动力接受高中阶段教育、更多接受高等教育。把农村需要的人群纳入特殊教育体系。以市县为单位，推动优质学校辐射农村薄弱学校常态化。统筹配置城乡师资，并向乡村倾斜，建好建强乡村教师队伍。

......

附录2：中华人民共和国村民委员会自治法

（1998 年 11 月 4 日第九届全国人民代表大会常务委员会第五次会议通过，
2010 年 10 月 28 日第十一届全国人民代表大会常务委员会第十七次会议修订）

第一章　总则

第一条　为了保障农村村民实行自治，由村民依法办理自己的事情，发展农村基层民主，维护村民的合法权益，促进社会主义新农村建设，根据宪法，制定本法。

第二条　村民委员会是村民自我管理、自我教育、自我服务的基层群众性自治组织，实行民主选举、民主决策、民主管理、民主监督。

村民委员会办理本村的公共事务和公益事业，调解民间纠纷，协助维护社会治安，向人民政府反映村民的意见、要求和提出建议。

村民委员会向村民会议、村民代表会议负责并报告工作。

第三条　村民委员会根据村民居住状况、人口多少，按照便于群众自治，有利于经济发展和社会管理的原则设立。

村民委员会的设立、撤销、范围调整，由乡、民族乡、镇的人民政府提出，经村民会议讨论同意，报县级人民政府批准。

村民委员会可以根据村民居住状况、集体土地所有权关系等分设若干村民小组。

第四条 中国共产党在农村的基层组织，按照中国共产党章程进行工作，发挥领导核心作用，领导和支持村民委员会行使职权；依照宪法和法律，支持和保障村民开展自治活动、直接行使民主权利。

第五条 乡、民族乡、镇的人民政府对村民委员会的工作给予指导、支持和帮助，但是不得干预依法属于村民自治范围内的事项。

村民委员会协助乡、民族乡、镇的人民政府开展工作。

第二章 村民委员会的组成和职责

第六条 村民委员会由主任、副主任和委员共三至七人组成。

村民委员会成员中，应当有妇女成员，多民族村民居住的村应当有人数较少的民族的成员。

对村民委员会成员，根据工作情况，给予适当补贴。

第七条 村民委员会根据需要设人民调解、治安保卫、公共卫生与计划生育等委员会。村民委员会成员可以兼任下属委员会的成员。人口少的村的村民委员会可以不设下属委员会，由村民委员会成员分工负责人民调解、治安保卫、公共卫生与计划生育等工作。

第八条 村民委员会应当支持和组织村民依法发展各种形式的合作经济和其他经济，承担本村生产的服务和协调工作，促进农村生产建设和经济发展。

村民委员会依照法律规定，管理本村属于村农民集体所有的土地和其他财产，引导村民合理利用自然资源，保护和改善生态环境。

村民委员会应当尊重并支持集体经济组织依法独立进行经济活动的自主权，维护以家庭承包经营为基础、统分结合的双层经营体制，保障集体经济组织和村民、承包经营户、联户或者合伙的合法财产权和其他合法权益。

第九条　村民委员会应当宣传宪法、法律、法规和国家的政策，教育和推动村民履行法律规定的义务、爱护公共财产，维护村民的合法权益，发展文化教育，普及科技知识，促进男女平等，做好计划生育工作，促进村与村之间的团结、互助，开展多种形式的社会主义精神文明建设活动。

村民委员会应当支持服务性、公益性、互助性社会组织依法开展活动，推动农村社区建设。

多民族村民居住的村，村民委员会应当教育和引导各民族村民增进团结、互相尊重、互相帮助。

第十条　村民委员会及其成员应当遵守宪法、法律、法规和国家的政策，遵守并组织实施村民自治章程、村规民约，执行村民会议、村民代表会议的决定、决议，办事公道，廉洁奉公，热心为村民服务，接受村民监督。

第三章　村民委员会的选举

第十一条　村民委员会主任、副主任和委员，由村民直接选举产生。任何组织或者个人不得指定、委派或者撤换村民委员会成员。

村民委员会每届任期三年，届满应当及时举行换届选举。村民委员会成员可以连选连任。

第十二条　村民委员会的选举，由村民选举委员会主持。

村民选举委员会由主任和委员组成，由村民会议、村民代表会议或者各村民小组会议推选产生。

村民选举委员会成员被提名为村民委员会成员候选人，应当退出村民选举委员会。

村民选举委员会成员退出村民选举委员会或者因其他原因出缺的，按照原推选结果依次递补，也可以另行推选。

第十三条　年满十八周岁的村民，不分民族、种族、性别、职业、家庭出身、宗教信仰、教育程度、财产状况、居住期限，都有选举权和被选举权；但是，依照法律被剥夺政治权利的人除外。

村民委员会选举前，应当对下列人员进行登记，列入参加选举的村民名单：

（一）户籍在本村并且在本村居住的村民；

（二）户籍在本村，不在本村居住，本人表示参加选举的村民；

（三）户籍不在本村，在本村居住一年以上，本人申请参加选举，并且经村民会议或者村民代表会议同意参加选举的公民。

已在户籍所在村或者居住村登记参加选举的村民，不得再参加其他地方村民委员会的选举。

第十四条 登记参加选举的村民名单应当在选举日的二十日前由村民选举委员会公布。

对登记参加选举的村民名单有异议的，应当自名单公布之日起五日内向村民选举委员会申诉，村民选举委员会应当自收到申诉之日起三日内作出处理决定，并公布处理结果。

第十五条 选举村民委员会，由登记参加选举的村民直接提名候选人。村民提名候选人，应当从全体村民利益出发，推荐奉公守法、品行良好、公道正派、热心公益、具有一定文化水平和工作能力的村民为候选人。候选人的名额应当多于应选名额。村民选举委员会应当组织候选人与村民见面，由候选人介绍履行职责的设想，回答村民提出的问题。

选举村民委员会，有登记参加选举的村民过半数投票，选举有效；候选人获得参加投票的村民过半数的选票，始得当选。当选人数不足应选名额的，不足的名额另行选举。另行选举的，第一次投票未当选的人员得票多的为候选人，候选人以得票多的当选，但是所得票数不得少于已投选票总数的三分之一。

选举实行无记名投票、公开计票的方法，选举结果应当当场公布。选举时，应当设立秘密写票处。

登记参加选举的村民，选举期间外出不能参加投票的，可以书面委托本村有选举权的近亲属代为投票。村民选举委员会应当公布委托人和受托人的名单。

具体选举办法由省、自治区、直辖市的人民代表大会常务委员会规定。

第十六条 本村五分之一以上有选举权的村民或者三分之一以上的村民代表联名，可以提出罢免村民委员会成员的要求，并说明要求罢免的理由。被提出罢免的村民委员会成员有权提出申辩意见。

罢免村民委员会成员，须有登记参加选举的村民过半数投票，并须经投票的村民过半数通过。

第十七条 以暴力、威胁、欺骗、贿赂、伪造选票、虚报选举票数等不正当手段当选村民委员会成员的，当选无效。

对以暴力、威胁、欺骗、贿赂、伪造选票、虚报选举票数等不正当手段，妨害村民行使选举权、被选举权，破坏村民委员会选举的行为，村民有权向乡、民族乡、镇的人民代表大会和人民政府或者县级人民代表大会常务委员会和人民政府及其有关主管部门举报，由乡级或者县级人民政府负责调查并依法处理。

第十八条 村民委员会成员丧失行为能力或者被判处刑罚的，其职务自行终止。

第十九条 村民委员会成员出缺，可以由村民会议或者村民代表会议进行补选。补选程序参照本法第十五条的规定办理。补选的村民委员会成员的任期到本届村民委员会任期届满时止。

第二十条 村民委员会应当自新一届村民委员会产生之日起十日内完成工作移交。工作移交由村民选举委员会主持，由乡、民族乡、镇的人民政府监督。

第四章　村民会议和村民代表会议

第二十一条 村民会议由本村十八周岁以上的村民组成。

村民会议由村民委员会召集。有十分之一以上的村民或者三分之一以上的村民代表提议，应当召集村民会议。召集村民会议，应当提前十天通知村民。

第二十二条 召开村民会议，应当有本村十八周岁以上村民的过半数，或者本村三分之二以上的户的代表参加，村民会议所作决定应当经到会人员的过半数通过。法律对召开村民会议及作出决定另有规定的，依照其规定。

召开村民会议，根据需要可以邀请驻本村的企业、事业单位和群众组织派代表列席。

第二十三条 村民会议审议村民委员会的年度工作报告，评议村民委员会成员的工作；有权撤销或者变更村民委员会不适当的决定；有权撤销或者变更村民代表会议不适当的决定。

村民会议可以授权村民代表会议审议村民委员会的年度工作报告，评议村民委员会成员的工作，撤销或者变更村民委员会不适当的决定。

第二十四条 涉及村民利益的下列事项，经村民会议讨论决定方可办理：

（一）本村享受误工补贴的人员及补贴标准；

（二）从村集体经济所得收益的使用；

（三）本村公益事业的兴办和筹资筹劳方案及建设承包方案；

（四）土地承包经营方案；

（五）村集体经济项目的立项、承包方案；

（六）宅基地的使用方案；

（七）征地补偿费的使用、分配方案；

（八）以借贷、租赁或者其他方式处分村集体财产；

（九）村民会议认为应当由村民会议讨论决定的涉及村民利益的其他事项。

村民会议可以授权村民代表会议讨论决定前款规定的事项。

法律对讨论决定村集体经济组织财产和成员权益的事项另有规定的，依照其规定。

第二十五条 人数较多或者居住分散的村，可以设立村民代表会议，讨论决定村民会议授权的事项。村民代表会议由村民委员会成员和村民代表组成，村民代表应当占村民代表会议组成人员的五分之四以上，妇女村民代表应当占村民代表会议组成人员的三分之一以上。

村民代表由村民按每五户至十五户推选一人，或者由各村民小组推选若干人。村民代表的任期与村民委员会的任期相同。村民代表可以连选连任。

村民代表应当向其推选户或者村民小组负责，接受村民监督。

第二十六条　村民代表会议由村民委员会召集。村民代表会议每季度召开一次。有五分之一以上的村民代表提议，应当召集村民代表会议。

村民代表会议有三分之二以上的组成人员参加方可召开，所作决定应当经到会人员的过半数同意。

第二十七条　村民会议可以制定和修改村民自治章程、村规民约，并报乡、民族乡、镇的人民政府备案。

村民自治章程、村规民约以及村民会议或者村民代表会议的决定不得与宪法、法律、法规和国家的政策相抵触，不得有侵犯村民的人身权利、民主权利和合法财产权利的内容。

村民自治章程、村规民约以及村民会议或者村民代表会议的决定违反前款规定的，由乡、民族乡、镇的人民政府责令改正。

第二十八条　召开村民小组会议，应当有本村民小组十八周岁以上的村民三分之二以上，或者本村民小组三分之二以上的户的代表参加，所作决定应当经到会人员的过半数同意。

村民小组组长由村民小组会议推选。村民小组组长任期与村民委员会的任期相同，可以连选连任。

属于村民小组的集体所有的土地、企业和其他财产的经营管理以及公益事项的办理，由村民小组会议依照有关法律的规定讨论决定，所作决定及实施情况应当及时向本村民小组的村民公布。

第五章　民主管理和民主监督

第二十九条　村民委员会应当实行少数服从多数的民主决策机制和公

开透明的工作原则，建立健全各种工作制度。

第三十条 村民委员会实行村务公开制度。

村民委员会应当及时公布下列事项，接受村民的监督：

（一）本法第二十三条、第二十四条规定的由村民会议、村民代表会议讨论决定的事项及其实施情况；

（二）国家计划生育政策的落实方案；

（三）政府拨付和接受社会捐赠的救灾救助、补贴补助等资金、物资的管理使用情况；

（四）村民委员会协助人民政府开展工作的情况；

（五）涉及本村村民利益，村民普遍关心的其他事项。

前款规定事项中，一般事项至少每季度公布一次；集体财务往来较多的，财务收支情况应当每月公布一次；涉及村民利益的重大事项应当随时公布。

村民委员会应当保证所公布事项的真实性，并接受村民的查询。

第三十一条 村民委员会不及时公布应当公布的事项或者公布的事项不真实的，村民有权向乡、民族乡、镇的人民政府或者县级人民政府及其有关主管部门反映，有关人民政府或者主管部门应当负责调查核实，责令依法公布；经查证确有违法行为的，有关人员应当依法承担责任。

第三十二条 村应当建立村务监督委员会或者其他形式的村务监督机构，负责村民民主理财，监督村务公开等制度的落实，其成员由村民会议或者村民代表会议在村民中推选产生，其中应有具备财会、管理知识的人员。村民委员会成员及其近亲属不得担任村务监督机构成员。村务监督机构成员向村民会议和村民代表会议负责，可以列席村民委员会会议。

第三十三条 村民委员会成员以及由村民或者村集体承担误工补贴的聘用人员，应当接受村民会议或者村民代表会议对其履行职责情况的民主评议。民主评议每年至少进行一次，由村务监督机构主持。

村民委员会成员连续两次被评议不称职的，其职务终止。

第三十四条 村民委员会和村务监督机构应当建立村务档案。村务档案包括：选举文件和选票，会议记录，土地发包方案和承包合同，经济合同，集体财务账目，集体资产登记文件，公益设施基本资料，基本建设资料，宅基地使用方案，征地补偿费使用及分配方案等。村务档案应当真实、准确、完整、规范。

第三十五条　村民委员会成员实行任期和离任经济责任审计，审计包括下列事项：

（一）本村财务收支情况；

（二）本村债权债务情况；

（三）政府拨付和接受社会捐赠的资金、物资管理使用情况；

（四）本村生产经营和建设项目的发包管理以及公益事业建设项目招标投标情况；

（五）本村资金管理使用以及本村集体资产、资源的承包、租赁、担保、出让情况，征地补偿费的使用、分配情况；

（六）本村五分之一以上的村民要求审计的其他事项。

村民委员会成员的任期和离任经济责任审计，由县级人民政府农业部门、财政部门或者乡、民族乡、镇的人民政府负责组织，审计结果应当公布，其中离任经济责任审计结果应当在下一届村民委员会选举之前公布。

第三十六条　村民委员会或者村民委员会成员作出的决定侵害村民合法权益的，受侵害的村民可以申请人民法院予以撤销，责任人依法承担法律责任。

村民委员会不依照法律、法规的规定履行法定义务的，由乡、民族乡、镇的人民政府责令改正。

乡、民族乡、镇的人民政府干预依法属于村民自治范围事项的，由上一级人民政府责令改正。

第六章　附则

第三十七条　人民政府对村民委员会协助政府开展工作应当提供必要的条件；人民政府有关部门委托村民委员会开展工作需要经费的，由委托部门承担。

村民委员会办理本村公益事业所需的经费，由村民会议通过筹资筹劳解决；经费确有困难的，由地方人民政府给予适当支持。

第三十八条 驻在农村的机关、团体、部队、国有及国有控股企业、事业单位及其人员不参加村民委员会组织，但应当通过多种形式参与农村社区建设，并遵守有关村规民约。

村民委员会、村民会议或者村民代表会议讨论决定与前款规定的单位有关的事项，应当与其协商。

第三十九条 地方各级人民代表大会和县级以上地方各级人民代表大会常务委员会在本行政区域内保证本法的实施，保障村民依法行使自治权利。

第四十条 省、自治区、直辖市的人民代表大会常务委员会根据本法，结合本行政区域的实际情况，制定实施办法。

第四十一条 本法自公布之日起施行。

附录3：关于加强和改进乡村治理的指导意见

（2019年6月）

实现乡村有效治理是乡村振兴的重要内容。为深入贯彻落实党的十九大精神和《中共中央 国务院关于实施乡村振兴战略的意见》部署要求，推进乡村治理体系和治理能力现代化，夯实乡村振兴基层基础，现就加强和改进乡村治理提出如下意见。

一、总体要求

（一）指导思想。以习近平新时代中国特色社会主义思想为指导，全面贯彻党的十九大和十九届二中、三中全会精神，紧紧围绕统筹推进"五位一体"总体布局和协调推进"四个全面"战略布局，按照实施乡村振兴战略的总体要求，坚持和加强党对乡村治理的集中统一领导，坚持把夯实基层基础作为固本之策，坚持把治理体系和治理能力建设作为主攻方向，坚持把保障和改善农村民生、促进农村和谐稳定作为根本目的，建立健全党委领导、政府负责、社会协同、公众参与、法治保障、科技支撑的现代乡村社会治理体制，以自治增活力、以法治强保障、以德治扬正气，健全党组织领导的自治、法治、德治相结合的乡村治理体系，构建共建共治共享的社会治理格局，走中国特色社会主义乡村善治之路，建设充满活力、和谐有序的乡村社会，不断增强广大农民的获得感、幸福感、安全感。

（二）总体目标。到 2020 年，现代乡村治理的制度框架和政策体系基本形成，农村基层党组织更好发挥战斗堡垒作用，以党组织为领导的农村基层组织建设明显加强，村民自治实践进一步深化，村级议事协商制度进一步健全，乡村治理体系进一步完善。到 2035 年，乡村公共服务、公共管理、公共安全保障水平显著提高，党组织领导的自治、法治、德治相结合的乡村治理体系更加完善，乡村社会治理有效、充满活力、和谐有序，乡村治理体系和治理能力基本实现现代化。

二、主要任务

（一）完善村党组织领导乡村治理的体制机制。建立以基层党组织为领导、村民自治组织和村务监督组织为基础、集体经济组织和农民合作组织为纽带、其他经济社会组织为补充的村级组织体系。村党组织全面领导村民委员会及村务监督委员会、村集体经济组织、农民合作组织和其他经济社会组织。村民委员会要履行基层群众性自治组织功能，增强村民自我管理、自我教育、自我服务能力。村务监督委员会要发挥在村务决策和公开、财产管理、工程项目建设、惠农政策措施落实等事项上的监督作用。集体经济组织要发挥在管理集体资产、合理开发集体资源、服务集体成员等方面的作用。农民合作组织和其他经济社会组织要依照国家法律和各自章程充分行使职权。村党组织书记应当通过法定程序担任村民委员会主任和村级集体经济组织、合作经济组织负责人，村"两委"班子成员应当交叉任职。村务监督委员会主任一般由党员担任，可以由非村民委员会成员的村党组织班子成员兼任。村民委员会成员、村民代表中党员应当占一定比例。健全村级重要事项、重大问题由村党组织研究讨论机制，全面落实"四议两公开"。加强基本队伍、基本活动、基本阵地、基本制度、基本保障建设，实施村党组织带头人整体优化提升行动，持续整顿软弱涣散村党组织，整乡推进、整县提升，发展壮大村级集体经济。全面落实村"两委"换届候选人县级联审机制，坚决防止和查处以贿选等不正当手段影响、控制村"两委"换届选举的行为，严厉打击干扰破坏村"两委"换届选举的黑恶势力、宗族势力。坚决把受过刑事处罚、存在"村霸"和涉黑涉恶、涉邪教等问题的人清理出村干部队伍。坚持抓乡促村，落实县乡党委抓农村基层党组织建设和乡村治理的主体责任。落实乡镇党委直接责任，乡镇党委书记和党委领导班子成员等要包村联户，村"两委"成员要入户走访，及时发现并研究解决农村基层党组织建设、乡村治理和群众生产生活等问题。健全以财政投入为主的稳定的村级组织运转经费保障制度。

（二）发挥党员在乡村治理中的先锋模范作用。组织党员在议事决策中宣传党的主张，执行党组织决定。组织开展党员联系农户、党员户挂牌、承诺践诺、设岗定责、志愿服务等活动，推动党员在乡村治理中带头示范，带动群众全面参与。密切党员与群众的联系，了解群众思想状况，帮助解决实际困难，加强对贫困人口、低保对象、留守儿童和妇女、老年人、残疾人、特困人员等人群的关爱服务，引导农民群众自觉听党话、感党恩、跟党走。

（三）规范村级组织工作事务。清理整顿村级组织承担的行政事务多、各种检查评比事项多问题，切实减轻村级组织负担。各种政府机构原则上不在村级建立分支机构，不得以行政命令方式要求村级承担有关行政性事务。交由村级组织承接或协助政府完成的工作事项，要充分考虑村级组织承接能力，实行严格管理和总量控制。从源头上清理规范上级对村级组织的考核评比项目，鼓励各地实行目录清单、审核备案等管理方式。规范村级各种工作台账和各类盖章证明事项。推广村级基础台账电子化，建立统一的"智慧村庄"综合管理服务平台。

（四）增强村民自治组织能力。健全党组织领导的村民自治机制，完善村民（代表）会议制度，推进民主选举、民主协商、民主决策、民主管理、民主监督实践。进一步加强自治组织规范化建设，拓展村民参与村级公共事务平台，发展壮大治保会等群防群治力量，充分发挥村民委员会、群防群治力量在公共事务和公益事业办理、民间纠纷调解、治安维护协助、社情民意通达等方面的作用。

（五）丰富村民议事协商形式。健全村级议事协商制度，形成民事民议、民事民办、民事民管的多层次基层协商格局。创新协商议事形式和活动载体，依托村民会议、村民代表会议、村民议事会、村民理事会、村民监事会等，鼓励农村开展村民说事、民情恳谈、百姓议事、妇女议事等各类协商活动。

（六）全面实施村级事务阳光工程。完善党务、村务、财务"三公开"制度，实现公开经常化、制度化和规范化。梳理村级事务公开清单，及时公开组织建设、公共服务、脱贫攻坚、工程项目等重大事项。健全村务档案管理制度。推广村级事务"阳光公开"监管平台，支持建立"村民微信群""乡村公众号"等，推进村级事务即时公开，加强群众对村级权力有效监督。规范村级会计委托代理制，加强农村集体经济组织审计监督，开展村干部任期和离任经济责任审计。

（七）积极培育和践行社会主义核心价值观。坚持教育引导、实践养成、制度保障三管齐下，推动社会主义核心价值观落细落小落实，融入文明公约、村规民约、家规家训。通过新时代文明实践中心、农民夜校等渠道，组织农民群众学习习近平新时代中国特色社会主义思想，广泛开展中国特色社会主义和实现中华民族伟大复兴的中国梦宣传教育，用中国特色社会主义文化、社会主义思想道德牢牢占领农村思想文化阵地。完善乡村信用体系，增强农民群众诚信意识。推动农村学雷锋志愿服务制度化常态化。加强农村未成年人思想道德建设。

（八）实施乡风文明培育行动。弘扬崇德向善、扶危济困、扶弱助残等传统美德，培育淳朴民风。开展好家风建设，传承传播优良家训。全面推行移风易俗，整治农村婚丧大操大办、高额彩礼、铺张浪费、厚葬薄养等不良习俗。破除丧葬陋习，树立殡葬新风，推广与保护耕地相适应、与现代文明相协调的殡葬习俗。加强村规民约建设，强化党组织领导和把关，实现村规民约行政村全覆盖。依靠群众因地制宜制定村规民约，提倡把喜事新办、丧事简办、弘扬孝道、尊老爱幼、扶残助残、和谐敦睦等内容纳入村规民约。以法律法规为依据，规范完善村规民约，确保制定过程、条文内容合法合规，防止一部分人侵害另一部分人的权益。建立健全村规民约监督和奖惩机制，注重运用舆论和道德力量促进村规民约有效实施，对违背村规民约的，在符合法律法规前提下运用自治组织的方式进行合情合理的规劝、约束。发挥红白理事会等组织作用。鼓励地方对农村党员干部等行使公权力的人员，建立婚丧事宜报备制度，加强纪律约束。

（九）发挥道德模范引领作用。深入实施公民道德建设工程，加强社会公德、职业道德、家庭美德和个人品德教育。大力开展文明村镇、农村文明家庭、星级文明户、五好家庭等创建活动，广泛开展农村道德模范、最美邻里、身边好人、新时代好少年、寻找最美家庭等选树活动，开展乡风评议，弘扬道德新风。

（十）加强农村文化引领。加强基层文化产品供给、文化阵地建设、文化活动开展和文化人才培养。传承发展提升农村优秀传统文化，加强传统村落保护。结合传统节日、民间特色节庆、农民丰收节等，因地制宜广泛开展乡村文化体育活动。加快乡村文化资源数字化，让农民共享城乡优质文化资源。挖掘文化内涵，培育乡村特色文化产业，助推乡村旅游高质量发展。加强农村演出市场管理，营造健康向上的文化环境。

（十一）推进法治乡村建设。规范农村基层行政执法程序，加强乡镇行政执法人员业务培训，严格按照法定职责和权限执法，将政府涉农事项纳入法治化轨道。大力开展"民主法治示范村"创建，深入开展"法律进乡村"活动，实施农村"法律明白人"培养工程，培育一批以村干部、人民调解员为重点的"法治带头人"。深入开展农村法治宣传教育。

（十二）加强平安乡村建设。推进农村社会治安防控体系建设，落实平安建设领导责任制，加强基础性制度、设施、平台建设。加强农村警务工作，大力推行"一村一辅警"机制，扎实开展智慧农村警务室建设。加强对社区矫正对象、刑满释放人员等特殊人群的服务管理。深入推进扫黑除恶专项斗争，健全防范打击长效机制。加强农民群众拒毒防毒宣传教育，依法打击整治毒品违法犯罪活动。依法加大对农村非法宗教活动、邪教活动打击力度，制止利用宗教、邪教干预农村公共事务，大力整治农村乱建宗教活动场所、滥塑宗教造像。推进农村地区技防系统建设，加强公共安全视频监控建设联网应用工作。健全农村公共安全体系，强化农村安全生产、防灾减灾救灾、食品、药品、交通、消防等安全管理责任。

（十三）健全乡村矛盾纠纷调处化解机制。坚持发展新时代"枫桥经验"，做到"小事不出村、大事不出乡"。健全人民调解员队伍，加强人民调解工作。完善调解、仲裁、行政裁决、行政复议、诉讼等有机衔接、相互协调的多元化纠纷解决机制。发挥信息化支撑作用，探索建立"互联网+网格管理"服务管理模式，提升乡村治理智能化、精细化、专业化水平。强化乡村信息资源互联互通，完善信息收集、处置、反馈工作机制和联动机制。广泛开展平安教育和社会心理健康服务、婚姻家庭指导服务。推动法院跨域立案系统、检察服务平台、公安综合窗口、人民调解组织延伸至基层，提高响应群众诉求和为民服务能力水平。

（十四）加大基层小微权力腐败惩治力度。规范乡村小微权力运行，明确每项权力行使的法规依据、运行范围、执行主体、程序步骤。建立健全小微权力监督制度，形成群众监督、村务监督委员会监督、上级部门监督和会计核算监督、审计监督等全程实时、多方联网的监督体系。织密农村基层权力运行"廉政防护网"，大力开展农村基层微腐败整治，推进农村巡察工作，严肃查处侵害农民利益的腐败行为。

（十五）加强农村法律服务供给。充分发挥人民法庭在乡村治理中的职能作用，推广车载法庭等巡回审判方式。加强乡镇司法所建设。整合法学专家、律师、政法干警及基层法律服务工作者等资源，健全乡村基本公共法律服务体系。深入推进公共法律服务实体、热线、网络平台建设，鼓励乡镇党委和政府根据需要设立法律顾问和公职律师，鼓励有条件的地方在村民委员会建立公共法律服务工作室，进一步加强村法律顾问工作，完善政府购买服务机制，充分发挥律师、基层法律服务工作者等在提供公共法律服务、促进乡村依法治理中的作用。

（十六）支持多方主体参与乡村治理。加强妇联、团支部、残协等组织建设，充分发挥其联系群众、团结群众、组织群众参与民主管理和民主监督的作用。积极发挥服务性、公益性、互助性社区社会组织作用。坚持专业化、职业化、规范化，完善培养选拔机制，拓宽农村社工人才来源，加强农村社会工作专业人才队伍建设，着力做好老年人、残疾人、青少年、特殊困难群体等重点对象服务工作。探索以政府购买服务等方式，支持农村社会工作和志愿服务发展。

（十七）提升乡镇和村为农服务能力。充分发挥乡镇服务农村和农民的作用，加强乡镇政府公共服务职能，加大乡镇基本公共服务投入，使乡镇成为为农服务的龙头。推进"放管服"改革和"最多跑一次"改革向基层延伸，整合乡镇和县级部门派驻乡镇机构承担的职能相近、职责交叉工作事项，建立集综合治理、市场监管、综合执法、公共服务等于一体的统一平台。构建县乡联动、功能集成、反应灵敏、扁平高效的综合指挥体系，着力增强乡镇统筹协调能力，发挥好乡镇服务、带动乡村作用。大力推进农村社区综合服务设施建设，引导管理服务向农村基层延伸，为农民提供"一门式办理""一站式服务"，构建线上线下相结合的乡村便民服务体系。将农村民生和社会治理领域中属于政府职责范围且适合通过市场化方式提供的服务事项，纳入政府购买服务指导性目录。推动各级投放的公共服务资源以乡镇、村党组织为主渠道落实。

三、组织实施

（一）加强组织领导。各级党委和政府要充分认识加强和改进乡村治理的重要意义，把乡村治理工作摆在重要位置，纳入经济社会发展总体规划和乡村振兴战略规划，开展乡村治理试点示范，及时研究解决工作中遇到的重大问题。将加强和改进乡村治理工作纳入乡村振兴考核。将党组织领导的乡村治理工作作为每年市县乡党委书记抓基层党建述职评议考核的重要内容，推动层层落实责任。各省（自治区、直辖市）党委和政府要抓好本意见贯彻落实，每年向党中央、国务院报告推进实施乡村振兴战略进展情况时，要将乡村治理工作情况作为重要内容。

（二）建立协同推进机制。严格落实责任，加强部门联动，建立乡村治理工作协同运行机制。党委农村工作部门要发挥牵头抓总作用，强化统筹协调、具体指导和督促落实，对乡村治理工作情况开展督导，对乡村治理政策措施开展评估。组织、宣传、政法、民政、司法行政、公安等相关部门要按照各自职责，强化政策、资源和力量配备，加强工作指导，做好协同配合，形成工作合力。

（三）强化各项保障。各级党委和政府要加强乡村治理人才队伍建设，充实基层治理力量，指导驻村第一书记、驻村干部等围绕乡村治理主要任务开展工作，聚合各类人才资源，引导农村致富能手、外出务工经商人员、高校毕业生、退役军人等在乡村治理中发挥积极作用。加强乡村社会治安综合治理设施装备保障，落实乡村治理经费。切实保障村干部基本报酬，建立健全与绩效考核相挂钩的报酬兑现机制。有计划、分层次开展村干部培训。坚决整治形式主义、官僚主义，让基层干部从繁文缛节、文山会海、迎来送往中解脱出来。进一步激励干部新时代新担当新作为，鼓励各地创新乡村治理机制。组织开展乡村治理示范村镇创建活动，大力选树宣传乡村治理各类先进典型，营造良好舆论氛围。

（四）加强分类指导。各级党委和政府要结合本地实际，围绕加强和改进乡村治理的主要任务，分类确定落实举措。对于需要普遍执行和贯彻落实的政策措施，要加大工作力度，逐级压实责任，明确时间进度，尽快取得实效。对于需要继续探索的事项，要组织开展改革试点，勇于探索创新，及时总结一批可复制可推广的经验做法，加快在面上推广。对于鼓励提倡的做法，要有针对性地借鉴吸收，形成适合本地的乡村治理机制。

后　记

　　乡村意味着什么？在今天，这并不是个能够简单回答的问题。

　　历史上，乡村是中国社会的根基，是中国人生于斯长于斯老于斯的地方。阅读古人诗文，《诗经》以降，农事诗、田园诗、山水游记、乡村叙事绵绵不绝。其间文字描述的乡村形象是活泼的，是静谧的，是辛苦的，是伤感的，是温情的……但少有批判乡村落后的，更少有憎恨的。乡村之于中国古人，更多的是安身立命之所，是灵魂的栖居地。由此赋予了中国人浓浓的乡土情结，归乡意识也因此成为萦绕无数游子心头的梦。

　　自 20 世纪开始，中国人的乡土情感发生了动摇。在城市文明的映照下，中国乡村文化显现出失去活力又无法走出传统的缺陷，国人对乡村的情感迅速发生了动摇。尽管也不无怀恋乡村的声音，但那是零碎的、无力的，对乡村否定的、批判的声音成为主流。在现代文化话语里，乡村作为中国传统文化的主要形态，长期都被视为阻碍中国现代化发展的因素，因而也没有多少值得追忆的历史。

　　在迅速发展的时代推动下，近年来乡村的变化也是显而易见的。硬化的公路在乡村延伸，穿过村镇田野，至少从外观上看多数乡村房舍街道经过了某些规划设计显现出现代生活气息，传统上那种破旧的土屋、杂物堆积的乡村街道已经大为改观。不能不说乡村的城镇化正逐步变成现实。但乡村的另一方面几乎同时发生，外观迅速现代化的乡村明显缺乏内里活力，大多数村民因为务工经商等远走城市，因而并没有多少村民常住乡村。平日里走在乡村的街道上，不免觉得空旷。乡村正在变成没有人的乡村，或者说没有大量年轻人的乡村。这样的乡村与人们传统的认知相差甚远，也决定了乡村以肉眼看得见的速度正在或者即将坠入衰落。许多生活在城市里的精英人士印象中的乡村问题是人多而发展落后，但走进乡村社会就发现，真实的乡村其实并非全然如此。想到乡村迅速变化的现在和迅速走向寂寥的将来，有时不免令人唏嘘感慨——乡村真的怕只存在记忆中了吧。

乡村正在由生活乡村变成文化乡村。对于内心深植乡土情怀的国人而言，会习惯性记忆、留恋着乡村的一草一木，因而一个城市化的乡村其实并非很多国人记忆中的乡村。但不可避免也无可否认的现实是，面对乡村现代化发展，我们只能站在乡村的土地上，眼睁睁地看着记忆中的乡村形象流失、模糊。爱也罢，恨也罢，忧也罢，笑也罢，传统乡村终将离我们远去。面对一个时代一个社会的背影，我们可以做什么？我们究竟能做什么？也许我们想做的很多，但能做的就是留住一种乡村文化理想，正如千千万万的前辈曾经走出故乡又时时感慨人世沧桑渴望着归隐田园。也许，最后乡村留得住的真的只是乡愁，只是一种文化情怀。往日之事不可追，明日之事犹可期。我们最好的选择也许只能是告别无尽的伤感，以某种方式推动乡村一起前行。

就像许多有过乡村生活经历而生活在城市里的人一样，观望乡村，重建一种文化乡村。知来处，明去处，这是一种情怀，也是一种责任。当然，这也是写作本著作的一个初衷。

是以为记。